中华人民共和国
行政处罚法
条文解读与法律适用

ZHONGHUA RENMIN GONGHEGUO
XINGZHENG CHUFA FA TIAOWEN JIEDU YU FALÜ SHIYONG

江必新　夏道虎 ◎主编

中国法制出版社
CHINA LEGAL PUBLISHING HOUSE

编辑委员会

撰　稿　人

（以姓氏笔画为序排列）

于　博	于元祝	马生安	史　笔	吕长城
朱远军	汤　鸿	孙安然	杜月秋	李卫华
李诗茵	李星星	肖　雄	吴宏文	张志良
张松波	张娟娟	张祺炜	陆　媛	陈　路
金保阳	周　磊	郑琳琳	房　涛	赵雪雁
秦绪栋	夏文浩	徐沐阳	高　鸿	曹　晟
焦琰茹	谢新竹	蔡　鹏	熊文超	熊樟林

前 言

《中华人民共和国行政处罚法》自1996年10月1日正式实施以来，对增强行政机关及其工作人员依法行政理念，依法制裁各类行政违法行为，规范行政处罚行为，推动解决乱处罚问题，保护公民、法人和其他组织合法权益发挥了重要作用，积累了宝贵经验。但伴随法治国家、法治政府、法治社会建设的不断发展，25年前立法设计的局限性也逐渐显现，本法虽历经2009年和2017年的两次修改，但在诸多层面上仍然无法满足法治实践的需求。为深入贯彻习近平法治思想，落实党中央关于全面依法治国重大决策部署，完善行政处罚制度，推进国家治理体系和治理能力现代化，2018年全国人大常委会法制工作委员会启动了第三次修改工作。2021年1月22日，第十三届全国人民代表大会常务委员会第二十五次会议审议通过了新修订的《中华人民共和国行政处罚法》，该法将于2021年7月15日施行。

新修订的《中华人民共和国行政处罚法》适应新时代的要求，在保护行政相对人的合法权益，推进严格、规范、公正、文明执法等方面建构了诸多新的制度。既体现了规制违法行为的刚性和锐度，也展现出保护当事人合法权益的柔性和温度。修订后的《中华人民共和国行政处罚法》共计8章，86条，其中新增条款22条。本次修订的重大变化主要体现在十个方面：一是明确了行政处罚的概念，将行政处罚定义为行政机关依法对违反行政管理秩序的公民、法人或者其他组织，以减损权益或者增加义务的方式予以惩戒的行为；二是新增了行政处罚种类；三是赋予“乡、镇、街道办”一定程度上的行政处罚权；四是对特殊行政处罚案件延长了行政执法期间；五是扩大了听证范围，进一步明确了听证程序的时间要求；六是明确了法制审核的范围；七是新增了首违不罚制度，推动“柔性执法”；八是明确行政处罚案件办理期限；九是建立了电子送达文书、电子支付缴纳罚款等制度；十是确定了重大行政处罚公示制度，建立了行政处罚和刑事司法的衔接机制。

“法律是治国之重器，良法是善治之前提。”为帮助广大法律工作者及其他读者准确理解和正确适用《中华人民共和国行政处罚法》，更好地把握立法精神、条文含义、最新内容，我们汇聚了一批具备坚实理论素养和丰富实践经验的专家、学者和法官，共同编写了《中华人民共和国行政处罚法条文解读与法律适用》一书。本书按照【本章概述】【条文正文】【条文条旨】【修改提示】【条文解读与法律适用】体例逐条释义，主要从条文修改背景、立法意义、修改过程、有关条文如何理解和适用、实践中需要注意的问题等方面进行了全方位解析，以期提高广大法律工作者及其他读者对《中华人民共和国行政处罚法》的精准理解和适用能力。

希望本书的出版，能够实现我们的初衷，更希望广大法律工作者和读者对本书的疏漏与不足之处不吝赐教。

本书编写组

2021年1月31日

编写说明

《中华人民共和国行政处罚法》（以下简称《行政处罚法》）是规范行政机关行政制裁权，有效实施行政管理，保障当事人合法权益，维护行政管理秩序的重要法律。为贯彻落实习近平法治思想，落实党的十八大以来全面依法治国战略、深化行政执法领域改革的重要成果，第十三届全国人民代表大会宪法和法律委员会副主任委员江必新同志与江苏省高级人民法院院长夏道虎同志通力组织一批有着坚实理论素养的学者和丰富审判经验的行政审判业务专家法官编写了《中华人民共和国行政处罚法条文解读与法律适用》一书。本书具有如下亮点：

一、系统全面，详细分析新修订的《行政处罚法》86个条文，帮助读者逐条理解和掌握本法的相关概念和规定，指导行政执法和司法实践活动，统一适用标准。

全书对新修订的《行政处罚法》86个条文逐一进行梳理和阐述，紧扣条文主题，从条文主旨、修改提示、条文解读与法律适用角度对各条文进行全方位精辟精练精要的解析，从行政执法和司法实践视角彰显《行政处罚法》新理念新规定，指明法律适用的具体方法，精准阐述实务见解，统一行政执法和司法实践的法律适用标准。

二、有的放矢，聚焦新规定、新制度，对修订过程中关注度高、争议较大的问题进行充分的论证和阐释，回应社会对热点问题的关切。

全书聚焦新修订的《行政处罚法》的新规定与新问题，对涉及理念更新、制度创新、重大内容修订的条文，进行深度解读，重点分析新修订内容对行政执法和司法裁判的思路和结果的影响并提出倾向性意见，回应社会对新修订的《行政处罚法》热点问题的关切，提高广大法律工作者对新修订的《行政处罚法》的精准把握和适用能力。

三、言简意赅，本书编写组从读者角度出发，以准确平实的语言诠释新修订的《行政处罚法》的规定，以重点突出的编写方式方便读者使用本书，增进理解。

为了帮助读者更好地使用本书学习，编写组从读者角度出发，使用规范且易懂的语言，对每个条文进行诠释。同时，从阅读习惯着手，每条内容层次分明、重点突出，方便读者阅读，使新修订的《行政处罚法》的精神内涵、基本原则和主要内容为读者所理解和遵从。

凡 例

1. 本书中简称加书名号。法律、法规名称中的“中华人民共和国”省略，其余一般不省略。例如，《中华人民共和国民法典》简称《民法典》，《中华人民共和国政府信息公开条例》简称《政府信息公开条例》。

2. 本次新修订的《行政处罚法》简称修订后的《行政处罚法》，或直接用本法。1996 年初次公布的《行政处罚法》简称 1996 年《行政处罚法》、2017 年《行政处罚法》简称修订前的《行政处罚法》。

3. 现行 2017 年《行政诉讼法》不注明年份，简称《行政诉讼法》。其他的标注年份，简称 1989 年《行政诉讼法》、2014 年《行政诉讼法》。涉及其他法也相同。

4.《最高人民法院关于适用〈中华人民共和国行政诉讼法〉的解释》(法释〔2018〕1 号)，简称 2018 年《行诉解释》。

5.《最高人民法院关于行政诉讼证据若干问题的规定》(法释〔2002〕21 号)，简称《行政诉讼证据规定》。

6.《最高人民法院关于行政案件案由的暂行规定》(法发〔2020〕44 号)，简称《行政案件案由规定》。

7.《最高人民法院关于民事诉讼证据的若干规定》(法释〔2019〕19 号)，简称《民事诉讼证据规定》。

8.《国务院办公厅关于全面推行行政执法公示制度执法全过程记录制度重大执法决定法制审核制度的指导意见》(国办发〔2018〕118 号)，简称《推行行政执法“三项制度”的意见》。

9.《全国人民代表大会宪法和法律委员会关于〈中华人民共和国行政处罚法(修订草案三次审议稿)〉修改意见的报告》，简称《修改意见的报告》。

10.《行政处罚法(修订草案三次审议稿)征求意见》，简称《行政处罚法（三审稿)》。

11.《全国人民代表大会宪法和法律委员会关于〈中华人民共和国行政处罚法（修订草案)〉审议结果的报告》，简称《审议结果的报告》。

12.《行政处罚法（修订草案二次审议稿）征求意见》，简称《行政处罚法（二审稿)》。

13.《全国人民代表大会宪法和法律委员会关于〈中华人民共和国行政处罚法（修订草案)〉修改情况的汇报》，简称《修改情况的汇报》。

14.《行政处罚法（修订草案）征求意见》，简称《行政处罚法（一审稿)》。

15.《关于〈中华人民共和国行政处罚法（修订草案)〉的说明》，简称《修订草案的说明》。

目 录

Contents

第一章 总 则

本章概述

本章是《行政处罚法》的总则，修订后的《行政处罚法》总则共计8个条款，分别就《行政处罚法》的立法目的和依据，行政处罚的定义，《行政处罚法》的适用范围、适用对象、适用原则、处罚与教育相结合原则以及当事人权利作出了明确规定。

相较1996年《行政处罚法》、2009年《行政处罚法》、修订前的《行政处罚法》而言，修订后的《行政处罚法》第2条增设了行政处罚的概念条款，明确了行政处罚的概念内涵和外延；删除了1996年《行政处罚法》第3条第2款“没有法定依据或者不遵守法定程序的，行政处罚无效”；修订后的《行政处罚法》第8条调整了部分文字表述，提升了《行政处罚法》立法表述的准确性。

第一条　【立法目的和依据】为了规范行政处罚的设定和实施，保障和监督行政机关有效实施行政管理，维护公共利益和社会秩序，保护公民、法人或者其他组织的合法权益，根据宪法，制定本法。

【条文解读与法律适用】

根据本条规定，《行政处罚法》的立法目的主要体现在以下几个方面：

第一，规范行政处罚的设定和实施。根据本法第 2 条，行政处罚是行政机关依法对违反行政管理秩序的行为给予的惩戒措施，是一种可以直接对公民人身权和财产权进行限制或者剥夺的行政行为。[①] 因此，有必要对行政处罚的设定和实施依法予以规范和控制。

第二，保障和监督行政机关有效实施行政管理。我国宪法和法律规定了行政机关在保障国家安全、维护社会秩序和促进经济发展等方面的职责，而行政机关顺利履行这些职责的关键，是必须享有相应的职权和管理手段，行政处罚权就是其中最为重要的职权之一。可以说，制定和修订《行政处罚法》，规范行政处罚设定和实施，目的既是要监督行政机关合法有效地行使行政处罚权，同时也要保障行政机关有效履行行政管理职能。譬如，本法对行政处罚实施主体予以严格限制，只有拥有行政处罚权的行政机关、法律法规授权组织方能实施行政处罚。这既为行政机关和法律法规授权组织实施行政处罚提供了行为依据，同时也有助于避免行政处罚中滥用职权和超越职权等问题。

第三，维护公共利益和社会秩序。行政机关依法对违反行政管理秩序的行为予以惩戒的目的之一，就是维护公共利益和社会秩序。本法多处体现了维护社会秩序和保护公共利益的立法目的。如第 66 条规定了当事人按时履行处罚的义务，即行政处罚决定作出后，当事人应当在行政处罚决定书载明的期限内予以履行，等等。

第四，保护公民、法人或者其他组织的合法权益。本条所指的“公民、

---

① 吴高盛主编：《〈中华人民共和国行政处罚法〉释义及实用指南》，中国民主法制出版社 2015 年版，第 15 页。

法人或者其他组织”，既包括应受处罚的公民、法人和其他组织，同时也应包括因违法行为受到损害的公民、法人或者其他组织。据此，行政机关在实施行政处罚时，既要注意保护违法行为人的合法权益，也要注重保护受害方的合法权益。

第五，根据本条规定，《行政处罚法》的制定依据是《宪法》。在我国，《宪法》具有最高效力，一切法律、行政法规、地方性法规和规章都必须以《宪法》为制定依据，并且不得与《宪法》相抵触。《宪法》中关于公民基本权利和义务、国家权力机关组织工作原则等方面的规定，都是制定《行政处罚法》的重要依据。

（熊樟林 撰写）

第二条 【行政处罚的定义】行政处罚是指行政机关依法对违反行政管理秩序的公民、法人或者其他组织，以减损权益或者增加义务的方式予以惩戒的行为。

【修改提示】

一、修订原因和意义

本条是新增条款。不同于《行政许可法》和《行政强制法》，1996 年《行政处罚法》、2009 年《行政处罚法》以及修订前的《行政处罚法》都没有对行政处罚的概念内涵做出明确规定，这给行政处罚执法实践带来了一定困难，一些明显具有制裁性的行政行为，究竟是否属于行政处罚，经常会引起争议，并引发是否适用《行政处罚法》的争论。[①] 实践中，有关责令改正、限期拆除等新型行政制裁行为的性质认定，从根本上来说都与此相关。因此，本条明确规定了行政处罚的概念，进一步界定了行政处罚的内涵和外延，有利于保障行政机关依法有效地实施行政处罚，保护当事人合法权益。

二、修法中的主要争议点

修订后的《行政处罚法》第 2 条规定："行政处罚是指行政机关依法对违反行政管理秩序的公民、法人或者其他组织，以减损权益或者增加义务的方式予以惩戒的行为。"在修法过程中，该条主要有以下争议点：

第一，关于"违反行政管理秩序"。有人认为，"违反行政管理秩序"这一概念具有高度不确定性，且应受行政处罚行为的本质属性是违反行政法上的义务。为此，宜将"违反行政管理秩序"改为"违反行政法上的义务"；[②] 或者是修改为"行政法律规范"，从而体现行政处罚法定原则；也有人认为，应在"违反行政管理秩序"后增加"尚未构成犯罪的"限定性表述。

第二，关于"减损权益或者增加义务的方式"。在《行政处罚法（一审稿）》中，其曾表述为"以依法减损权利或者增加义务的方式"。对此，有人

---

① 耿宝建：《行政处罚案件司法审查的数据变化与疑难问题》，载《行政法学研究》2017 年第 3 期。

② 李洪雷：《论我国行政处罚制度的完善——兼评〈中华人民共和国行政处罚法（修订草案）〉》，载《法商研究》2020 年第 6 期。

认为，实践中，并不是所有行政处罚都是“依法”作出的，行政处罚的概念内涵不需要增加“依法”的限定词；有人认为，将行政处罚的概念内涵表述为“减损权利或增加义务”，与行政强制、行政监管等行为的内涵具有一致性，不利于区分这几者之间的关系；[①] 有人认为，行政处罚虽然会给当事人带来不利后果，但并不是所有的行政处罚都构成对当事人权利的减损或者义务的增加，典型的如“没收违法所得”“没收非法财物”；有人认为，警告、通报批评并未减损权利或增加义务，建议将“以依法减损权利或者增加义务的方式予以惩戒的行为”修改为“依照法律、法规、规章规定予以处罚的行为”；有人认为，“损”有损害、侵害之意，建议将“减损”修改为“克减”。

第三，关于“惩戒”。有人认为，“惩戒”一词在我国实践中已经被泛化使用，如果将所有的“惩戒”都定性为行政处罚，很难得到社会认同。因此，应当将是否具有惩罚性作为区别行政处罚与其他行政管理措施的关键标准。[②]

【条文解读与法律适用】

基于本法对于行政处罚的定义，实践中在理解本条内容时，应着重考虑以下五个方面：

第一，行政处罚的实施主体是行政主体。尽管本条表述的是“行政机关”，但需要注意的是，并非所有的行政机关都是行政处罚的主体。只有那些拥有行政处罚权限的行政机关才是实施行政处罚的主体。另外，除了行政机关以外，拥有行政处罚权限的法律法规授权组织和受行政机关委托的组织也是行政处罚的实施主体。从处罚主体的角度看，行政处罚不同于审判机关、检察机关和监察机关等其他主体所实施的制裁行为，也不同于行政机关对其内部工作人员所实施的处分行为。

第二，行政处罚针对的是公民、法人或其他组织违反行政管理秩序的行为。所谓行政管理秩序，是行政法律法规规定的行政机关与行政相对人之间

---

① 姜明安：《精雕细刻，打造良法——修改〈行政处罚法〉的十条建议》，载《中国法律评论》2020年第5期。

② 李洪雷：《论我国行政处罚制度的完善——兼评〈中华人民共和国行政处罚法（修订草案）〉》，载《法商研究》2020年第6期。

的权利义务关系，是行政机关在行政管理活动中所要维护的秩序。[①] 为维护行政管理秩序，公民、法人和其他组织必须遵守行政法律规范设定的各项作为与不作为义务，否则将会被科处行政处罚。值得注意的是，本条所规定违反行政管理秩序的行为，并不包括情形严重已经构成犯罪的行为。从违反行政管理秩序的严重程度上看，对于已经构成刑事犯罪的当事人，应移交司法机关依法追究刑事责任，而不能以罚代行。另外，对于那些违法行为轻微或具有法定免除处罚事由的当事人，行政机关也不应予以行政处罚。

在本概念外延上，“违反行政管理秩序的行为”要素，必须能够将行政处罚与一些常见的行政制裁措施相区别。典型的如行政强制措施、行政命令等。所谓“违反行政管理秩序的行为”，是指“违法行为”，要求行政处罚的制裁对象是违法行为，具有违法性。但是，行政强制措施和行政命令则不必具备这一前提条件，当事人行为不违法，并不影响行政机关实施行政强制措施和行政命令。

第三，行政处罚的方式是减损权益或者增加义务。所谓权益，是指权利和利益，即行为主体在法律规定的范围内，为满足其特定的需求而自主享有的权利和利益。因此，所谓减损权益，严格来说是指减损应受行政处罚行为当事人的权利和利益。修订后概念条款将“减损权益”作为界定惩戒行为是否是行政处罚的前提，较好地回答了过去有关“没收违法所得”“没收非法财物”等行为是否为行政处罚的争议。根据修订后的《行政处罚法》，即使被处罚的财产是违法的，仍然成立行政处罚，因为“利益”是价值中立的，既包括合法利益，也包括非法利益；[②] 所谓义务，是设定或隐含在法律规范中，实现于法律关系中的，主体以相对抑制的作为或不作为的方式保障权利主体获得利益的一种约束手段。[③] 因此，所谓增加义务，是指要求应受行政处罚行为相对人应作出一定行为或不为一定行为。

第四，行政处罚的对象是作为外部相对人的公民、法人或者其他组织，而非内部相对人，这可使行政处罚区别于行政机关基于行政隶属关系、行政

---

① 马怀德：《〈行政处罚法〉修改中的几个争议问题》，载《华东政法大学学报》2020 年第 4 期。

② 熊樟林：《行政处罚的种类多元化及其防控》，载《政治与法律》2020 年第 3 期。

③ 张文显主编：《法理学（第四版）》，高等教育出版社、北京大学出版社 2011 年版，第 94 页。

监察机关对公务员所作出的处分行为。

第五，行政处罚的目的是“惩戒”。与其他行政制裁措施不同，行政处罚的目的主要是“惩戒”或“惩罚”，而不包括基于“教育”“预防”目的而开展的其他制裁手段。因此，诸如责令限期改正、责令停业整顿等行为，不宜理解为行政处罚，这也是本法第 28 条规定中“责令当事人改正或者限期改正违法行为”不应理解为行政处罚的根本逻辑。

（熊樟林　撰写）

第三条 【适用范围】行政处罚的设定和实施，适用本法。

【条文解读与法律适用】

本条规定了《行政处罚法》的适用范围，即《行政处罚法》适用于行政处罚的设定和实施，规范行政处罚设定和实施的各个环节。本条体现了行政处罚法定原则，包括行政处罚依法设定和行政处罚依法实施两个子原则。

第一，行政处罚的设定必须法定，是指受到行政处罚的当事人行为、种类、幅度等设定都需要有法律依据，主要包括行政处罚的种类法定和行政处罚设定权限法定。在行政处罚的种类设定方面，本法第 9 条对行政处罚的种类作了明确规定。据此，行政机关只能在其所规定的种类范围内予以处罚，不得超出法律规定范围自行创设行政处罚种类。并且，本法第 9 条还明确规定，只有法律和行政法规才能创设新的行政处罚种类。同时，在行政处罚的设定权限方面，本法第 10 条至第 14 条也明确规定了法律、行政法规、地方性法规、部门规章和地方政府规章各自的设定权限。除此之外，其他规范性文件禁止设定行政处罚。

第二，行政处罚的实施必须法定，是指行政处罚实施主体及其职权、实施原则和实施程序都必须法定，主要包括行政处罚实施主体法定、实施程序法定等内容。在行政处罚实施主体法定方面，本法第三章作了明确规定。按照规定，不是所有行政机关都能够实施行政处罚，必须是具有行政处罚权的行政机关在法定职权范围内方可实施行政处罚；在行政处罚实施程序法定方面，本法第五章也作了明确规定。行政机关在实施行政处罚时，不仅要求有实体法律依据，而且必须遵守本法规定的程序。

（熊樟林　撰写）

第四条 【适用对象】公民、法人或者其他组织违反行政管理秩序的行为，应当给予行政处罚的，依照本法由法律、法规、规章规定，并由行政机关依照本法规定的程序实施。

【修改提示】

在此次修法中，本条有两处修改：

第一，将“依照本法由法律、法规或者规章规定”修改为“依照本法由法律、法规、规章规定”，将法规与规章中间由“或者”改为顿号连接。修改前的连接词“或者”将规章置于一种与法律、法规相比而言的较弱地位，从语义上减弱了规章作为行政处罚设定依据的功能。实际上，虽然规章的位阶比法律和法规低，适用时应坚持上位法优于下位法原则，但其作为行政处罚设定依据，其功能应与法律、法规相同，即法律、法规、规章都可作为行政处罚设定的依据。

第二，将修订前的《行政处罚法》第 3 条第 2 款“没有法定依据或者不遵守法定程序的，行政处罚无效”的规定移至第 38 条，分别规定“行政处罚没有依据或者实施主体不具有行政主体资格的，行政处罚无效。违反法定程序构成重大且明显违法的，行政处罚无效”。修订前的《行政处罚法》第 3 条第 2 款是对行政处罚法定原则的反向表述，也是对“法无明文规定不处罚”的展开叙述。此次修法主要是基于两点考量：首先，本条第 1 款中已规定行政处罚应具有法律依据并依照法律程序实施，依法进行行政处罚的原则已经确立，没有必要再重复明确，调整修订前的《行政处罚法》第 3 条第 2 款位置，并不会影响行政处罚法定原则在本法中的地位；其次，“没有法定依据”和“不遵守法定程序”作出行政处罚的法律效力并不相同。根据《行政诉讼法》第 75 条规定，“行政行为有实施主体不具有行政主体资格或者没有依据等重大且明显违法情形，原告申请确认行政行为无效的，人民法院判决确认无效”，可见，不遵守法定程序并不必然会导致行政处罚无效，只有“违反法定程序构成重大且明显违法”的，行政处罚才无效。因此，将该问题调整至

第38条中专门予以细化，也避免了《行政处罚法》和《行政诉讼法》之间的冲突。

【条文解读与法律适用】

本条可以分为三方面内容加以理解：

第一，本条规定了行政处罚的适用对象，包括公民、法人和其他组织，既包括个人，也包括单位。

第二，本条规定了行政处罚以行政违法为前提，并且该违法行为处于“应当给予行政处罚”的程度范围。如果没有违反行政管理秩序的行为，或者行为没有达到或超出行政处罚标准，不应予以处罚。实践中，不属于“应当给予行政处罚”的典型情形有两种：一是轻微违反行政管理秩序的行为；二是严重违反行政管理秩序以至于构成犯罪，需要根据《刑法》予以处罚的行为。行政主体在实施行政处罚时，应依据法律的规定，区别不同的违法行为，给予不同的处理。

第三，本条在第3条基础上对行政处罚法定原则做出了进一步明确，主要包括行政处罚设定法定和行政处罚实施法定两个要求。首先，本条明确，能够设定应受行政处罚行为的法律规范只包括“法律、法规、规章”，除此之外，其他任何规则都不能创设行政处罚；其次，关于行政处罚的实施程序，原则上都必须遵守修订后的《行政处罚法》，其他法律规范不能对修订后的《行政处罚法》规定的法定程序予以变更，行政机关也不能规避本法所规定的程序要求。

（熊樟林　撰写）

第五条 【适用原则】行政处罚遵循公正、公开的原则。

设定和实施行政处罚必须以事实为依据，与违法行为的事实、性质、情节以及社会危害程度相当。

对违法行为给予行政处罚的规定必须公布；未经公布的，不得作为行政处罚的依据。

【条文解读与法律适用】

一、关于公正、公开原则

（一）公正原则

公正，是指平等对待当事人各方，不偏不倚，平等地适用法律。该原则贯穿于行政处罚设定和实施的全过程，在行政处罚中，它要求行政机关在处罚中对当事人用同一尺度平等对待。本法在总则中把处罚公正作为一项基本原则确定下来，又在其后的若干章节中对公正原则作出了具体化的规定。

第一，在行政处罚的设定方面，本法第 10 条规定“法律可以设定各种行政处罚。限制人身自由的行政处罚，只能由法律设定”，第 11 条第 1 款规定“行政法规可以设定除限制人身自由以外的行政处罚”，等等，通过对行政处罚的设定加以规范并作出严格限制，以保障最基本的公正。

第二，修订后的《行政处罚法》还新增了行政法规、地方性法规“拟补充设定行政处罚的，应当通过听证会、论证会等形式广泛听取意见，并向制定机关作出书面说明”“国务院部门和省、自治区、直辖市人民政府及其有关部门应当定期组织评估行政处罚的实施情况和必要性，对不适当的行政处罚事项及种类、罚款数额等，应当提出修改或者废止的建议”等内容，进一步细化补充了公正原则在行政处罚设定环节的运用。

第三，在行政处罚实施方面，本法明确指出违法事实不清、证据不足的，不得给予行政处罚，并在程序上设立了处罚过程中可能影响公正执法人员的回避制度，设置了处罚听证程序，要求行政机关在作出行政处罚决定之前，应当告知当事人拟作出的行政处罚内容及事实、理由、依据，并告知当事人依法享有的陈述、申辩、要求听证等权利，行政机关必须充分听取当事人的意见，当事人提出的事实、理由或者证据成立的，行政机关应当采纳。

第四，本法在修订中还新增了电子技术监控设备记录违法事实的有关规定，要求行政机关应当审核记录内容是否符合要求，未经审核或者经审核不符合要求的，不得作为行政处罚的证据，进一步丰富了公正原则在行政处罚实施过程中的表现形式。

（二）公开原则

公开原则是体现社会主义民主的一项重要原则，是公民知情权的基本保障。本条第 3 款规定是对行政处罚公开原则的具体化展开，要求行政机关对违法行为给予行政处罚的规定必须公布；未经公布的，不得作为行政处罚的依据。本法有不少条款均体现了这一原则。如在听证程序中，本法要求除涉及国家秘密、商业秘密或者个人隐私依法予以保密外，听证应公开举行。另外，本法还新增了多个公开原则的具体表现形式。如本法第 24 条第 1 款规定，“省、自治区、直辖市根据当地实际情况，可以决定将基层管理迫切需要的县级人民政府部门的行政处罚权交由能够有效承接的乡镇人民政府、街道办事处行使，并定期组织评估。决定应当公布”；第 34 条规定，“行政机关可以依法制定行政处罚裁量基准，规范行使行政处罚裁量权。行政处罚裁量基准应当向社会公布”；第 41 条第 1 款规定，“行政机关依照法律、行政法规规定利用电子技术监控设备收集、固定违法事实的，应当经过法制和技术审核，确保电子技术监控设备符合标准、设置合理、标志明显，设置地点应当向社会公布”；第 48 条第 1 款规定，“具有一定社会影响的行政处罚决定应当依法公开”；等等。以上规定皆是此次修法新增内容，这些规定进一步彰显了处罚公开原则的精神实质，也为行政处罚公开原则的贯彻落实提供了法律依据。

二、关于过罚相当原则

本条第 2 款规定，设定和实施行政处罚必须以事实为依据，与违法行为的事实、性质、情节以及社会危害程度相当。这是过罚相当原则在《行政处罚法》中的具体表述。过罚相当原则是刑法理论在行政处罚中的应用，① 其精

① 全国人大常委会法制工作委员会国家法、行政法室编：《〈中华人民共和国行政处罚法〉释义》，法律出版社 1996 年版，第 9 页。

神实质与刑罚中的罪刑相当原则是一致的,[①] 也是行政法上“比例原则”“行政合理性原则”在《行政处罚法》上的具体体现。过罚相当原则不仅是设定行政处罚应当遵循的原则，更是实施行政处罚应当遵循的原则。需要注意的是，过罚相当原则适用于裁量行为，而非羁束行为。羁束行为是在法律有明确且详细规定的情况下，行政机关严格依法作出的行政行为，不存在选择余地，只发生违法与否的问题，受合法性原则约束，不存在合法性问题。对于裁量行为而言，由于行政机关享有一定的裁量空间，能够依据违法行为事实、性质、情节和社会危害程度等因素，确定相对应的处罚种类和幅度，从而一方面避免因处罚畸轻导致的无法达到惩戒违法行为人的目的，另一方面也要避免因处罚畸重而导致当事人负担过重的后果。因此，过罚相当原则对于约束处罚裁量行为而言，是具有一定的必要性的，包括对是否处罚的决定裁量、何种处罚的种类裁量和处罚多少的幅度裁量等方面。[②]

实践中，行政机关在对当事人依法实施行政处罚时，应当遵循过罚相当原则，必须以事实为依据，与违法行为事实、性质、情节以及社会危害程度相当，所科处罚种类和幅度要与违法行为人的违法过错程度相适应。如果违背过罚相当原则，导致行政处罚明显不当的，应当及时予以纠正。

（熊樟林　撰写）

① 张春生主编：《中华人民共和国行政处罚法释解》，中国社会出版社 1996 年版，第 7 页。

② 杨登峰、李晴：《行政处罚中比例原则与过罚相当原则的关系之辨》，载《交大法学》2017 年第 4 期。

第六条 【处罚与教育相结合原则】 实施行政处罚，纠正违法行为，应当坚持处罚与教育相结合，教育公民、法人或者其他组织自觉守法。

【条文解读与法律适用】

处罚与教育相结合是行政处罚应当坚持的一项基本原则。行政处罚不仅通过给予违法行为人一定的制裁防止其再次违法，更要通过行政执法部门的宣传教育，督促行为人增强法治观念，自觉遵守法律秩序，同时也教育他人维护法律权威，自觉守法。[①] 本条适用需要注意以下 5 个问题：

第一，根据本法第 2 条规定，行政处罚是指行政机关依法对违反行政管理秩序的公民、法人或者其他组织，以减损权益或者增加义务的方式予以惩戒的行为。该定义直接体现了行政处罚的惩戒功能和目的。但是，行政处罚本身也具有一定的教育功能。行政处罚可以通过惩戒违法行为人促使其吸取教训，自觉维护和遵守法律。在行政执法中，教育主要有两种功能：一是运用法律法规和国家政策对违法行为人说理，向其说明违法行为的危害性与法律后果，促使其自我反思，纠正违法行为，提高法治观念和自觉守法意识；二是将处罚违法行为人与教育公众相结合，通过对违法行为人的处罚，从而对其他社会公众起到教育和警示作用，让公众知晓和预测合法与违法行为的边界及其法律后果，引导广大公众自觉维护和遵守法律。

第二，处罚与教育是实现行政管理目的的两种手段，二者相辅相成、相互作用、有机统一，共同为实现行政管理目的服务。首先，处罚和教育在具体执法过程中具有显著区别，行政处罚是行政机关保障法律有效实施的重要手段之一，其方式因具有惩戒性而显得较为严厉，对违法行为人与社会公众能够起到一定的威慑作用。但是，教育往往通过说理、告诫的形式开展，主要是劝勉和引导违法行为人和社会公众，方式更为柔和、易于被人们接受。虽然二者在方式和效果上存在明显差异，但并不影响其有机统一。教育本身

① 陈延庆、张世诚：《行政处罚法的意义及其基本原则》，载《中国法学》1996 年第 2 期。

并不是要弱化法律，而是与具有强制力的处罚手段结合起来，二者互为补充。实践中，单纯依靠行政处罚，并不能保障法律法规制度的贯彻落实，且容易引起公众抵触情绪，也有悖于行政管理初衷。法律得以有效实施的最基本保障，就是公众对法律的理解和支持。保障法律的平稳运行，维护社会稳定和谐，离不开法制宣传教育。只有通过广泛、多样化的宣传教育，广大社会公众才能知晓法律、懂得法律、维护法律，法律才能拥有坚实的群众基础。[①] 因此，必须将处罚和教育有机结合。

第三，本法非但在总则中对处罚与教育相结合原则作出明确规定，同时分则中的其他规定也充分体现了这一原则。如第 32 条规定，“当事人有下列情形之一，应当从轻或者减轻行政处罚：（一）主动消除或者减轻违法行为危害后果的；（二）受他人胁迫或者诱骗实施违法行为的；（三）主动供述行政机关尚未掌握的违法行为的；（四）配合行政机关查处违法行为有立功表现的；（五）法律、法规、规章规定其他应当从轻或者减轻行政处罚的”；第 33 条第 1 款规定，“违法行为轻微并及时改正，没有造成危害后果的，不予行政处罚。初次违法且危害后果轻微并及时改正的，可以不予行政处罚”；等等。这些规定均体现了以教育方式促使违法行为人主动纠正违法行为、提高法治意识的立法目的。

第四，为强化处罚与教育相结合原则，修订后的《行政处罚法》还新增了诸多重要教育举措，为本原则落地实施提供了法律保障。如第 33 条第 3 款规定：“对当事人的违法行为依法不予行政处罚的，行政机关应当对当事人进行教育。”

第五，正确把握处罚与教育的关系，避免“不教而罚”或“只教不罚”。行政处罚不是目的，而是一种手段。只有把处罚的手段和教育的手段结合起来，才能有效保障法律的实施，预防违法犯罪行为，营造公众自觉遵法守法的氛围，维护社会和谐与稳定。在设定和实施行政处罚时，处罚与教育二者不可偏废。如果将二者分离，容易导致执法实践中出现两种主要的错误倾向，即“不教而罚”或者“只教不罚”，行政处罚也会因此发挥不出应有的法律

---

① 陈新魁：《对行政处罚与教育相结合条款的反思》，载《中山大学研究生学刊（社会科学版）》2015 年第 3 期。

效果，造成违法行为人或因罚重不公而产生抵触情绪，或因罚轻起不到一定的威慑效果而屡教不改。“徒善不足以为政，徒法不足以自行”，在行政执法中，处罚和教育各自具有其不可替代的功能和作用，需要灵活运用处罚和教育的方式。只有将二者贯彻执法过程的始终，才能实现最佳的法律效果和社会效果。

（熊樟林　撰写）

第七条 【行政处罚当事人的权利】 **公民、法人或者其他组织对行政机关所给予的行政处罚，享有陈述权、申辩权；对行政处罚不服的，有权依法申请行政复议或者提起行政诉讼。**

公民、法人或者其他组织因行政机关违法给予行政处罚受到损害的，有权依法提出赔偿要求。

【条文解读与法律适用】

本条是关于行政处罚当事人权利的规定。行政处罚中，为充分保障当事人的合法权益，本条规定了当事人的各项权利，具体包括：陈述权和申辩权、申请行政复议或提起行政诉讼权、请求行政赔偿权。

一、陈述权和申辩权

陈述权及申辩权是法律赋予当事人在行政处罚中保护自身利益的一种法定权利。陈述权指当事人就所知悉的事实向行政机关陈述的权利；申辩权指当事人根据事实和法律规定为自己的行为申述理由和辩解的权利。为了保障当事人的权益，依照本条规定，公民、法人或者其他组织针对行政机关作出的行政处罚决定，有权进行陈述和申辩，以证明自身没有违法事实或者虽有违法事实，但情节较轻。陈述权和申辩权对于制约行政权力的滥用、保护行政相对人的合法权益具有重要作用。

在行政处罚实践中，行政机关应当严格依照本法规定，充分保证当事人的陈述权和申辩权。同时，行政机关在作出行政处罚决定之前，应当告知当事人作出处罚决定的事实、理由及依据，并告知当事人所享有的权利，包括陈述权及申辩权。具体的告知方式包括口头和书面两种形式。实践中，一般采用书面形式告知当事人享有陈述权和申辩权，口头形式仅适用于简易程序。

陈述申辩的主体一般为当事人，在特殊情况下，公民、法人或其他组织亦可通过书面委托方式委托他人代为陈述和申辩。当事人可通过书面或口头形式向行政机关作出陈述和申辩，以书面形式作出陈述申辩的，应当在权利行使期限内将陈述申辩材料送达行政机关；以口头形式进行陈述申辩的，行政机关应如实记录留存。

二、申请行政复议或提起行政诉讼权

申请行政复议或提起行政诉讼是保障当事人合法权益的两种救济途径，二者可合称为行政救济制度。行政复议是指当事人对于行政机关作出的行政处罚存有争议，向作出行政处罚行政机关的上一级行政机关或者法律规定的其他行政机关提出申请，由该行政机关对引起争议的行政处罚进行审查，并作出相应处理决定的一种行政监督活动。行政诉讼则是指当事人受到行政机关的处罚之后不服，直接向人民法院提起诉讼，或经向原处分机关的直接上级机关提出复议后，对其作出的决定仍有不服的，向人民法院提出诉讼，请求撤销或者变更原处分或决定的行为。本条赋予行政处罚当事人两种不同救济途径，对于行政处罚不服的，既可以向上级行政机关申请复议，也可直接向人民法院提起诉讼，且经行政复议后，对行政复议决定仍不服的，也可继续向人民法院提起诉讼。在具体适用时，应当注意两点：一是行政复议的申请人为公民、法人或者其他组织，不限于行政处罚的相对人。申请行政复议的对象为行政处罚这一具体行政行为，行政处罚当事人或利害关系人对行政处罚决定不服，或者认为行政处罚决定侵犯了其合法权益，均可以申请行政复议。需要指出的是，实践中，公民、法人或者其他组织只要认为自己的合法权益受到行政处罚侵害即可申请行政复议，至于是否真的受到侵害并非其申请条件，需行政复议机关审查后才能确定。二是行政诉讼的原告同样不限于行政处罚的当事人，与行政处罚决定之间存有法律上利害关系的公民、法人或者其他组织，都可以作为原告提起行政诉讼。被告为作出行政处罚的行政机关，但不包括司法机关、立法机关等其他国家机关。人民法院对此类行政案件独立行使审判权，人民法院行政审判庭负责审理行政案件，任何行政机关、社会团体和个人不得干涉。公民、法人或者其他组织提起行政诉讼的理由是对行政处罚决定不服，或认为行政处罚决定侵犯了其合法权益。除法律规定复议前置的以外，公民、法人或者其他组织不仅可以直接对行政处罚决定提起行政诉讼，并且可以在行政复议后，再对行政处罚决定或行政复议决定提起诉讼。

三、请求行政赔偿权

行政赔偿是指行政机关对因行使职权侵犯公民、法人或者其他组织合法权益所造成的损害，依法给予赔偿的法律制度。当行政机关的行政处罚行为使相对人遭受损害时，行政处罚相对人有权依法提出赔偿要求。行政赔偿是国家责任形式的一种，国家对公民应负的责任包括国家立法损害责任、国家行政侵权责任、国家司法损害责任与国家民事责任四种类型。行政侵权赔偿责任是国家对行政侵权行为所负的赔偿责任。行政赔偿责任是行政侵权责任的一种，其责任形式包括恢复原状或金钱赔偿。在行政处罚中，之所以会产生行政赔偿，主要是因为行政机关违法作出的行政处罚导致当事人权益受到损害。本条在具体适用时，应注意：

第一，承担行政赔偿责任的主体，既有可能是行政机关及其工作人员，也可能是被授权实施行政处罚行为的组织或个人。

第二，行政机关承担行政赔偿责任的前提是行政处罚决定存在违法情形，这是行政赔偿与行政补偿的关键区别。行政补偿通常针对的是行政机关及其工作人员合法行为带来的损失。

（熊樟林　撰写）

第八条　【被处罚者的其他法律责任】公民、法人或者其他组织因违法行为受到行政处罚，其违法行为对他人造成损害的，应当依法承担民事责任。

违法行为构成犯罪，应当依法追究刑事责任的，不得以行政处罚代替刑事处罚。

【修改提示】

此次修订，本条主要有两处变动：第一，在第 1 款“公民、法人或者其他组织因违法受到行政处罚”中增加“行为”二字，改为“公民、法人或者其他组织因违法行为受到行政处罚”。第二，在第 2 款“应当依法追究刑事责任”后增加一个“的”字。此两处修改均是用以增强《行政处罚法》立法表述的准确性。

【条文解读与法律适用】

本条是对违法主体所应承担的不同法律责任的规定。公民、法人或者其他组织因其违法行为对他人造成损害的，除需承担行政责任外，还应依法承担民事责任，违法行为构成犯罪的，不得因已承担行政处罚而免除其刑事处罚。本条明确了违法行为人的行政处罚责任、民事责任及刑事责任。

一、关于民事责任的承担

行政处罚责任与民事责任分别属于不同的法律责任范畴，因而即使为同一违法行为所引起，二者也不可相互替代。

第一，民事责任和行政处罚责任产生的前提有所区别。尽管可能基于同一违法行为，但民事责任由民事主体违反民事义务的行为所引起，违反民事义务是民事责任产生的前提，行政处罚责任则是由违反行政管理秩序的行为所引起的。

第二，二者在功能上也存在差异。民事责任重在对受害人权利的恢复，赔偿或补偿当事人所受损失，主要体现为补偿功能及救济功能，而行政处罚责任的承担则重在维护行政管理秩序，对行政行为造成的权利侵害予以救济，通过行政处罚减少再次实施违法行为的可能性。行政处罚责任体现了国家对违反行政法定义务行为的否定性评价，其以制裁行政违法或行政不当为主旨，属于惩罚性法律责任，而民事责任则以弥补相对方合法权益损失为目的，属于补偿性法律责任。①

第三，对于责任强制程度而言，民事责任更多体现的是国家权力的间接强制性，由当事人自觉主动承担，无须强制机构介入，且双方当事人可就民事责任的内容或承担方式进行协商、和解或调解。但是，行政处罚责任则更多体现了国家权力的直接强制性，不可协商。尤其是在责任免除方面，民事权利可以自由处分，受害人既可以自行决定是否诉至国家有权机关追究侵权人的民事责任，亦可在责任追究过程中自行免除侵权人的民事责任。但是，行政处罚责任却不可处分，行政处罚责任是国家强制违法当事人必须承担的不利后果，必须由法定机关予以追究，其他受害当事人不能自行免除违法主体的行政处罚责任。

第四，在具体适用中，民事责任的承担方式主要以补偿、恢复受害人权利为基本内容，主要包括恢复原状、返还财产、赔偿损失、停止侵害、排除妨害、赔礼道歉等形式。民事责任的实现主要以财产性方式为基本形式，但是，行政处罚的种类则与此不同，包括警告、通报批评、罚款、没收违法所得等责任方式。对于行政责任而言，实施行政处罚的主体为行政机关，是当事人因违法行为破坏行政管理秩序而承担的行政责任；对于民事责任而言，违法行为人可首先与受害相对人协商解决，也可进行调解，未能达成一致意见的，才经由司法途径解决。

二、关于刑事责任的承担

本条第 2 款严格规定行政处罚不得代替刑事处罚。行政责任与刑事责任均体现了国家权力的强制性，但行政责任与刑事责任的强制性有明显的区别。当民事违法、行政违法达到一定程度时，违法行为可能构成犯罪，依法应当追究刑事责任。此时，仅追究民事责任、行政责任不足以有效维护社会秩序，

---

① 胡肖华、徐靖：《行政主体行政责任与民事责任竞合的数理分析》，载《行政法学研究》2007 年第 2 期。

违法行为人应当同时承担刑事责任。刑事责任拥有最为严厉的制裁手段，行政处罚的力度不足以代替刑事处罚。刑事责任是由犯罪行为所引起，犯罪行为是刑事责任产生的前提。本条在具体适用时，应当注意的问题是：

第一，刑事责任的承担方式包括财产刑和非财产刑，但其主要是通过限制、剥夺犯罪人人身自由的方式实现的，这与行政处罚存在差异。

第二，若在行政处罚之前，初步判断违法行为构成犯罪的，可直接移送刑事司法部门，科处刑事处罚，不得以行政处罚代替刑事处罚。若对违法行为已经作出行政处罚，对于构成犯罪，有可能进行刑事处罚的，仍应当移送刑事司法部门，科处刑事处罚。但是在刑事处罚时应适当考虑已承担过的行政处罚责任，根据违法行为人已受到处罚的事实，从轻或减轻刑事处罚。

（熊樟林　撰写）

第二章　行政处罚的种类和设定

本章概述

本章是关于行政处罚的种类和设定的规定，其中第9条规定行政处罚的种类；第10条至第14条以及第16条规定法律、行政法规、地方性法规、国务院部门规章、地方政府规章以及其他规范性文件对于行政处罚的设定权限；第15条规定行政处罚立法后的评估。此章主要有以下三处修改完善：一是增加了行政处罚种类，即通报批评、降低资质等级、限制开展生产经营活动、限制从业；二是增加了行政法规、地方性法规补充设定行政处罚的规定；三是新增设了行政处罚立法后评估制度。

第九条　【行政处罚的种类】行政处罚的种类：

（一）警告、通报批评；

（二）罚款、没收违法所得、没收非法财物；

（三）暂扣许可证件、降低资质等级、吊销许可证件；

（四）限制开展生产经营活动、责令停产停业、责令关闭、限制从业；

（五）行政拘留；

（六）法律、行政法规规定的其他行政处罚。

【修改提示】

本条将现行单行法律规范中已经明确规定、行政执法实践中常用的行政处罚种类纳入，与修订前的《行政处罚法》相比，增加通报批评、降低资质等级、限制开展生产经营活动、责令关闭、限制从业等行政处罚种类，将修订前的《行政处罚法》中“暂扣或者吊销许可证、暂扣或者吊销执照”统一规定为“暂扣许可证件”以及“吊销许可证件”。相较而言，修订前的《行政处罚法》法中所列举的处罚种类不够完整，不利于行政执法实践和法律的实施，据此，本法在修订过程中全面贯彻落实行政执法体制改革要求，秉持严格规范公正文明执法理念，丰富了行政处罚的种类，适应了执法实践的需要。在本法的修订过程中，对于行政处罚种类存在以下三种有代表性的观点：一是失信惩戒在实践中应用广泛，列入失信名单对公民、法人和其他组织权益影响重大，却缺乏相应法律规范，引发较大争议，建议将“列入严重失信名单”或者“信用惩戒”纳入行政处罚种类；二是采用列举方式规定行政处罚种类包容性不足，建议修改为具体列举和抽象概括相结合的模式，将具体种类归类为申诫罚、财产罚、行为罚、资格罚、人身罚等五大类型；三是对“通报批评”是否属于行政处罚种类存在不同意见。

【条文解读与法律适用】

本条以列举方式明确了行政处罚的种类，在修订前的《行政处罚法》的基础上新增了五种行政处罚类型。虽未进行抽象概括，但从列举顺序看，本条实质是按照申诫罚、财产罚、资格罚、行为罚、人身罚五类进行了区分归类，并以原则性的兜底条款作结。行政处罚种类的适用都有各自的条件，需要结合违法行为的事实、性质、情节以及社会危害程度，《行政处罚法》《行政许可法》以及其他法律、法规的具体规定综合考虑。

一、关于“警告、通报批评”

警告和通报批评属于申诫罚。警告是指行政机关对有违法行为的公民、法人和其他组织提出警示和告诫，使其认识所应负责任的一种处罚。其目的是通过给予行为人告诫，使其以后不再作出违法行为。[①] 警告通常用于情节较轻、危害性不大的违法行为，如《治安管理处罚法》第 75 条规定，饲养动物，干扰他人正常生活的，处警告。根据修订后的《行政处罚法》第 59 条的规定，行政机关给予当事人行政处罚应当制作行政处罚决定书，行政处罚一般是要式行政行为，但警告在特定情况下可以通过口头方式作出，如《道路交通安全法》第 87 条第 2 款规定，对于情节轻微，未影响道路通行的，指出违法行为，给予口头警告后放行。通报批评虽未被修订前的《行政处罚法》纳入行政处罚种类之内，但却广泛存在于其他法律、法规以及行政执法实践中。如《审计法》第 43 条规定，被审计单位违反本法规定，拒绝或者拖延提供与审计事项有关的资料的，或者提供的资料不真实、不完整的，或者拒绝、阻碍检查的，由审计机关责令改正，可以通报批评，给予警告；拒不改正的，依法追究责任。又如行政执法实践中，食品药品监管部门对存在问题的企业往往会向社会公开发布检查结果公告，并责令其积极整改。通报批评主要表现为行政机关在一定范围内对违法行为人的违法事实予以公布，借此既制裁和教育违法者，又广泛教育他人。

实践中需要注意的问题是：

第一，警告和通报批评通常适用于违法程度轻微、社会危害性不大的行为。两者的主要区别在于，警告通常只针对个人作出，知晓范围也限于当事人本人或限定范围的人员，采取的是“点对点”的方式；而通报批评需要具

---

① 吴高盛主编：《〈中华人民共和国行政处罚法〉释义及实用指南》，中国民主法制出版社 2015 年版，第 34 页。

备一定的公开性，其知晓范围明显大于警告，采取的是“点对面”的方式。

第二，公安机关对当事人作出的“训诫”行为虽与警告较为接近，但性质不同。训诫本义指教导和劝诫，对照本法第 2 条有关行政处罚的定义，其不属于刑罚、行政处罚或行政强制措施，一般不应理解为行政处罚。现行训诫措施规定散见于刑法、行政法和诉讼法中，如《刑法》第 37 条规定，对于犯罪情节轻微不需要判处刑罚的，可以免予刑事处罚，但可以根据案件的不同情况予以训诫；《信访条例》第 47 条规定，公安机关可以对经劝阻、批评和教育无效的、违反相关信访规定的当事人予以训诫；《行政诉讼法》第 59 条规定，人民法院可以对妨碍行政诉讼的当事人予以训诫。由此可见，训诫是指人民法院、公安机关等对某些违法当事人进行批评教育、责令改正的一种处置措施，不属于刑罚、行政处罚或行政强制措施，也不同于单纯的劝阻、批评和教育。江苏省高级人民法院在〔2019〕苏行申 1257 号“卢某某诉淮安市公安局经济技术开发区分局要求撤销训诫书案”中认为，训诫书仅为告知当事人《集会游行示威法》《信访条例》中关于示威、游行、信访的相关规定，并告知违反相关规定的法律后果等，训诫书不属于行政处罚，亦无相对应的法律后果。原审法院认定训诫书对当事人的权利义务未产生实际影响，据此迳行裁定驳回其起诉并无不当。

二、关于“罚款、没收违法所得、没收非法财物”

罚款、没收违法所得、没收非法财物属于传统财产罚。本条将旧法中分两项规定的“罚款”“没收违法所得、没收非法财物”合并为一项。罚款指行政机关责令有违法行为的公民、法人和其他组织在一定期限内缴纳一定数量货币的处罚行为。罚款是实践中被广泛适用的行政处罚种类，《治安管理处罚法》中有 44 个条文均规定了罚款，如该法第 43 条第 1 款规定：“殴打他人的，或者故意伤害他人身体的，处五日以上十日以下拘留，并处二百元以上五百元以下罚款；情节较轻的，处五日以下拘留或者五百元以下罚款。”没收违法所得与没收非法财物指国家行政机关将违法所得与非法财物收归国有的行政处罚，具有强制性与无偿性的特征。较罚款而言，其惩戒程度更为严厉，在适用程序上要求也相对更为严格。修订后的《行政处罚法》第 28 条对违法所得进行了定义，是指实施违法行为所取得的款项，也就是特指金钱；而修订后的《行政处罚法》第 74 条第 1 款规定依法没收的非法财物必须按照国家规定公开拍卖或者按照国家有关规定处理。因此，非法财物一般指金钱以外的财产，在没收时需通过拍卖等方式转化为款项。

法律适用中要注意，罚款需遵守罚缴分离的规定，所罚款项必须上缴国库，任何行政机关或者个人不得以任何形式截留、私分。没收违法所得和没收非法财物的处罚对象为以谋取非法收入为目的违反法律、法规的公民、法人及其他组织。

三、关于“暂扣许可证件、降低资质等级、吊销许可证件”

暂扣许可证件、降低资质等级、吊销许可证件属于资格罚，指行政机关对有违法行为的公民、法人和其他组织，通过暂扣、吊销许可证件、降低资质等级的方式暂时剥夺或永久剥夺其从事生产或经营权利的行政处罚。首先，本条将修订前的《行政处罚法》中的许可证、执照改为许可证件，与《行政许可法》保持一致，扩大了暂扣与吊销行为的客体范围。根据《行政许可法》第 39 条的规定，行政许可证件包括：（1）许可证、执照或者其他许可证书；（2）资格证、资质证或者其他合格证书；（3）行政机关的批准文件或者证明文件；（4）法律、法规规定的其他行政许可证件。其次，降低资质等级被正式纳入行政处罚范围，实际是对《建筑法》等法律、法规既有规定的吸收。如《建筑法》第 74 条规定，建筑施工企业在施工中偷工减料的，使用不合格的建筑材料、建筑构配件和设备的，或者有其他不按照工程设计图纸或者施工技术标准施工的行为的，责令改正，处以罚款；情节严重的，责令停业整顿，降低资质等级或者吊销资质证书；造成建筑工程质量不符合规定的质量标准的，负责返工、修理，并赔偿因此造成的损失；构成犯罪的，依法追究刑事责任。

实践中需要注意的问题是：

第一，“信用惩戒”与降低资质等级的关系。信用惩戒的外延要大于降低资质等级，如果信用惩戒基于改变原有的资质等级，可以作为本条规定的降低资质等级处罚来处理，至于其他不涉及改变资质等级的信用惩戒，则不属于行政处罚。

第二，暂扣许可证件、降低资质等级、吊销许可证件是较为严厉的行政处罚，只有法律和行政法规可以设定吊销营业执照的行政处罚，地方性法规无权设定此类处罚。

四、关于“限制开展生产经营活动、责令停产停业、责令关闭、限制从业”

限制开展生产经营活动、责令停产停业、责令关闭、限制从业属于行为罚，指行政机关对违反法律、法规的当事人，在一定期限内或者永久剥夺其从事某项生产经营活动权利的行政处罚。行为罚部分是本条修改的重点之一，与修订前的《行政处罚法》相比，本条新增了限制开展生产经营活动、责令关闭、限制从业三项内容。

“责令关闭”广泛存在于环境保护及安全生产等领域单行法和行政处罚实践之中。如《环境保护法》第 60 条规定，企业事业单位和其他生产经营者超过污染物排放标准或者超过重点污染物排放总量控制指标排放污染物的，县级以上人民政府环境保护主管部门可以责令其采取限制生产、停产整治等措施；情节严重的，报经有批准权的人民政府批准，责令停业、关闭。《安全生产法》第 108 条规定，生产经营单位不具备本法和其他有关法律、行政法规和国家标准或者行业标准规定的安全生产条件，经停产停业整顿仍不具备安全生产条件的，予以关闭；有关部门应当依法吊销其有关证照。责令关闭是较为严厉的一种行政处罚，与责令停产停业不同，责令停产停业通常附有期限要求，受处罚人在一定期限内纠正了违法行为，就可以恢复生产和经营；责令关闭否定了公民、法人或其他组织生产经营行为的存续，并无期限限制。责令关闭与吊销许可证件的关系在于，责令关闭是针对生产经营的事实状态，吊销许可证件是针对可以开展生产经营的法律前提要件。两者作出的机关通常也不一致，如《环境保护法》第 60 条规定的责令关闭是由有批准权的人民政府决定，而吊销许可证件一般是许可证件的颁发机关才有权作出。

“限制开展生产经营活动”以及“限制从业”作为新增的行政处罚种类，包括时间、空间、生产经营活动以及从业种类等方面的约束，被处罚人的其他生产经营活动不受影响。限制开展生产经营活动相对于责令停产停业而言，范围和效果更轻，限制开展生产经营活动是在原有生产经营范围的基础上加以控制或缩减，但生产经营活动并不停止，而责令停产停业则意味着生产经营活动处于全面暂停的状态。限制从业多发生在对于行业准入有特定要求的专业领域内，如《食品安全法》第 135 条第 1 款规定，被吊销许可证的食品生产经营者及其法定代表人、直接负责的主管人员和其他直接责任人员自处罚决定作出之日起五年内不得申请食品生产经营许可，或者从事食品生产经营管理工作、担任食品生产经营企业食品安全管理人员。

实践中需要注意的问题是，责令关闭、责令停产停业、限制开展生产经营活动、限制从业作为较为严厉的行政处罚，将直接影响企业的生产经营利益，需要按照法律、法规规定的实体和程序条件严格适用。

五、关于“行政拘留”

“行政拘留”作为传统人身罚在本条中被予以保留。行政拘留是指法定的行政机关依法对违反行政法律规范的人，在短期内限制其人身自由的一种行政处罚。由于人身自由权是公民基本权利，所以只有法律能够设定此类行政处罚。

实践中需要注意的是，行政拘留是行政处罚中最严厉的处罚，只有公安机关和法律规定的其他机关有权作为实施主体，目前有规定的其他机关是国家安全机关。

六、关于“法律、行政法规规定的其他行政处罚”

本项为兜底条款。前五项列举的五类行政处罚在实践中运用频率较高，具有基础性与代表性，但除此之外，现行法律、法规中的其他行政处罚以及未来立法中可能出现的行政处罚也都应属于合法有效的行政处罚种类，为防止遗漏，本条进行了兜底式规定。

实践中需要注意的问题是，对“责令限期拆除”行为的性质，应当区分认定。关于“责令限期拆除”，《土地管理法》和《城乡规划法》均有规定，但基于两法引发的责令限期拆除行为是否均属于行政处罚，在理论界和实务界尚有一定争议。行政执法和司法实践更倾向于认为两者性质不同。理由如下：(1)《土地管理法》第77条和第78条规定，对于非法占用土地进行建设的，自然资源主管部门应当限期拆除在非法占用的土地上新建的建筑物。该法第83条又规定，建设单位或者个人对责令限期拆除的行政处罚决定不服的，可以向人民法院起诉。该法已经明确将“责令限期拆除”确定为行政处罚，故从文义解释角度，自然资源主管部门依据《土地管理法》作出的“责令限期拆除”决定属于本条规定的其他行政处罚。(2)《城乡规划法》第64条规定，未取得建设工程规划许可证或者未按照建设工程规划许可证的规定进行建设且无法采取改正措施消除影响的，由城乡规划主管部门限期拆除。

该条的规定源自《城市规划法》第40条，而原国务院法制办曾作出《关于“责令限期拆除”是否是行政处罚行为的答复》（国法秘函〔2000〕13号），明确《城市规划法》第40条规定的“责令限期拆除”不应当理解为行政处罚行为。因此，城乡规划主管部门依据《城乡规划法》作出的“责令限期拆除”，属于责令改正违法行为的范畴，不属于本条规定的其他行政处罚。

（赵雪雁　周磊　撰写）

第十条　【法律的行政处罚设定权】 法律可以设定各种行政处罚。

限制人身自由的行政处罚，只能由法律设定。

【条文解读与法律适用】

本条是关于法律对行政处罚设定权限的规定，与修订前的《行政处罚法》的规定一致。

"设定"即从无到有地创设。全国人大及其常委会是我国的最高权力机关，法律由其制定，所以法律可以设定各种行政处罚。本条第2款为排他性规定。《宪法》第37条第1款规定："中华人民共和国公民的人身自由不受侵犯。"第3款规定："禁止非法拘禁和以其他方法非法剥夺或者限制公民的人身自由，禁止非法搜查公民的身体。"本条第2款为宪法原则在《行政处罚法》中的具体体现。人身自由权是公民最基本的权利，限制人身自由在行政法领域属于最严厉的处罚，设定时需秉持最慎重的态度。法律的制定有复杂、民主、权威的程序作为保障，出于对公民基本权利的保护，只有法律有权设定此类处罚。

本条规定的理论基础在于"法律保留原则"，该原则的基本含义是指："凡属宪法、法律规定只能由法律规定的事项，则只能由法律规定，或者必须在法律有明确授权的情况下，才能由行政机关作出决定。"① 可以说，《行政处罚法》中不少条款都体现了"法律保留原则"。如本条对于限制人身自由的处罚，规定只能由法律设定，其他任何规范性文件均不能设定。又如对于财产处罚可由法律授权，可以分为如下几个层次：第一，法律授予行政法规、地方性法规一定的财产处罚的设定权，即行政法规、地方性法规可以规定涉及财产各方面的处罚权；第二，国务院部门规章只能在国务院规定的限额内设定相应的罚款，地方政府规章只能在省、自治区、直辖市人大常委会规定的限额内设定相应的罚款；第三，对于规章以下的规范性文件，法律不授予任何行政处罚的设定权。②

（赵雪雁　周磊　撰写）

---

① 周佑勇：《行政法总则中基本原则体系的立法构建》，载《行政法学研究》2021年第1期。

② 孙笑侠：《法律对行政的控制》，山东人民出版社1999年版，第195页。

第十一条 【行政法规的行政处罚设定权】行政法规可以设定除限制人身自由以外的行政处罚。

法律对违法行为已经作出行政处罚规定，行政法规需要作出具体规定的，必须在法律规定的给予行政处罚的行为、种类和幅度的范围内规定。

法律对违法行为未作出行政处罚规定，行政法规为实施法律，可以补充设定行政处罚。拟补充设定行政处罚的，应当通过听证会、论证会等形式广泛听取意见，并向制定机关作出书面说明。行政法规报送备案时，应当说明补充设定行政处罚的情况。

【修改提示】

本条为关于行政法规对行政处罚设定权限的规定。在修订前的《行政处罚法》第 10 条的基础上，本条新增“法律对违法行为未作出行政处罚规定”时的相关规定，明确在法律空白时，为实施法律，行政法规可以补充设定行政处罚，并且对于设定及备案程序作出了具体规定。本条修改坚持问题导向，积极适应了实践需要，有效弥补了法律空白。

【条文解读与法律适用】

根据《立法法》第 65 条规定，国务院根据宪法和法律，制定行政法规。本条赋予了行政法规设定、规定以及补充设定行政处罚的权限。此处需要区别“设定”“规定”“补充设定”三者的含义。

第一，关于设定权。“设定”即为创设，强调行政处罚的从无到有。根据本条第 2 款规定，限制人身自由的行政处罚由法律排他性设定，行政法规可以设定除此之外的其他所有行政处罚。

第二，关于规定权。“规定”即在已有行政处罚的基础上加以具体化，需要遵守一定的条件和要求。本条第 2 款规定，对于法律已有规定的，如果有需要，行政法规可以在此基础上做出更为细化而具体的规定。需要注意，后者的具体化不能超出法律已设定的行政处罚的行为、种类和幅度。

第三，关于补充设定权。“补充设定”即对于法律已有考虑但仍存在漏洞的情况，进行补充。行政法规对于行政处罚的补充设定权是本次修法的新增内容之一。补充设定权的行使，以“法律对违法行为未作出行政处罚规定”为前提，以实施法律为目的，以通过广泛听取意见并向制定机关作出书面说明为手段，以备案说明补充设定行政处罚的情况为补充。

实践中需要注意的是，行政法规在设定行政处罚时，应遵守法律保留原则，补充创设须严格遵守听取意见、书面说明、备案等程序性规定。在对法律已有的行政处罚进行规定时，务必遵守行为、种类和幅度的范围要求。

（赵雪雁　周磊　撰写）

第十二条　【地方性法规的行政处罚设定权】地方性法规可以设定除限制人身自由、吊销营业执照以外的行政处罚。

法律、行政法规对违法行为已经作出行政处罚规定，地方性法规需要作出具体规定的，必须在法律、行政法规规定的给予行政处罚的行为、种类和幅度的范围内规定。

法律、行政法规对违法行为未作出行政处罚规定，地方性法规为实施法律、行政法规，可以补充设定行政处罚。拟补充设定行政处罚的，应当通过听证会、论证会等形式广泛听取意见，并向制定机关作出书面说明。地方性法规报送备案时，应当说明补充设定行政处罚的情况。

【修改提示】

本条为关于地方性法规对行政处罚设定权限的规定。与修订前的《行政处罚法》第 11 条相比，新增了法律、行政法规对违法行为未作出行政处罚规定时的相关规定，明确在前两者规定存在空白时，为实施法律、行政法规，地方性法规可以补充设定行政处罚，并且对于设定及备案程序作出了具体规定。本条为地方立法留出了较为充分的空间，尤其是补充设定行政处罚的规定，在实践需要的情况下，有助于做到国家立法与地方立法的上下配套，以下补上。在本法修订过程中，有观点认为，实践中执法机关滥用行政处罚权侵犯公民合法权益的情形仍然存在，扩大地方性法规行政处罚设定权限要特别慎重；有观点建议，将地方性法规行政处罚设定权限先扩大到省级人大及其常委会制定的地方性法规，之后再视情况拓展稳妥途径，并增加对地方性法规行政处罚设定权的约束性规定；也有观点建议，增加规定，地方性法规不得设定降低资质等级、限制开展生产经营活动、限制从业的行政处罚种类。

【条文解读与法律适用】

《立法法》第 72 条规定，省、自治区、直辖市的人民代表大会及其常务委员会根据本行政区域的具体情况和实际需要，在不同宪法、法律、行政法规相抵触的前提下，可以制定地方性法规。设区的市的人民代表大会及其常务委员会可以对城乡建设与管理、环境保护、历史文化保护等方面的事项制定地方性法规。本条赋予了地方性法规设定、规定以及补充设定行政处罚的权限。

第一，关于设定权。根据本条第 1 款规定，限制人身自由的行政处罚由法律排他性设定，吊销营业执照仅能由法律和行政法规予以设定。地方性法规可以设定除此之外的行政处罚。需要注意的是，吊销营业执照与吊销许可证件存在区别，营业执照属于许可证件的一种，吊销许可证件的范围也大于吊销营业执照，因此，地方性法规虽然不能设定吊销营业执照的行政处罚，但是可以设定其他种类的吊销许可证件的处罚。

第二，关于规定权。根据本条第 2 款规定，对于法律、行政法规已有规定的，如果有需要，地方性法规可以在此基础上作出更为具体的规定。同样，后者的具体化不能超出法律已设定的行政处罚的行为、种类和幅度。

第三，关于补充设定权。在法律和行政法规已有考虑但仍存在漏洞的情况下，地方性法规可以对于法律、行政法规进行补充。地方性法规对于行政处罚的补充设定权是本次修法的新增内容之一。地方性法规补充设定权的行使，以法律、行政法规对违法行为未作出行政处罚规定为前提，以实施法律、行政法规为目的，以通过广泛听取意见并向制定机关作出书面说明为手段，以备案说明补充设定行政处罚的情况为补充。如《行政强制法》第 30 条第 2 款规定，金融机构接到行政机关依法作出的冻结通知书后，应当立即予以冻结，不得拖延，不得在冻结前向公民、法人和其他组织泄露信息。违反该款规定的法律责任规定在《行政强制法》第 65 条，但该条仅规定了金融业监督管理机构可以责令改正以及对主管人员和责任人员给予处分，没有规定相应的行政处罚。行政法规或地方性法规如认为有必要，可以补充设定对于金融机构此种违法行为的行政处罚。

实践中需要注意的是，地方性法规在设定行政处罚时，不允许重复创设，违背法律、行政法规的现有规定进行创设，补充创设须严格遵守听取意见、书面说明、备案等程序性规定。在对法律、行政法规已有的行政处罚进行规定时，务必遵守行为、种类和幅度的范围要求。

（赵雪雁　周磊　撰写）

第十三条 【国务院部门规章的行政处罚设定权】 国务院部门规章可以在法律、行政法规规定的给予行政处罚的行为、种类和幅度的范围内作出具体规定。

尚未制定法律、行政法规的，国务院部门规章对违反行政管理秩序的行为，可以设定警告、通报批评或者一定数额罚款的行政处罚。罚款的限额由国务院规定。

【修改提示】

本条是关于国务院部门规章的行政处罚设定权。相比于修订前的《行政处罚法》第 12 条，本条将“国务院部、委员会制定的规章”统称为“国务院部门规章”；将设定行政处罚种类由“警告或者一定数量罚款”修改为“警告、通报批评或者一定数额罚款”，以与本法第 9 条的规定相一致；删除了修订前的《行政处罚法》第 12 条中关于国务院授权的具有行政处罚权的直属机构可以设定行政处罚的规定。

【条文解读与法律适用】

一、国务院部门规章的含义

《立法法》第 80 条第 1 款规定，国务院各部、委员会、中国人民银行、审计署和具有行政管理职能的直属机构，可以根据法律和国务院的行政法规、决定、命令，在本部门的权限范围内，制定规章。根据该规定，国务院各部委及具有行政管理职能的直属机构均可以制定规章。修订前的《行政处罚法》第 12 条将国务院部、委员会的行政处罚设定权规定为一款，将国务院直属机构的行政处罚设定权规定为另一款。本条是将两者予以综合，删除了原条文的第 3 款，并统一简称为“国务院部门规章”。修改之后也与《行政复议法》第 14 条和《行政诉讼法》第 15 条中规定的“国务院部门”相一致。需要注意的是，“国务院部门”的范围要大于“国务院组成部门”，根据《国务院组织法》第 2 条的规定，国务院组成部门特指国务院各部、各委员会、中国人民银行、审计署，而国务院部门除此之外，还包括了得到法律、法规授权并具有一定行政管理职能的国务院直属机构等其他部门。2018 年国务院机构改革后，目前除国务院办公厅外，国务院设置组成部门 26 个，另有直属特设机构、直属机构、直属事业单位、办事机构以及国务院部委管理的国家局等。除国务院组成部门和具有行政管理职能的直属机构可以制定规章外，国务院其他部门根据法律、法规授权也可以制定规章。如中国银行保险监督管理委员会根据《保险法》第 134 条和《银行业监督管理法》第 15 条的授权，中国证券监督管理委员会根据《证券法》第 169 条的授权，国务院国有资产监督管理委员会根据《企业国有资产监督管理暂行条例》第 13 条的授权均可以制定规章。

根据《规章制定程序条例》的规定，规章的制定包括立项、起草、审查、决定和公布等程序，规章应当由本部门首长签署命令予以公布，在公布的命令中应当载明该规章的制定机关、序号、规章名称、通过日期、施行日期、部门首长署名以及公布日期。规章的制定有着严格的程序和形式要求，国务院部门除了制定规章之外，还会制定大量的规范性文件，这些规范性文件因为不具备规章的程序和形式要求，效力也低于规章，不能与规章一样设定行政处罚。

二、规章设定行政处罚的范围

规章设定行政处罚可以分为两种情况：第一，法律、行政法规规定了行政处罚，规章可以在法律、法规规定的给予行政处罚的行为、种类和幅度范围内作出具体的规定，这也是本条第 1 款的规定。但本条第 1 款并不是指规章可以设定一项新的行政处罚，而是指规章可以在上位法规定的范围内作出更为具体的规定。也就是说，如果上位法规定了某一行为可以处以相应的处罚，那么规章可以根据这一行为的轻重情节，在处罚种类和幅度范围内作出更为具体、详细的规定，这是对于上位法规定的细化。但是如果规章在上位法规定之外扩大了应受处罚的行为范围、增加了处罚种类或是改变了处罚的幅度，那么，根据《立法法》第 80 条第 2 款的规定，规章就构成与上位法相抵触。第二，法律、行政法规尚没有规定行政处罚的，规章可以对违反行政管理秩序的行为设定警告、通报批评或者一定数额罚款的处罚。规章设定行政处罚的行为范围并没有特别限制，本条规定的“违反行政管理秩序的行为”

与本法第 2 条中行政处罚的定义内容相一致，也就是说，规章可以就所有类型的行为设定相应的处罚。规章设定行政处罚的种类范围限于“警告、通报批评或者一定数额罚款的行政处罚”，同时罚款的数额应符合国务院的规定。法律可以设定各种行政处罚，行政法规可以设定除限制人身自由以外的行政处罚，地方性法规可以设定除限制人身自由、吊销营业执照以外的行政处罚，与法律、法规相比，规章设定行政处罚的种类范围更为狭小，仅能设定警告、通报批评和一定数额的罚款。

（赵雪雁　周磊　撰写）

第十四条 【地方政府规章的行政处罚设定权】 **地方政府规章可以在法律、法规规定的给予行政处罚的行为、种类和幅度的范围内作出具体规定。**

尚未制定法律、法规的，地方政府规章对违反行政管理秩序的行为，可以设定警告、通报批评或者一定数额罚款的行政处罚。罚款的限额由省、自治区、直辖市人民代表大会常务委员会规定。

【修改提示】

本条是关于地方政府规章的行政处罚设定权。相比于修订前的《行政处罚法》第 13 条规定，本条将“省、自治区、直辖市人民政府和省、自治区人民政府所在地的市人民政府以及经国务院批准的较大的市人民政府制定的规章”统称为“地方政府规章”；将设定行政处罚种类由“警告或者一定数量罚款”修改为“警告、通报批评或者一定数额罚款”，以与本法第 9 条的规定相一致。

【条文解读与法律适用】

一、地方政府规章的含义

规章除了国务院部门规章之外，还有地方政府规章。2000 年《立法法》第 73 条第 1 款规定，省、自治区、直辖市和较大的市的人民政府，可以根据法律、行政法规和本省、自治区、直辖市的地方性法规，制定规章。修订前的《行政处罚法》与上述规定相一致。《立法法》在 2015 年进行了修正，地方政府制定规章的权限是其中的一项重要修改内容，现条文规定为：省、自治区、直辖市和设区的市、自治州的人民政府，可以根据法律、行政法规和本省、自治区、直辖市的地方性法规，制定规章。也就是说，地方政府制定规章的权限扩大到设区的市、自治州人民政府一级，而不限于原先的较大的市人民政府。为与《立法法》的规定相一致，本条也作了修改，不再采取罗列规章制定主体的方式，而是统一称为“地方政府规章”。

从地方规章制定机关的级别来看，设区的市、自治州人民政府以上层级的人民政府才有权制定规章，低于该层级的人民政府无权制定规章。从规章制定的程序来看，地方政府规章与国务院部门规章均有同样严格的程序要求和形式要求，行政机关制定的不具备法定程序要求和形式要求的规范性文件，不属于规章。

二、地方政府规章设定行政处罚的范围

第一，地方政府规章除了要与法律、行政法规相一致外，还要遵循地方性法规的规定，这也是地方政府规章与国务院部门规章有差异的地方。因此，本条在文字上相比于本法第13条，将“行政法规”修改为“法规”，意味着地方政府规章在细化上位法规定的行政处罚时，需要同时符合法律、行政法规和地方性法规的规定。第二，地方政府规章只能就违反行政管理秩序的行为设定警告、通报批评或者一定数额罚款的行政处罚，地方政府规章设定处罚的行为范围和种类范围与国务院部门规章相同。不同的是，国务院部门规章制定罚款的限额由国务院确定，而地方政府规章制定罚款的限额是由省、自治区、直辖市人民代表大会常务委员会规定。实践中，各地人大常委会对地方政府规章的罚款数额也作了限制规定，如江苏省人大常委会于2014年7月25日发布的《江苏省人民代表大会常务委员会关于地方人民政府规章设定罚款限额的决定》规定，地方政府规章对公民违反公共安全、生态环境保护、有限自然资源开发利用以及直接关系人身健康、财产安全方面的行政管理秩序的行为，从事经营活动的，设定罚款不超过五万元；非从事经营活动的，设定罚款不超过三万元；对公民违反其他行政管理秩序的行为，设定罚款不超过五百元。

三、规章规定在行政诉讼中的适用

根据《行政诉讼法》第63条的规定，人民法院审理行政案件，以法律和行政法规、地方性法规为依据，参照规章。由于规章的效力低于法律、法规，规章本身也是由行政机关所制定，所以在行政诉讼中，人民法院并不是完全以规章规定为依据，还是需要对规章的内容作一定的甄别。特别是在规章对行政处罚的规定与上位法相抵触的情况下，人民法院应当不适用该规章，而直接适用上位法的规定。最高人民法院发布的第5号指导案例“鲁潍（福建）盐业进出口有限公司苏州分公司诉江苏省苏州市盐务管理局盐业行政处罚案”，是人民法院排除适用规章对行政处罚的错误规定而直接适用上位法的典型案例。在该案中，苏州盐务局认为：鲁潍公司进行工业盐购销和运输时未办理工业盐准运证即从省外购进工业盐，构成违法，根据《江苏省〈盐业管理条例〉实施办法》[①] 第42条的规定，对鲁潍公司作出行政处罚。法院生效裁判认为：在已经制定行政法规的情况下，地方政府规章只能在行政法规规定的给予行政处罚的行为、种类和幅度内作出具体规定，《盐业管理条例》[②] 对盐业公司之外的其他企业经营盐的批发业务没有设定行政处罚，地方政府规章不能对该行为设定行政处罚。苏州盐务局在依职权对鲁潍公司作出行政处罚时，虽然适用了《江苏省〈盐业管理条例〉实施办法》，但是未遵循《立法法》第79条关于法律效力等级的规定，未依照《行政许可法》和《行政处罚法》的相关规定，属于适用法律错误，依法应予撤销。

（赵雪雁　周磊　撰写）

① 该政府规章2018年5月已失效。

② 该行政法规已被2017年修订的《食盐专营办法》废止。

第十五条 【行政处罚的立法后评估】国务院部门和省、自治区、直辖市人民政府及其有关部门应当定期组织评估行政处罚的实施情况和必要性，对不适当的行政处罚事项及种类、罚款数额等，应当提出修改或者废止的建议。

【修改提示】

本条为新增条款，设立了行政处罚立法后的评估机制。

“立法后评估”是指“法律实施一定时间后对法律的功能作用、实施效果的评论估价和在此基础上对整个立法质量、价值的评论估价”①。全国人大常委会法工委曾对《科学技术进步法》和《农业机械化促进法》开展立法后评估工作，并在报告中指出：第一，开展立法后评估工作的目的是科学客观地评价法律制度。对实施一段时间的法律制度进行评估，对法律制度的科学性、法律规定的可操作性、法律执行的有效性等作出客观评价，为修改完善法律、改进立法工作提供参考依据，有利于进一步加强和改进立法工作，不断提高立法质量，促进法律制度的有效实施。第二，开展立法后评估工作的方法应当科学规范。对法律制度进行评估，需要按照一定的原则、程序进行，通过问卷调查、实地调研等多种方式收集相关信息，对评估指标进行量化处理，注重定性分析与定量分析相结合，确保各类信息与资料的真实性与客观性，准确反映法律制度的实施情况，为形成科学的评估结论提供扎实可靠的依据。第三，开展立法后评估工作需要各方面协作配合，引导公众广泛参与。立法后评估工作涉及评估对象的选择、调查问卷的设计与组织填写、实地调研、评估数据的分析、评估报告的起草等大量工作，除了发挥立法机关的主导作用外，还需要调动各方面的积极性，发挥法律实施主管机关、地方人大以及相关专业机构的作用，取得支持和配合，协同一致地做好评估工作。同时，通过各种形式和途径，引导公众广泛参与，了解社会公众对法律制度的认知度、满意度以及相关的意见、建议。第四，开展立法后评估工作应当注重实

① 孙晓东：《立法后评估的原理与应用》，中国政法大学出版社2016年版，第5页。

效。评估工作应当围绕党和国家工作大局，从实际出发，有针对性地选择评估对象；围绕评估目的，制定工作方案，并严格按照工作方案扎扎实实地做好各项工作，不走过场。通过评估工作，切实了解法律制度的实施情况和存在的问题，有针对性地提出评估建议。①

本条重在对行政处罚的实施过程进行跟踪评价，发现不恰当的行政处罚相关规定并及时修正。从修订后的《行政处罚法》第 10 条至第 14 条的规定来看，不仅法律、行政法规可以设定行政处罚，地方性法规、国务院部门规章、地方政府规章均可以在一定范围内设定行政处罚，设定行政处罚的机关范围广、层级也各不相同。行政处罚会对公民、法人和其他组织的权益造成严重不利的影响，在设定行政处罚前需要对科学性、必要性、合理性作严密论证，在设定之后仍需要对实施过程中反映的问题加以收集、研判，对于其中不适当的规定应当通过法定程序予以修改或废止。因此，本条的规定对于完善行政处罚立法的整体制度、推动行政处罚立法更适应社会现实发展，无疑具有重要的意义，本条也弥补了之前法律规定的缺失。

【条文解读与法律适用】

《立法法》第 63 条规定："全国人民代表大会有关的专门委员会、常务委员会工作机构可以组织对有关法律或者法律中有关规定进行立法后评估。评估情况应当向常务委员会报告。"这是关于立法后评估的一般规定，在各部门法中，也有具体的规定，如《行政许可法》第 20 条规定："行政许可的设定机关应当定期对其设定的行政许可进行评价；对已设定的行政许可，认为通过本法第十三条所列方式能够解决的，应当对设定该行政许可的规定及时予以修改或者废止。行政许可的实施机关可以对已设定的行政许可的实施情况及存在的必要性适时进行评价，并将意见报告该行政许可的设定机关。公民、法人或者其他组织可以向行政许可的设定机关和实施机关就行政许可的设定和实施提出意见和建议。"《行政许可法》与《行政处罚法》均是行政法的重

① 《全国人民代表大会常务委员会法制工作委员会关于立法后评估试点工作情况的报告》，载《全国人民代表大会常务委员会公报》2011 年第 5 期。

要部门法，两部法律都规定了立法后评估制度，通过比较两者的异同，可以更深入地理解这一法律制度。

第一，在组织评估的主体上，《行政许可法》第20条规定的是行政许可的设定机关和实施机关，而本条规定的是“国务院部门和省、自治区、直辖市人民政府及其有关部门”。《行政许可法》对组织评价主体的规定采取了设定机关和实施机关两分的方法，即设定机关应当组织评价、实施机关可以组织评价。本条与之不同，本条并没有明确是由设定机关或实施机关来开展评估，而是采用了一种混合式的规定。其中“国务院部门和省、自治区、直辖市人民政府”由于可能通过制定规章设定行政处罚，故在某些时候他们是以设定机关的身份组织评估。其中“及其有关部门”没有制定规章的立法权限，而这些部门制定的规范性文件又不得设定行政处罚，因此，这些部门更多地是以行政处罚的实施机关身份参与评估工作。本条还设定了一项概括性的义务，即在“国务院部门和省、自治区、直辖市人民政府及其有关部门”既不是行政处罚设定机关，也不是实施机关的情况下，出于统筹考虑执法整体状况、主管部门对下业务指导等因素，所有这些部门也都负有组织评估的责任，本条也使用了“应当定期组织评估”的表述。

第二，在评估后的处理方式上，由于《行政许可法》同时规定了行政许可的设定机关和实施机关均可以组织评价，故在发现存在相关问题时，设定机关即立法机关可以直接对行政许可的规定予以修改或者废止，而实施机关则需要将意见报告给设定机关，由设定机关再作判断。本条未对设定机关和实施机关分别组织评估进行区分，在评价后的处理方式上也是统一规定为“提出修改或者废止的建议”。本条规定对立法后评估程序和法律修订程序作了一定区分，即在立法后评估程序中只提出相关建议，至于是否启动法律修订，则有赖于立法机关通过正式的法律修订程序加以实现。

第三，在参与评估的范围上，《行政许可法》明确规定了公民、法人和其他组织可以就行政许可的设定和实施提出意见和建议。由于公民、法人和其他组织不是法定的组织评价主体，所以只能就相关问题提出意见和建议。公民、法人和其他组织作为行政管理当事人一方，是行政处罚实施的对象，与设定机关和实施机关相比，对行政处罚的负面作用可能体会得更为深切。本条虽然在文字上没有直接规定公民、法人和其他组织提出意见和建议的权利，但是根据立法后评估的一般原理，公众广泛参与是推动立法后评估工作更切实有效的重要手段，所以，本条规定应当理解为并不禁止公民、法人和其他组织向相关部门提出行政处罚实施情况和必要性的意见和建议。事实上，根据《宪法》第 41 条的规定，向国家机关提出批评和建议的权利是一项宪法权利，公民、法人和其他组织在几乎所有情况下都可以向国家机关提出意见和建议，故本条也没有再作另行规定。

（赵雪雁　周磊　撰写）

第十六条 【其他规范性文件禁止设定行政处罚】 除法律、法规、规章外，其他规范性文件不得设定行政处罚。

【修改提示】

本条相比之前仅作个别字句调整，将修订前的《行政处罚法》第 14 条“本法第九条、第十条、第十一条、第十二条以及第十三条的规定”修改为“法律、法规、规章”。

【条文解读与法律适用】

本条系关于规范性文件设定行政处罚的禁止性规定。

一、本条的基本释义

本条所指的“规范性文件”是指效力层级在规章之下的规范性文件。《国务院办公厅关于加强行政规范性文件制定和监督管理工作的通知》（国办发〔2018〕37 号）阐释了规范性文件的含义：“行政规范性文件是除国务院的行政法规、决定、命令以及部门规章和地方政府规章外，由行政机关或者经法律、法规授权的具有管理公共事务职能的组织依照法定权限、程序制定并公开发布，涉及公民、法人和其他组织权利义务，具有普遍约束力，在一定期限内反复适用的公文。”规范性文件应当具备如下特征：第一，由特定主体发布。规范性文件是由行政机关或者经法律、法规授权的具有管理公共事务职能的组织，按照法定程序制定发布的公文。第二，具有普遍约束力。规范性文件规范的是不特定的公民、法人和其他组织的权利义务，而仅针对特定对象的规定或是用于调整内部工作的规则一般不属于规范性文件。第三，可以反复适用。为特定事项所制定的、仅能有限次适用的规定不属于规范性文件。第四，内容涉及公民、法人和其他组织权利义务。规范性文件具有可以对外适用的特点，也就是说，规范性文件可以成为作出某项行政行为的依据。只涉及单位内部工作安排的内部文件、只承担通知作用的告知性文件等，不属于规范性文件。对于不属于本条规范性文件范围的其他文件所规定的类似于处罚的内容，如单位规定职工迟到早退要罚款、商场规定商户出售假货要罚款等，属于双方之间的民事争议，虽然借用了行政法上的“罚款”等术语，但并不涉及行政法上的权利义务关系，不构成行政处罚。

本条所指的“设定”，是指在法律、法规和规章均无相关规定的情况下，由规范性文件就某一情形制定行政处罚规定；或者是有法律、法规和规章的相关规定，但是规范性文件超出相关规定、违反相关规定而制定行政处罚规定。如果规范性文件只是对法律、法规和规章规定的重申，则不应视为规范性文件“设定”了一项行政处罚。需要注意的是行政处罚裁量基准与设定行政处罚之间的关系，修订后的《行政处罚法》第34条规定了行政机关可以依法制定行政处罚裁量基准，但行政机关制定行政处罚裁量基准并不意味着行政机关设立了一项行政处罚。行政处罚裁量基准是指行政机关在法律、法规和规章规定的裁量范围内，对应作出何种类别、幅度的处罚以及具体适用情形予以细化、量化的标准。因此，行政处罚裁量基准不代表产生了新的法律规范，而只是对已有法律规范应如何适用的更为详细的规定，属于广义上法律解释的范畴。行政处罚裁量基准属于本条规定中的规范性文件，但因其并不设定行政处罚，故与本条也无冲突。

就现实情况而言，为了便于行使职权、完成各项任务，各级行政机关都制定了大量的规范性文件，甚至某些基层执法机关也会制定涉及执法范围、执法标准的规范性文件。这些文件虽然一定程度上有利于各级机关更好地行使社会管理的职权，但不可否认的是，其中有一些规范性文件在无上位法依据的情况下增设义务、扩大处罚范围、改变处罚幅度，侵害了公民、法人和其他组织的合法权益。本条作出严格禁止性的规定，旨在纠正规范性文件规定混乱的情况，以达到立法、执法的统一。

二、规范性文件的合法性审查与清理

《行政诉讼法》第53条第1款规定：“公民、法人或者其他组织认为行政行为所依据的国务院部门和地方人民政府及其部门制定的规范性文件不合法，在对行政行为提起诉讼时，可以一并请求对该规范性文件进行审查。”2018年《行诉解释》第145条至第151条详细规定了规范性文件附带审查这一制度，其中第148条明确，制定机关超越法定职权或授权范围制定的规范性文件，与法律、法规、规章等上位法的规定相抵触的规范性文件，以及违法增加公民、法人和其他组织义务或者减损合法权益的规范性文件，应当由人民法院经审查后认定为不合法。在本条适用过程中，如果确实发生了规范性文件设定行政处罚，而行政机关又依据规范性文件的规定作出行政处罚决定的情况，那么当事人不服该行政处罚决定提起行政诉讼时，可以一并请求人民法院审查规范性文件的合法性。人民法院经审查，如果认定规范性文件违法设定了行政处罚，那么也应当确认该规范性文件不合法。如北京市海淀区人民法院在〔2003〕海行初字第41号“北京市海淀区某职业高中诉北京市海淀区财政局违法处罚案”中，针对海淀区财政局主张的该职高收取的报名费、考试费没有记入财务部门账内、也没有纳入预算管理并上缴财政专户，属于财监字〔1995〕29号《财政部、审计署、中国人民银行关于清理检查“小金库”的具体规定的通知》[①] 中规定的设立“小金库”的行为，并根据该文件的规定作出相应行政处罚。法院经审理认为，财监字〔1995〕29号文是财政部、审计署、中国人民银行根据国务院办公厅国办发〔1995〕29号文所制定，从该两部文件的文号、颁布形式可知，该两部文件不属于行政规章的范畴，应属其他规范性文件。该两部规范性文件规定了私设“小金库”行为的构成要件，设定了相应的行政处罚，在1996年《行政处罚法》施行之后，这两部规范性文件设定的行政处罚已属无效。在《会计法》对私设“小金库”行为已有专门规定的情况下，海淀区财政局仍直接适用已属无效的财监字〔1995〕29号文设定的行政处罚作出处罚决定，属于适用法律错误。

《国务院关于加强市县政府依法行政的决定》（国发〔2008〕17号）要求建立规范性文件定期清理制度，市县政府及其部门每隔两年要进行一次规范性文件清理工作，对不符合法律、法规、规章规定，或者相互抵触、依据缺失以及不适应经济社会发展要求的规范性文件，特别是对含有地方保护、行业保护内容的规范性文件，要予以修改或者废止。2018年《行诉解释》第149条第2款规定，人民法院认定规范性文件不合法的，可以向制定机关提出修改或者废止该规范性文件的司法建议。因此，在规范性文件违法设定行政处罚的情况下，除了由人民法院在裁判中确认其不合法外，制定机关还应当按照人民法院的司法建议对规范性文件进行修改或废止，更要定期组织规范性文件的清理工作，及时主动发现规范性文件的问题所在，尽快消除违法情形，提升各级行政机关的依法行政水平。

（赵雪雁　周磊　撰写）

---

① 该部门规范性文件2006年3月已失效。

第三章 行政处罚的实施机关

本章概述

本章共计5个条款，与修订前的《行政处罚法》相比，虽然条文总数没有变化，但是在内容上有了较大的修改。主要体现在三个方面：一是体现和巩固行政执法领域中取得的重大改革成果。根据综合行政执法体制改革和委托行政的实际情况，在第18条中对相对集中行使行政处罚权制度进行了进一步明确，有利于厘清职权职责、统筹执法资源、提高执法效率，有效地回应了实践需求，也为继续深化改革提供了法律依据。二是体现了行政处罚应该以行政机关和被授权的组织实施为主，委托其他组织实施应当从严的原则。在第20条中对委托实施行政处罚的委托内容和委托程序作出了具体的规定，要求委托应当以委托书的形式进行书面委托，委托书应当载明委托的具体事项、权限、期限等具体内容，委托书应当向社会公布；在第21条中规定了受委托组织必须符合的条件。三是有效衔接《反间谍法》《国家情报法》等法律。在第18条第3款限制人身自由行政处罚权行使机关中增加了“法律规定的其他机关”，避免了法律之间的冲突。

在本法修订过程中，对于本章节的名称，有观点建议修改为“行政处罚的实施主体”，[1] 其主要理由是行政处罚的实施主体并非都是行

---

① 《行政诉讼法》第75条也使用了“行政主体”一词，“行政行为有实施主体不具有行政主体资格或者没有依据等重大且明显违法情形……”；目前实体法中尚没有关于行政主体的界定。

政机关，还包括一些组织。一般认为，行政机关是一个法律概念，而行政主体是一个法学概念。[①] 在我国实施行政处罚的主体是国家行政机关。《行政处罚法》作为行政法中一部重要的法律，其主要作用是授予行政机关以处罚权限并使该权限正当化，同时亦表现为对其处罚权限进行拘束和严格限制。因为实施处罚便利性的需要，对少数行政处罚权进行了有限制的授权和委托，故一些非行政机关获得了行政处罚权。理论上，它们行使的行政处罚权力属于行政机关权力的衍生或让渡，其权力本质上依然应当是行政机关的权力。行政机关是本法规制的主要对象，对于其他主体，应参照行政机关标准予以规制。本章节最终还是延续了修订前的《行政处罚法》的体例，章节名称未做改变。

① 参见胡建淼：《行政法学》（第二版），法律出版社2003年版，第70页。

第十七条 【行政处罚的实施】 行政处罚由具有行政处罚权的行政机关在法定职权范围内实施。

【条文解读与法律适用】

本条体现的是行政处罚领域的职权法定原则，该原则是行政法的核心要义之一。所有行政权力的取得和正当行使，都应当符合法律、依据法律。行政权力必须以法律为依据并且受到法律的约束，接受法律的安排。行政处罚职权法定原则要求实施行政处罚的行政机关及其职权必须来源于法律。依法规范行政处罚的实施机关是建设法治国家、法治政府、法治社会的客观需要，也是保护公民、法人和其他组织合法权益的必然要求。行政处罚权作为国家行政权的重要组成部分，应当由法定的行政机关行使。但是，我国行政机关种类繁多，机构性质差异很大，并不是所有的行政机关都有行政处罚权。哪些行政机关拥有行政处罚权，以及拥有多大的行政处罚权，均需由法律规范予以规定。《行政处罚法》制定以来始终坚持职权法定的法治原则，2009 年、2017 年两次修正以及本次修订，对本条均保持一致的规定。

一、行政处罚由具有行政处罚权的行政机关实施

为确保行政处罚的权威性，保证行政处罚的正确实施，行政处罚实施者应当具备相应的资格。这种资格来源于法律规范的授权。被委托的组织实施行政处罚的法律后果，由委托的行政机关承担。具体承担委托事务的组织应当具备本法第 21 条规定的条件。根据本法第 38 条第 1 款的规定，实施主体不具有行政处罚主体资格的，行政处罚无效。

二、行政机关应当在法定职权范围内实施行政处罚

行政机关依据法律、法规、规章的规定，在法定的职权范围内实施行政处罚，不得超越权限。超越法定职权明显违反了法治精神和原则。行政处罚中常见的超越法定职权范主要有两种情形：一种是有关实施行政处罚权限的超越，如行使了根本不属于自己的行政处罚权；另一种是有关行政处罚管辖事务范围的超越，如在自己管辖事务范围之外行使行政处罚权。

三、实践中需要注意的问题

1. 关于行政处罚机关的职权。由于我国行政体系复杂、法律规范众多，职权交叉、职权不明等现象时有发生，在行政诉讼中，各级法院关于行政职权方面的请示、批复众多。较为典型的有：苹果疫苗的检疫权应当由农业部门行使（〔1995〕行他字第16号）、质量监督机关和工商行政管理机关在产品质量监督管理的职权划分（〔2003〕行他字第15号）、塔式起重机的监督管理权应由建设行政管理部门行使（〔2004〕行他字第2号），等等。①

2. 关于行政处罚诉讼中的被告。行政主体和行政诉讼被告既有联系又有区别，在确定行政诉讼的被告主体资格方面，行政诉讼的被告依附于行政行为的主体。行政诉讼的被告中主要是行政机关，也有大量的非行政机关。在司法实务中，本法有关行政处罚主体的规定，可以为行政诉讼被告的确定，特别是在起诉被告不履行法定职责的案件中被告主体是否适格方面提供判断依据。行政诉讼的被告是因侵犯公民、法人或者其他组织合法权益而被起诉到法院的行政机关和法律、法规、规章授权的组织。一般来说，只有具备行政主体资格，才能成为行政诉讼的被告，这是一般规则。根据《行政诉讼法》第26条规定，在被告资格的确定上，作出行政行为的行政机关是被告；两个以上行政机关共同作出行政行为的是共同被告；委托行政的委托的行政机关是被告。如《最高人民法院关于诉商业银行行政处罚案件的适格被告问题的答复》（〔2003〕行他字第11号）规定，根据《中国人民银行法》和《支付结算办法》的规定，商业银行受中国人民银行的委托行使行政处罚权，当事人不服商业银行行政处罚提起行政诉讼的，应当以委托商业银行行使行政处罚权的中国人民银行分支机构为被告。

3. 关于行政处罚合法性审查，本条提供了两个标准：一是被诉行政机关是否“具有行政处罚权”；二是行政处罚行为是否在其“法定职权范围内”。对于实施行政处罚的行政机关不具有行政处罚权而作出行政处罚行为的，根据《行政诉讼法》第75条规定，属于重大且明显的违法情形，原告申请确认行政处罚无效的，人民法院应当判决确认无效；对于超越法定职权、滥

---

① 参见梁凤云：《最高人民法院行政诉讼批复答复释解与应用（法律适用卷）》，中国法制出版社2011年版，第363页、第340页、第374页。

用职权作出行政处罚的，应当根据《行政诉讼法》第 70 条第 4 项、第 5 项规定，判决全部撤销或者部分撤销行政处罚，并可以判决被告重新作出行政处罚。

（吴宏文 撰写）

第十八条　【特殊类型的行政处罚实施机关】国家在城市管理、市场监管、生态环境、文化市场、交通运输、应急管理、农业等领域推行建立综合行政执法制度，相对集中行政处罚权。

国务院或者省、自治区、直辖市人民政府可以决定一个行政机关行使有关行政机关的行政处罚权。

限制人身自由的行政处罚权只能由公安机关和法律规定的其他机关行使。

【修改提示】

本条是对修订前的《行政处罚法》第16条的修改和完善，主要是关于行政处罚权的横向集中调配。修订前的《行政处罚法》第16条只规定了“国务院或者经国务院授权的省、自治区、直辖市人民政府可以决定一个行政机关行使有关行政机关的行政处罚权，但限制人身自由的行政处罚权只能由公安机关行使”。本次修改积极适应改革的要求，体现和巩固党和国家机构改革和行政执法体制改革取得的重大成果，明确了综合行政执法的法律地位。

本条第1款为新增加的规定。首次在立法上确认“综合行政执法”制度。在行政领域的列举方面，《行政处罚法（二审稿）》根据城市管理综合执法20多年的改革实践①和中共中央办公厅、国务院办公厅先后印发的关于文化、农业、市场监管、交通运输以及生态环境保护领域的综合执法改革的5个指导意见，② 列举了“城市管理、市场监管、生态环境、文化市场、交通运输、农业”等6个领域；2020年9月27日，中办、国办印发了《关于深化应急管理综合行政执法改革的意见》，《行政处罚法（三审稿）》中增加列举了“应急管理”领域。关于是否需要一一列举这些领域，在修订过程中曾经存在两种意见：一种意见认为，党和国家有关改革文件已经明确列举了综合行政执法改革领域，为保持法条简洁，列举部门不宜过多，可以用“等”来进行概括

①　参见张步峰、熊文钊：《城市管理综合行政执法的现状、问题及对策》，载《中国行政管理》2014年第7期。

②　参见中央编办三局：《扎实推进综合行政执法改革》，载《中国机构改革与管理》2019年第2期。

性表述，以为今后的改革留有更大的空间；另一种意见认为，应当按照有关改革文件对行政领域进行列举，这样有利于体现和巩固改革成果、加大重点领域的行政处罚执法力度。关于如何集中职能方面，有人建议，在“相对集中行政处罚”前增加“在职能相近的部门”。关于综合执法机构权限方面，有人建议，增加规定“综合行政执法机构可以在法定授权范围内实施行政处罚”。关于加强综合执法指导和管理方面，有人建议，为防止各地综合执法出现“各吹各号、各唱各调”的情况，应增加规定“国务院成立专门机构进行指导和管理”。关于改革实施方面，有人建议，改革中要注意阶段性和可操作性，为改革探索留有空间。关于在一定行政区域内如何统一行使行政处罚权方面，有人建议，在县级以上地方各级人民政府设立行政处罚委员会，将除当事人主动认罚以外的行政处罚案件集中至本级人民政府行政处罚决定委员会审查，统一作出行政处罚决定。①

与修订前的《行政处罚法》第16条相比，本条第2款在“省、自治区、直辖市”前删除了“经国务院授权的”限定，将改革范围由原来的经国务院授权试点的省、自治区、直辖市推行到全国。在本条修改审议中，关于执法体制改革后行政复议和行政诉讼工作面临的问题，有观点建议，明确相对集中行政处罚权后的行政诉讼被告和行政复议被申请人；关于处罚权集中后，如何明确集中行使行政处罚权的机关与行政处罚权原行使机关之间的关系和责任承担等衔接问题，有观点建议，明确原行政机关不再行使行政处罚权，行政处罚权集中行使的决定应当向社会公布，行政处罚权集中后，原行政机关应当通过一定的方式予以注明、公布，明确集中行使行政处罚权的机关与原机关之间的关系和责任承担；关于决定由一个行政机关行使权力方面，有观点建议，增加“或者组建一个行政机关综合行使有关行政机关的行政处罚权”。

本条第3款对法律之间的冲突进行了协调性的修改。修订前的《行政处罚法》第16条规定，限制人身自由的行政处罚只能由公安机关行使。在本法修订草案征求意见中，有人提出，根据《反间谍法》和《国家情报法》的规

---

① 参见朱宁宁：《破解多头执法重复执法等问题 行政处罚法修订草案新增综合执法内容 为“大执法”提供法治保障》，载《法治日报》2020年8月11日，第5版。

定，国家安全机关也可以行使限制人身自由的行政处罚权，需要做好衔接，可以在原条文内容前增加"除法律另有规定的以外"。在审议中，也有人建议，目前"法律规定的其他机关"只有"国家安全机关"，可以在条文中直接表述清楚。本条第3款最终确定为"限制人身自由的行政处罚权只能由公安机关和法律规定的其他机关行使"。

【条文解读与法律适用】

原则上，行政处罚由具有行政处罚权的行政机关在法定职权范围内实施，但是在一定的条件下，一个行政机关可以行使有关行政机关的行政处罚权，这就是行政处罚权的调配制度。行政处罚权的合理调配，有利于提高行政处罚的工作效率。按照本条的规定，行政处罚权的集中调配应该符合以下条件：一是行政处罚权的集中调配只能由国务院或者省、自治区、直辖市人民政府决定，其他任何组织和个人均不得调配行政处罚权；二是一个行政机关行使另一个行政机关的行政处罚权，这两个行政机关之间职权相互接近或者具有相互关联性；三是限制人身自由的行政处罚权只能由公安机关和法律规定的其他机关行使。

一、为深化综合行政执法体制改革提供了法律依据

推进综合行政执法是从体制上、源头上改革和创新行政执法制度，是推进国家治理体系和治理能力现代化的重要内容。我国政府职能转变和行政管理体制改革尚未完全到位，往往是制定一部法律、法规后，就要设置一支执法队伍。一方面，行政执法机构多，行政执法权分散；另一方面，部门之间职权交叉重叠，执法效率低下，不仅容易造成执法扰民，也容易滋生腐败。实行相对集中行政处罚权制度，对于解决行政管理中长期存在的多头执法、职权交叉重叠和行政执法机构膨胀等问题，提高行政执法水平和效率，降低行政执法成本，建立"精简、统一、效能"的行政管理体制，都有重要意义。①综合行政执法体制改革，首先要从行政主体的综合性改革开始，这是从

---

① 参见《国务院办公厅关于继续做好相对集中行政处罚权试点工作的通知》（国办发〔2000〕63号）。

横向上推进行政执法体制改革。根据机构改革和行政执法体制改革文件，今后“具备条件的地区可结合实际推进更大范围的综合行政执法”。“综合行政执法”是随着“相对集中行政处罚”而建立的一个新概念，本条将行政处罚主体综合性改革成果，从改革规范性文件上升为法律条文规定，从法律上赋予综合行政执法机构行政处罚主体资格，体现和巩固行政执法领域取得的重大改革成果，并为今后进一步深化改革提供了法律依据。

二、扩大了综合行政执法体制的改革地区范围

将有权“决定一个行政机关行使有关行政机关的行政处罚权”的主体从原来的“经国务院授权的省、自治区、直辖市”改为“省、自治区、直辖市”，极大地扩展了综合行政执法体制改革范围。修订前的《行政处罚法》第16条首次确立了相对集中行政处罚权制度。自1997年以来，按照国务院有关文件的规定，23个省、自治区的79个城市和3个直辖市经批准开展了相对集中行政处罚权试点工作，取得了显著成效，对深化行政管理体制改革、加强行政执法队伍建设、改进行政执法状况、提高依法行政水平，起到了积极的作用。从2002年开始，《国务院关于进一步推进相对集中行政处罚权工作的决定》（国发〔2002〕17号）要求，依照《行政处罚法》的规定，国务院授权的省、自治区、直辖市人民政府可以决定在本行政区域内有计划、有步骤地开展相对集中行政处罚权工作。[①]经过多年的试点，已经取得显著成效。本次修改，以立法的方式将“决定一个行政机关行使有关行政机关的行政处罚权”权限扩大到所有“省、自治区、直辖市”。

三、设定了综合行政执法体制改革中的特殊限制

本条第3款规定，限制人身自由的行政处罚权只能由公安机关和法律规定的其他机关行使。在推行综合行政执法体制改革，规定相对集中行政处罚制度的同时，对“限制人身自由的行政处罚”实施机关作出了特别规定。主要是考虑到人身自由的重要性及限制人身自由行政处罚的特殊性。因此，在决定综合行政执法机关集中行使行政处罚权时，不应包括实施“限制人身自由的行政处罚”，不能突破本条款的限制。

---

① 参见马怀德、车克欣：《北京市城管综合行政执法的发展困境及解决思路》，载《行政法学研究》2008年第2期。

四、实践中需要注意的问题

行政法是最能迅速反映社会发展的部门法之一，随着行政环境和行政任务的变化，行政组织结构也应当相应地实施减少等级、职权整合等改革。行政权分为决策权、执行权、监督权等类型，本条规定的改革相对集中了行政处罚权，对于行政管理的其他权限未进行集中，一定程度上会产生行政管理与行政执法的分离，这给行政诉讼被告的确定、公共设施管理主体认定等带来了一定的影响。

（一）在被告主体资格认定方面，要与综合行政执法体制改革方向保持一致，体现处罚权力和管理义务的相互统一

比如，在济南某物流有限公司诉山东省济南市交通运输监察支队行政处罚案中，[①]原告认为被告不是省道路运输条例规定的县级以上道路运输管理机构，无权作出被诉行政处罚决定。二审法院认为，鉴于现实中道路运输机构多头执法问题非常突出，山东省政府决定成立交通运输监察机构，集中行使相关道路运输管理机构的公路运输稽查职权及相应的行政处罚权。被告是根据山东省政府的决定成立的相对集中行使公路运输行政处罚权的机构，有权集中行使济南市区范围内相关道路运输机构的公路运输行政处罚权。省道路运输条例授权县级以上政府交通运输主管部门所属的交通运输监察机构具体实施道路运输管理工作，被告作为市级政府交通运输主管部门所属交通运输监察机构，根据上述地方法规的授权，有权对公路运输经营中的违法行为进行查处，并以自己的名义作出被诉行政处罚决定。在本次修法之前，实践中对于实行综合行政执法作出行政处罚主体的合法性问题时有争议，本次修订将推行建立综合行政执法制度，相对集中行政处罚权明确入法，对于今后减少类似行政处罚主体的职权依据问题争议，将起到很大的促进作用。

又如，对于综合行政执法集中处罚权后，因公共道路管理瑕疵致人损害民事责任主体的认定问题。以某市为例，城市管理行政执法局是负责全市城市管理相对集中行政处罚权工作的行政机关，其所属的城市管理执法总队受其委托，承担城市管理相对集中行政处罚权的具体事务，行政处罚权相对集

① 参见陈伟、余晓龙：《交通运输系统内的相对集中行政处罚权》，载《人民司法·案例》2019年第29期。

中的范围，包括交通管理等方面。因此，对于涉及公共道路管理瑕疵的行政处罚权，由城市管理行政执法局行使，原相关行政机关不再行使。行政处罚权相对集中后，道路管理主体究竟为原有关行政机关，还是行政执法部门？司法实践存在两种不同观点：一种观点认为，行政处罚只是行政管理的一部分，行政处罚权相对集中并不代表原有关行政机关不再行使行政管理职能，且相对集中的应当只是开罚单的权力，故原有关行政机关是最终道路管理主体；另一种观点认为，开展行政监督检查是行政机关实施行政处罚的前提，是行政处罚程序的重要内容之一，故对于未能及时发现或制止违法行为等管理瑕疵，应由行政执法部门在职责范围内承担相应责任。对比上述两种观点，第二种观点更具有说服力。主要理由是：（1）就权能性质而言。行政监督检查权系行政处罚权不可分割的部分，行政处罚权相对集中之后，原有关行政机关与之相关的部分权力也当然随之转移，否则人为割裂将大大限制行政处罚权的有效行使。（2）就改革内容而言。有关管理部门在监督检查活动中发现应由集中执法部门处理的涉嫌违法行为的，应当及时移送集中执法部门处理。集中执法部门在监督检查活动中发现超出职责范围的涉嫌违法行为的，应当及时移送有关管理部门处理。可见，原有关行政机关保留行政监督检查权，集中执法部门拥有与行政处罚权相关的行政监督检查权，两者并不矛盾。（3）就行政效能而言。在开展相对集中行政处罚权工作的同时，要根据需要进行调整和重新配置，防止职责重叠、权力交叉。如仍由原行政机关继续行使全部行政监督检查权，在实际操作中必然与集中行使行政处罚权的行政机关职责重叠而易产生推诿，致使行政效能降低。故在行政处罚权相对集中行使的情形下，管理瑕疵内容所对应的管理职能由谁行使，则应由谁成为民事责任主体。行政集中执法部门应具有与其执法权相匹配的独立责任机制，以督促其勤勉履行职责。①

（二）在行为合法性审查方面，要注意行为对当事人权利义务的影响，审查行为可诉性及合法性

综合行政执法体制改革后，集中行使处罚权的机关实施行政处罚过程中，往往需要听取原行使该项权力的行政机关的专业意见，并据此作出行政处罚。

---

① 参见俞硒：《公共道路管理瑕疵致害责任案件疑难问题研究》，载《法律适用》2015年第10期。

如城市管理行政执法局向规划管理部门发函，就建筑物是否为违法建筑、是否影响城市规划、是否同意当事人补办手续等规划专业问题征求意见，规划局作出《违法建设规划影响认定书》或者《关于征求意见联系函的反馈意见》等书面形式的复函。这些复函文书表现形式是行政机关之间的内部答复。在行政诉讼中，针对《违法建设规划影响认定书》等复函是否具有可诉性，存在两种意见：

第一种意见认为，《违法建设规划影响认定书》等系根据城市管理行政执法局的询问函所作的回复，规划局答复的对象是城市管理行政执法局，是行政部门间工作配合的内部往来文件，该意见仅是城市管理行政执法局作出行政处罚的证据，不具有可诉性，且当事人可以就城市管理行政执法局作出的行政处罚直接提起诉讼，应驳回当事人的起诉。

第二种意见认为，根据《城乡规划法》第 11 条规定，国务院城乡规划主管部门负责全国的城乡规划管理工作。县级以上地方人民政府城乡规划主管部门负责本行政区域内的城乡规划管理工作。规划局在其管辖范围内具有城乡规划管理的行政职权，应城市管理行政执法局询问所作的答复或认定，虽措辞上为“意见”“建议”“答复”等，但后续的行政处罚行为须以此为依据，并且城市管理行政执法局不具有对其进行审查或撤销的权力，实质上是对建筑是否违法的性质进行了认定，具有行政确认的法律属性，对外部行政相对人的权利义务产生了实质影响，应具有可诉性。

审判实践中应当注意的是，如果规划管理部门的回复只是客观表述该建筑物在建设时是否领取了相关批准证照，未设定当事人权利义务的，则该回复不可诉。如果规划管理部门的回复对具体建筑是否合法作出明确认定，虽表现形式是行政机关之间的内部答复，不是以外部行政相对人为直接对象，但该行为具有导致被答复对象为或不为某种行为的强制力，且设定了当事人的权利义务，对当事人的权利义务必然产生影响，则该回复具有可诉性。①

（吴宏文　撰写）

---

① 参见刘伟伟：《綦会来诉山东利津经济开发区管理委员会规划行政确认案》，载最高人民法院中国应用研究所编：《人民法院案例选（总第 93 辑 · 2015 年第 3 辑）》，人民法院出版社 2016 年版，第 169 页。

第十九条 【授权实施行政处罚】 法律、法规授权的具有管理公共事务职能的组织可以在法定授权范围内实施行政处罚。

【条文解读与法律适用】

授权实施行政处罚是指法律、法规将某些行政处罚权授予非行政机关的组织行使。一般情况下，行政处罚权只能由国家行政机关行使，非国家行政机关不得行使行政处罚权。但在法律法规授权的情况下，非国家行政机关也能行使行政处罚权。根据本条的规定，授权实施行政处罚应当符合以下条件：一是被授权的组织必须是具有管理公共事务职能的组织。不具备管理公共事务职能的组织，不得成为经法律、法规授权的行政处罚主体。二是必须经过法律、法规的授权。这里的法律、法规包括：全国人民代表大会及其常务委员会制定的法律，国务院制定的行政法规，省、自治区、直辖市、设区的市、自治州人民代表大会及其常务委员会制定的地方性法规。行政规章及其以下的规范性文件不得对行政处罚授权。三是这些组织必须在法定授权范围内实施行政处罚。超出授权范围实施行政处罚属于越权行政，应认定为无效。

实践中，存在许多地方政府规章授权的现象。[①] 在本次修法中，有人建议将授权的形式修改为“法律、法规、规章”，增加“规章”作为授权方式。最终通过的正式条文仍延续原规定，将授权的范围限定为“法律、法规”，不包括规章。据此，目前规章不能作为实体法授权具有管理公共事务职能组织实施行政处罚的依据。《行政诉讼法》第2条第2款将“行政行为”的范围界定为“包括法律、法规、规章授权的组织作出的行政行为”，但该界定应是仅针对行政诉讼主体而言，并不意味着借由规章授权获得诉讼主体资格的组织就当然地具备实体意义上的法定职权。

法律、法规授权的组织实施行政处罚，应当以自己的名义进行，并承担相应的法律责任。在行政诉讼中，应该以该组织为被告。对于实践中大量存

---

① 参见王振宇：《“超越职权”之司法审查标准的运用及发展》，载中华人民共和国最高人民法院行政审判庭编：《行政执法与行政审判（2010年第3集 总第41集）》，中国法制出版社2010年版，第42页。

在的规章“授权”的情况，在行政处罚职权认定上，2000 年以前，法院对规章的“授权”一般视为“委托”，以委托机关为被告。2018 年《行诉解释》正式确立了规章授权主体的被告地位。法律依据的不同也是行政处罚领域中授权和委托的区别之一，与授权相比，委托处罚的依据增加了规章。虽然处罚权委托在形式上也是处罚权的转移，但与授权处罚本质上有区别。在行政诉讼中被告行政处罚职权认定上，上述区分具有重要意义。①

目前，常见的法律、法规授权的管理公共职能的组织有卫生监督管理所、卫生防疫站、公积金中心、高等院校、电信企业、盐业公司等。如《道路运输条例》第 7 条第 3 款规定，县级以上道路运输管理机构负责具体实施道路运输管理工作。据此，县公路运输管理所可以认定属于行政法规授权的道路运输管理机构，它可以自己名义作出行政处罚并承担相应责任。在发生行政诉讼时，可以作为适格的被告。又如在陈超诉济南市城市公共客运管理服务中心公路交通行政处罚一案中，② 法院裁判认为，根据《山东省道路运输条例》《济南市城市客运出租车管理条例》规定，济南市城市公共客运管理中心是行使客运出租汽车运输管理职能的机构，有权对未经许可擅自从事出租客运经营行为以自己的名义作出行政处罚。

（吴宏文　撰写）

---

① 参见孔繁华：《授权抑或委托：行政处罚“委托”条款之重新解读》，载《政治与法律》2018 年第 4 期。

② 参见《陈超诉济南市城市公共客运管理服务中心公路交通行政处罚案》，载《最高人民法院公报（2018 年卷）》，人民法院出版社 2019 年版，第 557 页。

第二十条 【委托实施行政处罚】 行政机关依照法律、法规、规章的规定，可以在其法定权限内书面委托符合本法第二十一条规定条件的组织实施行政处罚。行政机关不得委托其他组织或者个人实施行政处罚。

委托书应当载明委托的具体事项、权限、期限等内容。委托行政机关和受委托组织应当将委托书向社会公布。

委托行政机关对受委托组织实施行政处罚的行为应当负责监督，并对该行为的后果承担法律责任。

受委托组织在委托范围内，以委托行政机关名义实施行政处罚；不得再委托其他组织或者个人实施行政处罚。

【修改提示】

本条是在修订前的《行政处罚法》第 18 条的基础上修改和补充而成。本条第 1 款对委托的形式作出了规定，必须是“书面”委托；第 2 款为新增加的内容，规定“委托书应当载明委托的具体事项、权限、期限等内容。委托行政机关和受委托组织应当将委托书向社会公布”；第 4 款在文字上对原条文作了修改，在其他组织前删除了“任何”两字。

【条文解读与法律适用】

本条是关于委托实施行政处罚的规定。行政处罚的委托，是指有行政处罚权的行政机关，依法将其部分行政处罚权委托给有关组织，由受委托的组织在委托的权限内以委托行政机关的名义实施行政处罚。行政处罚的委托是一种具有特殊性质的行政行为，其主要特征是：被委托者以委托行政机关的名义实施行政处罚，行为的法律后果由委托行政机关承受。行政处罚的委托就其一般性质而言，同一般的行政委托无异，但它同一般的行政委托的不同之处在于，其比一般的行政委托具有更加严格的条件和要求。为了防止乱处罚的情况出现，必须对行政处罚的委托加以限制，本条对行政委托的程序及委托机关的责任作了较为严格的规定，对实践中一些行之有效的规定进行了吸收。如原国家技术监督局制定的《技术监督行政处罚委托实施办法》（已失效）第5条规定，技术监督部门必须以书面方式对受委托组织进行委托，并载明委托行政处罚的种类、适用范围、权限以及相关义务等内容，委托书应当报上一级技术监督部门备案；原国家环境保护总局制定的《关于委托环境监理机构实施行政处罚有关问题的复函》，要求行政主管部门对受委托的机构实施行政处罚的行为应当负责监督，并对该行为后果承担法律责任。这些行之有效的经验做法，为本次修订提供了实践基础。

实践中，在适用本条第1款时应当注意以下几点：

第一，委托实施行政处罚必须具有明确的法律依据，行政机关只能依法在其法定权限内进行委托。行政处罚的委托并不同于委托一般的公共事务管理事务，它涉及被处罚人的权利义务，如果委托的行政处罚权行使不当就会造成侵权的严重后果。因此，行政处罚的委托必须有明确的依据，即需要有法律、法规或者规章的规定，委托的主体必须是具有行政处罚权的行政机关，委托的范围只能限于委托行政机关的法定权限。行政机关可以将其自己权限内的行政处罚权中的某一部分委托其他组织实施，在这类委托中，行政机关委托的行政处罚权只能小于其行政处罚权，绝不能超出自己的行政处罚权，委托其他组织实施的行政处罚一般应当是较轻微的行政处罚。

第二，委托实施行政处罚必须以书面的方式，并载明委托行政处罚的具体事项、权限、期限等内容。这是对委托形式和委托书所载内容的具体要求。本条修改所作出的新的规定，有利于提高委托实施行政处罚案件的质量，预防和减少行政机关在行政处罚方面滥用行政委托。行政机关委托实施行政处罚，应当以必要为前提，委托机关和接受委托的组织对待委托处罚职权都更加审慎、严谨、细致。本条第1款进一步增强了委托实施行政处罚的透明性，有助于保障公众的知情权。

第三，受委托实施行政处罚的主体必须是依法成立的具有管理公共事务职能的组织，且符合法定的其他条件。行政机关不得委托其他组织或者个人实施行政处罚。在机关委托的处罚权限或范围之外，受委托的主体发现当事人违反应当由行政机关实施行政处罚的违法行为，只能向行政机关报告，由行政机关来实施行政处罚，否则该行政处罚将因实施主体不合法而无效。

本条第2款在适用中应注意，委托行政机关和受委托组织应当向社会公布委托实施的行政处罚事项和依据，以便相关人员知晓。公告的范围一般应包括委托的双方主体、委托实施的行政处罚事项、依据、范围、委托期限等内容。在委托期内委托内容发生变化的，应予重新公告。

本条第3款在适用中应注意，受委托组织实际上是代表委托它的行政机关实施行政处罚，即在委托的权限范围内以委托行政机关的名义实施行政处罚，如果受委托组织违法实施行政处罚，那么由委托行政机关承担法律后果。因此，委托行政机关对受委托组织实施行政处罚应当负责监督，定期或者不定期进行检查，一旦发现受委托组织违法实施行政处罚，应当及时予以纠正；对相关违法执法人员应当建议有关机关或者组织进行处理；对违法实施行政处罚严重的受委托组织，可以解除委托。

本条第4款在适用中应注意，受委托组织在委托范围内，只能以委托行政机关名义实施行政处罚，而不能以自己的名义独立行使行政处罚权。而且，受委托的组织不得再委托其他任何组织或者个人实施行政处罚。受委托的组织本身并不具有行政处罚权，其行使的行政处罚权是行政机关赋予的，受委托组织不具有转委托权，因此不能再行委托。委托行政机关对受委托组织在委托权限范围内实施的行政处罚所产生的法律后果承担法律责任。从委托的法理来看，行政机关的这种监督和担责是理所当然、不言自明的，而本条专设一款对其加以规定，说明委托的关键还在于权责分明。本条第4款的规定在于强调原来的行政处罚权归属机关不能以委托为由而放任自流，所以规定依然由其承担行政处罚权的法律责任。这里所讲的法律责任包括承担复议申请人的责任、行政诉讼的被告责任、承担违法行使行政处罚权的行政赔偿责任等。

需要特别强调的是，受委托组织超出委托的范围实施行政处罚，由此造成的损害赔偿责任亦应由受委托人承担。如在某生物营养技术有限公司诉福州市农业局农业行政处罚一案中，① 该公司向养殖户销售一批幼鱼饲料，福州

① 参见陈春：《扬帆福州生物营养技术有限公司不服福州市农业局行政处罚案》，载国家法官学院、中国人民大学法学院编：《中国审判案例要览（2011年行政审判案例卷）》，中国人民大学出版社2013年版，第328页。

市动物卫生监督所将饲料抽样送交福建省兽药饲料监察所检测，产品经检测属于不符合饲料产品质量标准的产品，被告福州市农业局依据《饲料和饲料添加剂管理条例》的规定，决定予以没收违法所得7950元，并处违法所得2倍罚款的处罚。法院认为，本案所涉及的农业行政管理领域中的事项，依法享有行政处罚主体资格的是本案被告福州市农业局。福州市畜牧兽医局和福州市动物卫生监督所虽为被告下属单位，但其均为具备独立法人资格的单位，而非被告的内设机构或派出机构；若被告委托其实施行政处罚权，则应当依法遵循《行政处罚法》确定的规则。本案被告在诉讼过程中，没有向法庭提交福州市畜牧兽医局和福州市动物卫生监督所在行政执法过程中，由其制作询问笔录、现场检查（勘验）笔录、收集书证和委托检测的权力来源，即委托实施行政处罚权的证据和依据，由此足以认定被告提供的由福州市畜牧兽医局和福州市动物卫生监督所工作人员收集、制作所形成的证据违法，不能作为被告作出行政处罚决定，认定违法事实的证据。因此，法院认为被告作出的闽榕罚［饲料］〔2009〕02号《行政处罚决定书》，事实不清，证据不足，程序违法，依照《行政诉讼法》的规定，判决予以撤销。

（谢新竹　撰写）

第二十一条 【受委托组织的条件】 受委托组织必须符合以下条件：

（一）依法成立并具有管理公共事务职能；

（二）有熟悉有关法律、法规、规章和业务并取得行政执法资格的工作人员；

（三）需要进行技术检查或者技术鉴定的，应当有条件组织进行相应的技术检查或者技术鉴定。

【修改提示】

本条是在修订前的《行政处罚法》第19条的基础上修改而成。根据行政处罚执法实践需求和事业单位改革情况，本条第1项将原来的"依法成立的管理公共事务的事业组织"修改为"依法成立并具有管理公共事务职能"。扩大了受委托组织的范围；本条第2项将原来的"具有熟悉有关法律、法规、规章和业务的工作人员"，修改为"熟悉有关法律、法规、规章和业务并取得行政执法资格的工作人员"，强调受委托从事行政处罚的工作人员应当取得行政执法资格。

【条文解读与法律适用】

行政处罚是一项公权力，受委托组织是否具有能力、是否能够正确行使权力，直接关系到法律的尊严、人民群众的合法权益。特别强调受委托组织需要符合法定条件，其目的是确保行政处罚权的合法、合理行使。这是由行政处罚权的公权力属性所决定的。本条明确列出了受委托组织的资格要件。

第一，受委托组织主体的公共性要求。受委托组织必须是依法成立的具有管理公共事务职能的组织。非行政机关组织的种类很多，从事活动的内容和目的也不大相同，一般具有管理公共事务职能的组织，一是具有管理某类公共事务的能力；二是内部有完整的监督机制，能够正确执行法律、法规、规章的规定。为保证行政处罚权的正确行使，避免滥用情况的发生，受委托组织应当是具有管理公共事务职能的组织。同时，本次修改将“依法成立的管理公共事务的事业组织”修改为“依法成立并具有管理公共事务职能”。对于此前将行政处罚委托的受托主体范围界定为事业组织，是基于当时历史背景考虑的。20 世纪 90 年代国家机构改革的重点是精兵简政，减少行政机关之间职能的交叉重合，特别是将部分行政职权从事业单位收回行政机关，限制了这部分事业单位的权力。但存在的问题是，行政执法任务总量不变，行政编制不增加；为了完成行政执法任务，原来的事业单位在被剥夺行政权力后仍需行使相应职权，在当时历史背景下出台的《行政处罚法》将行政委托受托主体的范围界定为事业组织，也是基于这部分被收回行政权力的事业组织考虑的。本次修改取消了被委托者必须为事业组织的限定，将其修改为“依法成立并具有管理公共事务职能”。

第二，受委托组织工作人员资格条件的要求。受委托组织必须具有熟悉有关法律、法规、规章和业务并取得行政执法资格的工作人员。行政处罚是一项严肃的执法工作，执法人员必须熟悉有关的法律、法规、规章，具有较强的专业知识，方能严谨有效地实施行政处罚。因此，具有熟悉有关法律、法规、规章和业务的正式工作人员，也是接受委托的必要条件。同时，本次修改还进一步强调了受委托组织的执法工作人员需取得行政执法资格。行政执法资格是从事行政执法活动人员应当具备的基本要件，是从事行政执法活动的前提和基础。确立行政执法人员资格制度的目的是通过设立执法准入门槛，增强行政执法的严肃性，规范行政执法行为，提高执法水平和质量，达到依法行政的目的。本次修改对受委托组织工作人员的资格要件提出了更严格的标准。

第三，受委托组织技术条件的要求。受委托组织应当具有相应的技术检查或技术鉴定的条件，即必须具有技术检查或技术鉴定的设备和水平等，这是对受委托组织的技术条件的要求。只有具有对委托处罚的行为进行技术检查或者技术鉴定条件的，才具有对这类违法行为处理的能力，才能保证其作出的行政处罚决定的正确性。

行政机关不得委托不符合上述三个条件中任何一个条件的其他组织实施行政处罚。行政处罚实施机关应当加强对接受委托的组织进行检查，及时撤销不合格的受委托组织的资格。行政机关委托的组织不符合法定条件的，该委托行为属于滥用委托权，受委托组织基于委托作出的行政处罚属于违法行为，应根据其违法程度的不同，依法应予以撤销或确认无效。

（谢新竹　撰写）

第四章　行政处罚的管辖和适用

本章概述

相较修订前的《行政处罚法》，本法第四章“行政处罚的管辖和适用”有较大的修改，条文数量由原来的10条增加到17条，主要修改了以下几个方面：一是赋予了部门规章创设行政处罚地域管辖规则的权限；二是新增了行政处罚权下放乡镇街道制度，完善了行政处罚权地域管辖争议的处理规则；三是新增了行政处罚协助制度；四是完善了行刑衔接制度；五是新增了对当事人因违法行为获取的违法所得的退赔和没收的规定，完善了罚款及执行制度；六是新增了对精神病人、智力残疾人以及对未成年人予以行政处罚的适用条件；七是强化了处罚与教育相结合原则，规定首违可以不罚、没有主观过错不罚的规定；八是明确了行政处罚裁量基准制度；九是明确了行政处罚追责时效；十是新增了从旧兼从轻的法律适用规则；十一是新增了行政处罚无效制度的规定。

第二十二条 【行政处罚的管辖】行政处罚由违法行为发生地的行政机关管辖。法律、行政法规、部门规章另有规定的，从其规定。

【修改提示】

行政处罚由违法行为发生地的行政机关管辖是地域管辖的一般原则。修订前的《行政处罚法》及本法均遵循了这一原则。然而，修订前的《行政处罚法》在强调行政处罚由违法行为发生地的行政机关管辖的同时，又规定只有法律和行政法规才能对行政处罚的管辖问题做出例外规定。但实践证明，并非所有的行政处罚案件都适合由违法行为发生地的行政机关管辖。在地域管辖规则需要予以改变时，如果要求一定是法律或行政法规做出规定的话，实施起来在程序上会非常困难和复杂。为了避免这一问题，修订后的《行政处罚法》第 22 条规定："行政处罚由违法行为发生地的行政机关管辖。法律、行政法规、部门规章另有规定的，从其规定。"修订后的《行政处罚法》第 22 条在维持现行制度不变的前提下，增加了"部门规章"也可创设地域管辖规则的规定。基于这一规定，根据行政执法的实际需要，部门规章就可以对行政处罚的地域管辖做出相应的规定，为国务院部门根据具体情况调整地域管辖规则提供了制度基础。[①] 从"法律、行政法规、部门规章另有规定的除外"到"法律、行政法规、部门规章另有规定的，从其规定"虽然是文字上的简单变化，却体现了立法对于部门规章可以创设地域管辖规则坚决予以支持的态度。关于规章是否有权做出行政处罚地域管辖方面的规定，学界有不同的意见。有观点认为，授权部门规章可以对地域管辖做出规定，但地方性法规却不行，这与常理不符。有观点主张，行政处罚地域管辖权的规范形式只能由法律加以设定，而不能由行政法规或行政规章设定。[②] 还有人认为，不仅部门规章可以创设行政处罚地域管辖的规则，地方政府规章也应该可以创

① 参见李洪雷：《论我国行政处罚制度的完善——兼评〈中华人民共和国行政处罚法（修订草案）〉》，载《法商研究》2020 年第 6 期。

② 参见熊樟林：《行政处罚地域管辖权的设定规则——〈行政处罚法（修订草案）第 21 条评介〉》，载《中国法律评论》2020 年第 5 期。

设，上述观点都没有得到立法机关的采纳。

【条文解读与法律适用】

本条是关于行政处罚地域管辖的规定。所谓行政处罚的地域管辖，是指同级但不同地域的行政机关之间受理行政处罚案件的分工及权限。根据本条的规定，行政处罚由违法行为发生地的行政机关管辖为一般原则，如果法律、行政法规、部门规章另有规定的，则从其规定。据此，我国的行政处罚实际上确立了以违法行为发生地的行政机关管辖为一般原则，根据法律、行政法规、部门规章的特别规定为例外的管辖制度。确立违法行为发生地的行政机关管辖的一般原则，有利于行政机关或者其他组织及时、准确地发现并制裁违法行为，便于行政机关调查取证、查明违法事实，降低行政成本，能够保障行政效率原则的实现。因此，确立违法行为发生地的行政机关管辖为一般原则，较为科学。如果行政处罚案件不适合违法行为发生地的行政机关管辖，则法律、行政法规、部门规章可以做出特别的规定。例如，原国家工商行政管理总局 2014 年颁布的《网络交易管理办法》第 41 条第 1 款规定："网络商品交易及有关服务违法行为由发生违法行为的经营者住所所在地县级以上工商行政管理部门管辖。对于其中通过第三方交易平台开展经营活动的经营者，其违法行为由第三方交易平台经营者住所所在地县级以上工商行政管理部门管辖。第三方交易平台经营者住所所在地县级以上工商行政管理部门管辖异地违法行为人有困难的，可以将违法行为人的违法情况移交违法行为人所在地县级以上工商行政管理部门处理。"又如，《治安管理处罚法》第 7 条第 2 款明确治安案件的管辖由国务院公安部门规定。《公安机关办理行政案件程序规定》第二章"管辖"专门就公安机关办理的行政案件管辖问题作了明确的规定。其中，该规定第 10 条第 1 款规定："行政案件由违法行为地的公安机关管辖。由违法行为人居住地公安机关管辖更为适宜的，可以由违法行为人居住地公安机关管辖，但是涉及卖淫、嫖娼、赌博、毒品的案件除外。"该规定第 11 条规定："针对或者利用网络实施的违法行为，用于实施违法行为的网站服务器所在地、网络接入地以及网站建立者或者管理者所在地，被侵害的网络及其运营者所在地，违法过程中违法行为人、被侵害人使用的网络及其运营者所在地，被侵害人被侵害时所在地，以及被侵害人财产遭受损失地公安机关可以管辖。”

行政处罚地域管辖制度关系到行政机关行使处罚权的效率及当事人的合法权益，可谓意义重大。行政机关和司法机关在办理行政处罚案件中，首先要关注具体的行政处罚案件的管辖问题，法律、行政法规、部门规章是否有特别规定；如果有，则应该按照法律、行政法规、部门规章的特别规定予以管辖；如果没有，则应依照本法，由违法行为发生地的行政机关管辖予以管辖。

在实践中，违法行为有“准备地”“发生地”“结果地”等多个行为地。关于“违法行为发生地”的理解，理论和实务上均有不同的认识。有学者认为，违法行为发生地主要是违法行为实施地，当事人在哪个地方实施了违法行为，就应该由哪个地方的行政机关依职权实施管辖。①也有观点认为，违法行为发生地既包括实施违法行为地，也包括危害结果发生地。② 有学者认为，违法行为发生地仅指违法行为实施地，而不包括其他地方，特别是违法行为经过地不应属于违法行为发生地。③ 根据《公安机关办理行政案件程序规定》第 10 条第 2 款的规定，违法行为发生地包括违法行为的实施地以及开始地、途经地、结束地等与违法行为有关的地点；违法行为有连续、持续或者继续状态的，违法行为连续、持续或者继续实施的地方都属于违法行为发生地。④ 准确理解“违法行为发生地”之内涵与外延，对于适用违法行为发生地行政机关管辖之规定至关重要。

随着修订后的《行政处罚法》的施行，在行政处罚的地域管辖权问题上，部门规章具有了创设规则的权力，不排除今后出现本法及其他法律、行政法

① 参见汪永清编著：《行政处罚法适用手册》，中国方正出版社 1996 年版，第 87 页。

② 参见全国人大常委会法制工作委员会国家法、行政法室编著：《〈中华人民共和国行政处罚法〉释义》，法律出版社 1996 年版，第 54 页。

③ 参见秦涛、张旭东：《论法治视野下网络违法经营案件的行政管辖权》，载《上海市经济管理干部学院学报》2016 年第 4 期。

④ 《公安机关办理行政案件程序规定》第 10 条第 2 款规定：“违法行为地包括违法行为发生地和违法结果发生地。违法行为发生地，包括违法行为的实施地以及开始地、途经地、结束地等与违法行为有关的地点；违法行为有连续、持续或者继续状态的，违法行为连续、持续或者继续实施的地方都属于违法行为发生地。违法结果发生地，包括违法对象被侵害地、违法所得的实际取得地、藏匿地、转移地、使用地、销售地。”

规和部门规章关于案件管辖问题的规定出现矛盾和冲突的情形，特别是部门规章之间的矛盾与冲突；在此种情况下，应该首先依据《立法法》的相关规定，依法解决法律、法规和部门规章的冲突问题，然后确定应该适用的法律、法规及部门规章，正确确定行政处罚案件管辖。

（马生安　撰写）

第二十三条 【县级以上政府的管辖权】行政处罚由县级以上地方人民政府具有行政处罚权的行政机关管辖。法律、行政法规另有规定的，从其规定。

【修改提示】

本条是关于哪些行政机关依法享有行政处罚权之规定。修订前的《行政处罚法》第20条规定："行政处罚由违法行为发生地的县级以上地方人民政府具有行政处罚权的行政机关管辖。法律、行政法规另有规定的除外。"修订后的《行政处罚法》将其拆分后形成两个条文，其中之一就是本条。本条看似一个新增的条款，但其主要内容仍然承袭了修订前的《行政处罚法》第20条的规定，在措辞上略有变化。修订前的《行政处罚法》第20条的规定是："法律、行政法规另有规定的除外"，本条的表述则是："法律、行政法规另有规定的，从其规定"。根据本条的规定，行政处罚由县级以上地方人民政府具有行政处罚权的行政机关管辖。如果县级以上地方人民政府以外的行政机关（如国家的各部、委、办、局）需要配置行政处罚权的，则应当通过法律、行政法规另外做出规定。

起初，《行政处罚法（一审稿）》第22条对本条的表述是："行政处罚由县级以上地方人民政府具有行政处罚权的行政机关管辖。法律、行政法规另有规定的除外。"后来经过讨论，修改为："行政处罚由县级以上地方人民政府具有行政处罚权的行政机关管辖。法律、行政法规另有规定的，从其规定。"这一修改看似文字上的简单变化，实际上却体现了关于县级以上地方人民政府之外的行政机关需要赋予行政处罚权的，可以通过法律、行政法规予授权的积极而明确的态度。

【条文解读与法律适用】

为了防止立法上的部门主义及借法争权，本条只规定了法律和行政法规可以就县级以上地方人民政府之外的行政机关的行政处罚权进行创设，规章则无这样的权限。可见，尽管修订后的《行政处罚法》依然没有对国家的各部、委、办、局是否可以拥有行政处罚权作出直接规定，但依据本条的授权，国家的各部、委、办、局在需要拥有行政处罚权时，完全可以通过法律、行政法规做出规定。实际上，通过其他法律、法规授予国家部委行政处罚权，已是一个不争的事实。《反垄断法》第 10 条第 1 款规定："国务院规定的承担反垄断执法职责的机构（以下统称国务院反垄断执法机构）依照本法规定，负责反垄断执法工作。"该法第 46 条第 1 款规定："经营者违反本法规定，达成并实施垄断协议的，由反垄断执法机构责令停止违法行为，没收违法所得，并处上一年度销售额百分之一以上百分之十以下的罚款；尚未实施所达成的垄断协议的，可以处五十万元以下的罚款。"《反垄断法》第 10 条及第 46 条规定就是其对国务院反垄断执法机构行政处罚的授权。

（马生安　撰写）

第二十四条 【乡镇政府和街道办事处的管辖权】 省、自治区、直辖市根据当地实际情况，可以决定将基层管理迫切需要的县级人民政府部门的行政处罚权交由能够有效承接的乡镇人民政府、街道办事处行使，并定期组织评估。决定应当公布。

承接行政处罚权的乡镇人民政府、街道办事处应当加强执法能力建设，按照规定范围、依照法定程序实施行政处罚。

有关地方人民政府及其部门应当加强组织协调、业务指导、执法监督，建立健全行政处罚协调配合机制，完善评议、考核制度。

【修改提示】

本条是《行政处罚法》新增的一个条文。根据本条的规定，省、自治区、直辖市可以通过公开决定的形式，将基层管理迫切需要的县级人民政府部门的行政处罚权交由能够有效承接的乡镇人民政府、街道办事处行使，并定期组织评估；承接行政处罚权的乡镇人民政府、街道办事处应当加强执法能力建设，按照规定范围、依照法定程序实施行政处罚；有关地方人民政府及其部门应当加强组织协调、业务指导、执法监督，建立健全行政处罚协调配合机制，完善评议、考核制度。

本条的规定一方面体现了行政执法权下移、为基层治理赋权的原则和精神，有利于解决实践中乡镇人民政府和街道办事处“事多而无权”的问题；另一方面也考虑到我国区域发展不平衡的客观现实，由省、自治区、直辖市根据当地实际情况决定是否授权以及授权的具体条件和范围等，总体较为合理。本条的规定为推进综合行政执法改革，推进行政执法力量下沉，将行政处罚权下放到乡镇人民政府和街道办事处提供了法律依据。

本条在制定及修改过程中，曾经引起各界积极而热烈的讨论。有人提出，行政处罚权下放是行政体制“放管服”改革的一项措施，和行政执法权相对集中行使处罚权有一定的相似之处，属于“行政处罚实施机关”的内容，因而建议将第 24 条移至第三章。这一建议最终没有得到采纳。有人提出，根据第 24 条第 1 款的规定，可以作出决定的主体不够明确，究竟是省级人大常委会还是省级人民政府？有人提出，基层迫切需要的行政处罚权究竟属于哪些领域、包括哪些方面应该明确，以避免随意下放行政处罚权。也有人提出，省、自治区、直辖市决定将县级人民政府部门的行政处罚权交由乡镇人民政府、街道办事处行使，这里的“决定”“交由”到底是授权还是委托不够清楚，建议在表述上可以直接明确为授权，修改为“可以在……情况下，授权乡镇人民政府、街道办事处行使”。将其明确为授权而不是委托，这样下面执行起来会比较明确，这一建议最终也未被采纳。

【条文解读与法律适用】

《行政处罚法》第 24 条第 1 款规定了省、自治区、直辖市根据当地实际情况，可以决定将基层管理迫切需要的县级人民政府部门的行政处罚权授权能够有效承接的乡镇人民政府、街道办事处行使。省、自治区、直辖市决定将县级人民政府部门的行政处罚权交由乡镇人民政府、街道办事处行使，法律上应该理解为行政授权而非行政委托。在法律上，行政授权和行政委托的含义与法律属性截然不同。就行政授权而言，被授权的乡镇人民政府、街道办事处具有完全行政处罚主体资格，能够以自己的名义作出行政处罚并独立承担相应的法律后果。如果是行政委托，则乡镇人民政府、街道办事处能够以县级人民政府部门的名义行使行政处罚权，法律责任最终也由县级人民政府部门承担。本条并没有明确是省人大常委会还是省级人民政府通过决定进行授权，对此规定的理解有两种意见：一种意见认为，一方面省级人民政府可以通过决定的形式进行授权，另一方面省级人大常委会也可以通过决定进行授权。第 24 条第 1 款的规定，为省、自治区、直辖市自主选择授权的主体留下了空间。另一种意见认为，本条并没有明确是省人大常委会还是省级人民政府通过决定进行授权，但因为省级机关通过决定对乡镇人民政府、街道办事处进行授权严格来说属于行政组织法的范畴，[①] 由省级的立法机关机关通过决定对乡镇人民政府、街道办事处进行授权较为适宜，故本条应该理解为

---

① 参见熊樟林：《行政处罚地域管辖权的设定规则——〈行政处罚法（修订草案）第 21 条评介〉》，载《中国法律评论》2020 年第 5 期。

省级人大常委会通过决定进行授权。我们认为，可根据处罚权涉及的领域以及行政处罚所涉及的种类等具体情况区别处理。第 24 条第 1 款还规定了要对乡镇人民政府、街道办事处行使所授予的行政处罚权的情况定期予以评估。其言下之意，乡镇人民政府、街道办事处如果能够有效行使被授予的行政处罚权，则由其继续行使；如果其不能有效行使被授予的行政处罚权，则省、自治区、直辖市也可以决定予以收回，继续由县级人民政府部门行使行政处罚权。“决定应当公布”，本条第 1 款规定省、自治区、直辖市的授权决定应当公布，体现了法的公开原则及阳光行政的理念，因而也是非常必要的。为了有效保障行政处罚权放得下、接得住、管得好，防止乡镇人民政府和街道办事处执法能力不足及不作为、乱作为等问题，本条第 2 款还规定，承接行政处罚权的乡镇人民政府、街道办事处应当加强执法能力建设，按照规定范围、依照法定程序实施行政处罚。为了保障乡镇人民政府、街道办事处合法有效地行使行政处罚权，本条第 3 款还规定，有关地方人民政府及其部门应当加强组织协调、业务指导、执法监督，建立健全行政处罚协调配合机制，完善评议、考核制度。

（马生安　撰写）

第二十五条　【管辖权争议】两个以上行政机关都有管辖权的，由最先立案的行政机关管辖。

对管辖发生争议的，应当协商解决，协商不成的，报请共同的上一级行政机关指定管辖；也可以直接由共同的上一级行政机关指定管辖。

【修改提示】

修订前的《行政处罚法》第 21 条规定："对管辖发生争议的，报请共同的上一级行政机关指定管辖。"修订后的《行政处罚法》第25 条规定："两个以上行政机关都有管辖权的，由最先立案的行政机关管辖。对管辖发生争议的，应当协商解决，协商不成的，报请共同的上一级行政机关指定管辖；也可以直接由共同的上一级行政机关指定管辖。"本条进一步补充和完善了行政处罚权地域管辖及其争议的处理规则，丰富了管辖权争议的法定解决路径。即行政处罚案件首先由最先立案的行政机关管辖；对于案件管辖发生争议的，协商解决；协商不成的，由共同的上一级行政机关指定管辖。本条的修改参考了《行政诉讼法》关于行政诉讼案件一审管辖权争议方面的立法模式，[①]有利于及时解决行政处罚管辖权的争议。

《行政处罚法（一审稿）》规定的是"由最先发现的行政机关管辖"，在修订草案审议过程中，有人针对草案中这一表述提出修改意见，认为"最先发现"在实践中难以证实，建议将"发现"修改为"立案"，并被立法机关所采纳。所谓立案，是指具有管辖权的行政机关对有初步证据证明存在行政违法行为，依法进行初步审查的活动，是决定行政机关是否需要采取正式调查取证并作出行政处罚决定的前提。立案作为一个法定程序，应当严格遵守法律、法规和规章的相关规定。例如，国家市场监督管理总局制定的部门规

---

① 《行政诉讼法》第 21 条规定："两个以上人民法院都有管辖权的案件，原告可以选择其中一个人民法院提起诉讼。原告向两个以上有管辖权的人民法院提起诉讼的，由最先立案的人民法院管辖。"第23 条第 2 款规定："人民法院对管辖权发生争议，由争议双方协商解决。协商不成的，报它们的共同上级人民法院指定管辖。"

章《市场监督管理行政处罚程序暂行规定》第 17 条第 3 款规定："立案应当填写立案审批表，由办案机构负责人指定两名以上办案人员负责调查处理。"立案审批在执法实践中，一般是由具体承办人员提出是否予以立案的建议，经承办部门负责人审核后，由行政机关的分管负责人或主要负责人审批。因此，行政机关负责人的审批意见最终决定是否立案，其审批日期也是判断不同行政机关谁最先立案的日期；如果系同一天立案，则由行政机关之间协商确定管辖。

【条文解读与法律适用】

行政处罚的管辖权争议，是指两个或两个以上的行政处罚主体在实施行政处罚时，发生相互推诿或者争夺管辖权的现象。一般来说，对于违法行为的管辖机关是能够依法确定的，且是特定的。但在特殊情形下，如违法行为人在多个不同县级行政区域实施了同一性质的违法行为，不同县级行政机关均有管辖权。其中，一个很重要的原因就在于"违法行为发生地"可以有多种理解。例如，公安部制定的《公安机关办理行政案件程序规定》第 11 条规定："针对或者利用网络实施的违法行为，用于实施违法行为的网站服务器所在地、网络接入地以及网站建立者或者管理者所在地，被侵害的网络及其运营者所在地，违法过程中违法行为人、被侵害人使用的网络及其运营者所在地，被侵害人被侵害时所在地，以及被侵害人财产遭受损失地公安机关可以管辖。"农业部制定的《农业行政处罚程序规定》第 13 条规定："渔业行政违法行为有下列情况之一的，适用'谁查获、谁处理'的原则：（一）违法行为发生在共管区、叠区；（二）违法行为发生在管辖权不明确或者有争议的区域；（三）违法行为发生地与查获地不一致。"两个以上的行政机关都有管辖权，是指两个以上的行政机关不仅具有地域管辖权，还应当同时具有级别管辖权。虽然行政处罚一般是由县级行政机关进行管辖，但部分法律、法规也规定少数违法行为是由市级、省级行政机关进行管辖。因此，都有管辖权是应当同时符合地域管辖和级别管辖的标准。例如，原国家工商行政管理总局制定的部门规章《驰名商标认定和保护规定》第 7 条规定，涉及驰名商标保护的商标违法案件由市（地、州）级以上工商行政管理部门管辖。原国家安全生产监督管理总局制定的部门规章《安全生产违法行为行政处罚办法》第6条第2款规定，中央企业及其所属企业、有关人员的安全生产违法行为的行政处罚，由安全生产违法行为发生地的设区的市级以上安全监管监察部门管辖。

一、关于管辖权争议时"协商"的理解

根据本条的规定，"对管辖发生争议的，应当协商解决，协商不成的，报请共同的上一级行政机关指定管辖"。这里的协商应当是正式的协商，且应当制作保存协商记录，如共同协商的会议纪要、有关协商的正式函件。此外，协商也应当有一定的期限，《行政处罚法》对此未作出规定，相关法律、法规、规章有明确规定的，应当按相关规定执行；法律、法规、规章没有相关规定的，行政机关则应当在合理期限内完成协商过程，以便及时对违法行政行为进行查处。例如，《农业行政处罚程序规定》第16条规定："两个以上农业行政处罚机关因管辖权发生争议的，应当自发生争议之日起七个工作日内协商解决；协商解决不了的，报请共同的上一级农业行政处罚机关指定管辖。"

二、关于"共同的上一级行政机关"的理解

指定管辖的原则和法律基础是上下级行政关系。这里的共同上一级行政机关，与共同上级行政机关不同，是指能够同时指挥、管理不同下级行政机关且最为直接的行政管理机关。行政处罚法作出这样的规定，一方面是考虑指定管辖的权威性，另一方面也不至于过度影响执法效率。发生管辖权争议的不同行政机关，如果是同级人民政府的不同工作部门，则共同上一级行政机关为同级人民政府；如果一个是同级人民政府的工作部门，一个是上级垂直管理部门，则要层报至上级垂直管理部门所属的人民政府指定管辖；如果是不同行政区域的同一性质的工作部门，则层报共同的上一级行政主管部门；如果是不同区域的县级以上人民政府，则由共同的上一级人民政府，直至国务院进行指定管辖。

三、关于如何报请指定管辖的问题

报请应当是正式的行政程序，既可以由其中一个行政机关逐级呈报，也可以由涉及管辖权争议的全部行政机关共同进行呈报。报请指定管辖不仅应当制作正式的请示文件，还应当附必要的说明材料或初步调查的证据材料，以供上级行政机关判断是否属于均有法定管辖权的行政机关之间发生的管辖权异议。

四、关于如何进行指定管辖的问题

共同的上一级行政机关收到报请指定管辖的请示后，应当进行必要的审查后作出指定管辖决定书，并分别通知各具有管辖权的行政机关。为及时解决管辖权异议，尽快启动立案调查程序，上一级行政机关也应当在合理的期限内作出指定管辖决定，如果有法律、法规、规章对此作出明确规定，应当按照该规定执行。例如，《市场监督管理行政处罚程序暂行规定》第 15 条规定："报请上一级市场监督管理部门管辖或者指定管辖的，上一级市场监督管理部门应当在收到报送材料之日起七个工作日内确定案件的管辖部门。"

五、实践中需要注意的问题

第一，出现管辖权争议时，共同的上一级行政机关可以直接指定管辖机关，无需等待下级行政机关的报请。指定管辖决定具有法律效力，下级行政机关应当服从。

第二，最先立案的行政机关享有优先管辖权，其不能自行决定将行政处罚案件移送给其他有管辖权的行政机关。

（郑琳琳 撰写）

第二十六条　【执法协助】行政机关因实施行政处罚的需要，可以向有关机关提出协助请求。协助事项属于被请求机关职权范围内的，应当依法予以协助。

【修改提示】

本条属于本次修订增加的条文。在修订草案审议过程中，有观点认为应当增加行政机关执法协助的规定，目的是防止实践中行政机关以各种理由拒绝履行协助义务，以推动不同行政机关形成行政执法合力，提升社会治理的整体效能。在本次修订《行政处罚法》之前，不少法律、法规、规章都有行政机关执法协助的具体规定。例如，南京市人大制定的地方性法规《南京市城市治理条例》第四章第二节专门规定了“执法协同”，对城市管理相关部门与相关行政机关在城市管理执法中涉及的协助事项进行了具体规定。原河北省人民政府法制办公室制定的《关于印发〈河北省建立异地行政执法协助制度的指导意见〉的通知》（冀法〔2017〕23 号），专门就全省各级行政执法部门在执法活动中，需要本行政区域以外的其他行政执法部门予以协助、配合的工作制度进行了规定。

【条文解读与法律适用】

“行政执法中的行政协助是指某一行政主体在行政执法中为了有效完成执法行为而请求其他行政主体予以协助，被请求的主体有义务对请求主体进行协助的行政法上的内部行政行为。”① 本条规定规范的是行政机关之间的执法协助，不同于公民、法人或其他组织向行政执法机关提供的协助。“从某种意义上说，分工越精细化，越需要部门之间的协作和配合，并不是因为法定职责划分不明确，存在模糊地带，而是客观事物本身是联系在一起的，行政机关只有协调一致地开展工作，公共服务和社会管理的职责才能不折不扣地完

① 关保英：《论行政执法中的行政协助》，载《江淮论坛》2014 年第 2 期。

成。”[①] 在现代行政管理中，由于更加注重职能分工和专业化治理，加之交通运输和信息技术的飞速发展，行政机关的执法活动更是离不开异地行政机关和本行政区域内其他职能部门的协助配合。例如，《互联网上网服务营业场所管理条例》第 4 条规定了涉及互联网上网服务营业场所行政管理多个职能部门的具体职责，其中县级以上人民政府文化行政部门负责互联网上网服务营业场所经营单位设立的审批，并负责对依法设立的互联网上网服务营业场所经营单位经营活动的监督管理；公安机关负责对互联网上网服务营业场所经营单位的信息网络安全、治安及消防安全的监督管理；工商行政管理部门负责对互联网上网服务营业场所经营单位登记注册和营业执照的管理，并依法查处无照经营活动；电信管理等其他有关部门在各自职责范围内，对互联网上网服务营业场所经营单位分别实施有关监督管理。在涉及互联网上网服务营业场所的相关违法行为需要由文化行政部门作出处罚时，就可能需要涉及相关职能部门提供执法协助。

一、关于被请求机关的范围问题

1. 原则上被请求机关应当具有行政主体资格，即属于行政机关或法律、法规、规章授权的组织。例如，不具有行政主体资格的受委托组织，因为其不具有独立的意思表示能力和法律责任承担能力，无法以自己的名义履行执法协助职责。党政机构改革后，一些纳入党委机构序列的机构如果具有行政管理职权的，同样可以接受行政协助，如同级党委宣传部门管理的版权管理部门、电影管理部门等。

2. 被请求机关，既可以是法律规范中所明确列举的行政机关，也可以是根据个案情况临时确定的行政机关；既可以是同一行政区域内的不同行政机关，也可以是本行政区域以外的同类行政机关。如《农业行政处罚程序规定》第 19 条规定：“农业行政处罚机关在办理跨行政区域案件时，需要其他地区农业行政处罚机关协查的，可以发送协助调查函。收到协助调查函的农业行政处罚机关应当予以协助并及时书面告知协查结果。”

二、关于协助请求的事项范围问题

协助请求的事项范围既可以通过立法明确列举，也可以通过签订执法协

---

① 金国坤：《行政执法机关间协调配合机制研究》，载《行政法学研究》2016 年第 5 期。

助协议、临时性协商沟通进行确定，一般包括以下几种情形：

1. 独自行使职权不能实现行政目的的。例如，违法建设查处中，违法行为人是否存在未按照建设工程规划许可证的规定进行建设以及违法建筑是否属于无法采取改正措施消除影响、应当限期拆除的情形，城管部门需要请求规划部门进行专业认定。

2. 因人员、设备不足等原因不能独立行使职权的。例如，城管部门对违法建筑作出限期拆除决定后，没有属地政府、市政部门、公安机关的协助，该限期拆除决定也很难执行到位。

3. 执行公务所必需的文书、资料、信息为其他行政机关所掌握，自行收集难以获得的。例如，应急管理部门对企业违反《安全生产法》的行为进行立案调查时，可以请求市场监管部门、住建部门等行政机关提供涉案企业的工商登记、建筑施工许可审批等信息和资料。

4. 其他可以请求行政协助的情形。例如，本地市场监管部门在执法检查时发现经营者销售的商品存在质量问题，立案调查后可以请求涉案商品的生产企业所在地的市场监管部门调查了解相关情况。

三、关于协助请求的提出问题

1. 协助请求的提出方式。执法协助是一项正式的行政活动，原则上应当以书面形式提出，实践中以协助函的形式居多。提出协助请求时应当明确协助的具体事项、目标要求、办理期限等内容。在紧急情况下也可以通过口头的形式提出。对于已经形成常态化执法协助关系的多个行政机关，如城管部门与规划部门、住建部门与应急管理部门，可以通过签订执法协助协议的形式建立更为固定化的执法协助机制，以更好地提升执法效率。

2. 协助请求的办理期限。《行政处罚法》对执法协助的办理期限未作规定，实践中可以根据相关法律、法规、规章的规定执行。例如，《市场监督管理行政处罚程序暂行规定》第 42 条规定："市场监督管理部门在办理行政处罚案件时，确需其他市场监督管理部门协助调查取证的，应当出具协助调查函。收到协助调查函的市场监督管理部门应当予以协助，在接到协助调查函之日起十五个工作日内完成相关工作。需要延期完成或者无法协助的，应当在期限届满前告知提出协查请求的市场监督管理部门。"没有法律、法规、规章规定的，可以由请求机关与被请求机关协商确定，根据请求协助事项的难易程度，确定一个合理的期限。

四、关于是否属于协助职责范围的判断问题

1. 被请求机关的审查判断权。协助事项属于被请求机关的职权范围，是实施行政协助行为的前提。如果被请求机关对协助事项没有法定职权，该机关就不得实施相应的协助行为。被请求机关收到协助请求后，可以依法审查该请求事项是否属于本行政机关的职权范围。如果属于则应当按照请求机关的请求履行协助义务；如果不属于则应及时告知请求机关并说明理由；如果属于协助范围，但是因自身执法能力有限等客观困难暂时无法实施协助行为的，也应当与请求机关及时沟通，不能置之不理。

2. 是否属于法定协助事项的争议解决。如果被请求机关认为协助请求事项不属于其职权范围，而请求机关坚持认为属于被请求机关的职权范围，由此产生的争议，首先由双方协商解决；协商不成的，可以报请共同的上一级行政机关裁决。实践中，也有地方立法作出了类似规定。例如，《江苏省行政程序规定》第 17 条第 2 款规定："因行政协助发生争议的，由请求机关与协助机关的共同上一级行政机关裁决。"

五、实践中需要注意的问题

1. 是否提出协助请求不完全属于请求机关的自由裁量范围。对于法律规范明确要求行政机关提出协助请求的事项，行政机关应当依法及时提出协助请求，否则属于不履行法定职责。

2. 行政协助法律责任之承担。实施行政协助行为的，由协助机关承担责任；根据行政协助做出的行政行为，由请求机关承担责任。

3. 实施协助事项的费用负担。因实施行政协助属于履行法定职责，被请求机关原则上不得要求请求机关承担其实施协助行为的费用，该费用也已经体现在被请求机关的正常预算范围内。如果法律没有明确规定，行政机关与被请求机关协商执法协助的，对于可以协助的事项，因含有双方合意的成分，该部分费用的负担可以由双方协商确定。

（郑琳琳 撰写）

第二十七条 【行政处罚与刑事司法的衔接】违法行为涉嫌犯罪的，行政机关应当及时将案件移送司法机关，依法追究刑事责任。对依法不需要追究刑事责任或者免予刑事处罚，但应当给予行政处罚的，司法机关应当及时将案件移送有关行政机关。

行政处罚实施机关与司法机关之间应当加强协调配合，建立健全案件移送制度，加强证据材料移交、接收衔接，完善案件处理信息通报机制。

【修改提示】

本条是关于行政执法与刑事司法衔接的规定，在本次修订过程中受关注度较高。在此次修订中，本条第 1 款对修订前《行政处罚法》第 22 条的表述作了调整，将修订前《行政处罚法》第 22 条中“构成犯罪”修改为“涉嫌犯罪”，将原来的“必须”移交修改为“应当及时”移交。实践中，判断某一违法行为是否构成犯罪是一个复杂的刑事司法过程，在行政程序中行政执法主体对是否构成犯罪所作的判断很难与刑事司法程序的判断标准相统一。为此，本法将“构成犯罪”修改为“涉嫌犯罪”，在表述上更加符合司法规律，也更为科学合理。在本条第 1 款中还对案件移送制度作了更为明确的规定，不仅规定行政机关依法向司法机关移送案件，还对司法机关向行政机关移送案件作了规定。对于行政机关将案件移送司法机关后，司法机关经审查认为依法不需要追究刑事责任或者免予刑事处罚的，对此情形如何处理，修订前的《行政处罚法》第 22 条未作明确，本条补充规定司法机关应当及时移送有关行政机关，在制度设计上更为完善。

本条还新增第 2 款关于行政处罚实施机关与司法机关协调配合机制的规定，包括建立健全案件移送制度，加强证据材料移交、接收衔接，完善案件处理信息通报机制。

【条文解读与法律适用】

本条规定的是行政执法与刑事司法之间的衔接规定。关于行政执法与刑事司法衔接的规定之前散见于政策、行政法规、刑法和单行刑事法规及其他规范性文件中。其一，在政策层面，2013 年 11 月，党的十八届三中全会《中共中央关于全面深化改革若干重大问题的决定》中将“完善行政执法与刑事司法衔接机制”作为全面深化改革的战略部署之一。2014 年 10 月，党的十八届四中全会《中共中央关于全面推进依法治国若干重大问题的决定》提出要“健全行政执法和刑事司法衔接机制，完善案件移送标准和程序，建立行政执法机关、公安机关、检察机关、审判机关信息共享、案情通报、案件移送制度，坚决克服有案不移、有案难移、以罚代刑现象，实现行政处罚和刑事处罚无缝对接”。2015 年 12 月，中共中央、国务院印发的《法治政府建设实施纲要（2015—2020 年）》再次强调“健全行政执法和刑事司法衔接机制”。其二，在行政法规方面，2001 年国务院《行政执法机关移送涉嫌犯罪案件的规定》构成了行刑衔接的核心框架。其三，在规范性文件层面，多个关于行刑衔接工作的规范性文件相继制定下发，如 2004 年《关于加强行政执法机关与公安机关、人民检察院工作联系的意见》，2006 年《关于在行政执法中及时移送涉嫌犯罪案件的意见》以及 2011 年《关于加强行政执法与刑事司法衔接工作的意见》等。纵有诸多规范，执法和司法在实践中行刑衔接不畅、有案不移、有案难移、以罚代刑、法律适用不统一的情况仍然存在，健全和完善行刑衔接机制已成为非常迫切的重要任务。修订后的《行政处罚法》及时回应了这一现实需求，对行政机关与司法机关之间的案件移送、信息共享、案情通报作了明确规定，促进了行政执法与刑事司法的有效衔接。

一、关于案件移送的问题

1. 移送的条件。第一种情形是行政机关向司法机关的移送。违法当事人的违法行为涉嫌犯罪是行政处罚案件由行政机关向司法机关移送的前提条件。若该违法行为不涉嫌犯罪，则不论其后果多么严重、情节多么恶劣，行政机关都不必把案件移送司法机关。第二种情形是司法机关向行政机关的移送。即司法机关审查发现对该违法行为依法不需要追究刑事责任或者免予刑事处罚，但应当给予行政处罚的，司法机关应当及时将案件移送有关行政机关。无论是哪一种情形下的移送，都必须遵循及时性的要求。

2. 移送的对象。在我国，法院、检察院、公安机关通常都被称作司法机关。三机关在行使司法权方面各有分工。《刑事诉讼法》第 3 条第 1 款规定："对刑事案件的侦查、拘留、执行逮捕、预审，由公安机关负责。检察、批准逮捕、检察机关直接受理的案件的侦查、提起公诉，由人民检察院负责。审判由人民法院负责。除法律特别规定的以外，其他任何机关、团体和个人都无权行使这些权力。"这样，行政处罚案件的移送，实际上是依照三机关各自不同的司法管辖权限而将案件在行政机关和司法机关之间移送。

3. 移送的目的。行政机关将行政处罚案件移送的主要目的是依法追究犯罪行为人的刑事责任，防止行政机关以行政处罚代替刑事处罚。对于违法行为已涉嫌犯罪的相对人而言，仅对其施以行政处罚已不足以惩治违法行为人，宣示法律的威严。为了矫正违法行为，弥补其对社会秩序的损害和破坏，必须对其追究刑事责任。司法机关向行政机关的移送，旨在使依法不需要追究刑事责任或者免予刑事处罚的违法行为人，承担与其违法行为相应的行政违法责任。

4. 移送的内容。行政机关及司法机关在移送案件时应当全案移送，同时将所收集的证据材料全部移交。本条规定，行政处罚实施机关与司法机关之间应当加强协调配合，加强证据材料移交、接收衔接。对于行政执法程序中收集的相关证据能否在刑事程序中直接适用，根据《刑事诉讼法》及《公安机关办理刑事案件程序规定》，主要有直接适用和重新收集两种形式。在行政执法与刑事司法行刑衔接中，行政证据的合理高效使用制度还有待司法实践进一步完善。

二、关于案件处理信息通报问题

对于移送的案件，行政机关和司法机关之间应当加强信息共享，相互通报移送案件的进展和处理情况，建立并完善案件处理信息通报机制。这一方面便于行政机关和司法机关统一执法司法尺度，另一方面也能够使行政执法行为与刑事司法行为有机衔接起来。

三、实践中需要注意的问题

本条所规定的行政执法和刑事司法的衔接是从立法或是制度设计上的宏

观考虑，在具体的实践中，行政执法和刑事司法的衔接则需要在具体的个案中去实现，这就需要行政处罚实施机关以及司法机关加强沟通协调和配合协作，从而让这一制度真正发挥实效。

（杜月秋 撰写）

第二十八条　【改正违法行为及没收违法所得】行政机关实施行政处罚时，应当责令当事人改正或者限期改正违法行为。

当事人有违法所得，除依法应当退赔的外，应当予以没收。违法所得是指实施违法行为所取得的款项。法律、行政法规、部门规章对违法所得的计算另有规定的，从其规定。

【修改提示】

一、关于违法行为的改正问题

实施行政处罚的根本目的是纠正违法行为，维护公共利益和社会秩序，以保护公民、法人或者其他组织的合法权益。其中，纠正违法行为、教育公民、法人或者其他组织自觉守法非常重要。因此，行政机关在处理违法案件时，无论将对违法行为人处以何种行政处罚，都应首先要求违法行为人及时纠正违法行为。在这一立法精神的指引下，本条第 1 款沿用修订前的《行政处罚法》第 23 条的表述，要求行政机关在实施行政处罚时，应当责令当事人改正或者限期改正违法行为。实践中，违法行为千差万别，有些较轻微的违法行为可以立即改正，但也有相当一部分违法行为情况比较复杂，立即改正确有困难的，行政机关可以限期改正。但无论是立即改正还是限期改正，对于违法行为都必须依法纠正，不能以罚代纠，因为行政处罚的首要任务就是纠正违法行为。在行政处罚实践中，一些行政执法机关和组织实施行政处罚不是从维护公共秩序，保护公民、法人或者其他组织的合法权益及纠正违法行为出发，而是从本部门利益出发，甚至是从提高本部门经济效益出发，对违法行为只罚不管，以罚代管，致使一些违法活动不能得到及时制止，甚至造成更严重的违法，这违背了行政处罚的根本目的，也违背了本法的立法精神。

二、关于违法所得的退赔问题

本条第 2 款明确，当事人有违法所得，除依法应当退赔的外，应当予以没收。关于是否应当退赔，在本法修订过程中也有争议。一种观点认为，在修订时增加规定："有违法所得且有确定受害人的，应当责令退赔或者返还受害人；没有受害人、无法确定受害人或者退赔、返还受害人后的剩余部分，应当依法予以没收。”另一种观点认为，如果行为人的违法所得确实属于受害人的合法权益，受害人完全可以在民事法律关系中寻求充分救济，责令退赔还会极大增加行政执法成本，缺乏现实可操作性。本法最终采用了第一种观点，明确违法所得依法应当予以退赔。

三、关于违法所得数额的具体认定问题

行政执法实践中，违法所得应当如何认定一直是困扰执法人员的一个问题，也是颇具争议的一个问题。违法所得的确定在一定程度上体现了公权力与私权利的对立和统一，一方面要制裁违法行为人，维护公共管理秩序，保护受害人的合法权益；另一方面也要对违法行为人的正当权益予以维护，防止因行政处罚不当侵犯行政相对人的正当权益。理论上，对违法所得的认定存在“总额说”与“净额说”两种观点，二者的分歧在于在计算违法所得时是否应当扣除相关的成本和税费等开支。“总额说”主张，以违法行为直接获得的收入作为违法所得，不扣除投资成本、纳税、人力资源成本等间接费用。“净额说”主张，不法利益的计算应扣除行为人取得该不法利益所缴纳的法定规费和合理支出等必要成本，以实现过罚相当。[①] 对此，有学者认为，违法所得应该指违反法律法规等义务规范产生的全部利益，这种利益应当扣除已经缴纳的税费，但不能扣除所谓的成本。对于当事人投入的成本而言，需要考虑到成本投入后所发生的性质转化。尽管所投入的成本在违法活动开始前可能具有适法性，但因为其用于违法活动，本身已经和违法活动及其收益发生了实质混同，成为违法活动经济利益的一部分，在没收时便不能将其排除。[②] 因此，在违法所得数额的具体认定上，以违法行为直接获得的收入扣除当事人已经缴纳的税费，作为违法所得的数额较为适宜。

四、关于本法对现有法律、法规、规章违法所得之规定的认可问题

在执法实践中，关于违法所得的相关法律、行政法规及规章众多，对于违法所得也有不同的处理方式，比如，《食品安全法》规定直接没收违法所

---

① 参见马怀德：《〈行政处罚法〉修改中的几个争议问题》，载《中国政法大学学报》2020 年第 4 期。

② 参见马怀德：《〈行政处罚法〉修改中的几个争议问题》，载《中国政法大学学报》2020 年第 4 期。

得，《保险法》规定没收违法所得与以违法所得为基数的罚款并处，《民办教育促进法》规定以退还为前提没收违法所得，《证券投资基金法》规定以违法所得作为罚款数额的依据，《财政违法行为处罚处分条例》规定限期退还违法所得等多种不同处理方式。本条第 2 款规定，“法律、行政法规、部门规章对违法所得的计算另有规定的，从其规定”，据此，本法对法律、行政法规及规章所规定的这些处理方式均予以认可。

（杜月秋　撰写）

第二十九条　【同一行为不得重复处罚】对当事人的同一个违法行为，不得给予两次以上罚款的行政处罚。同一个违法行为违反多个法律规范应当给予罚款处罚的，按照罚款数额高的规定处罚。

【修改提示】

本条是对修订前的《行政处罚法》第 24 条的修改和补充，与修订前的《行政处罚法》第 24 条相比，本条增加了“同一个违法行为违反多个法律规范应当给予罚款处罚的，按照罚款数额高的规定处罚”的内容，解决了在出现同一个违法行为违反多个法律规范应当给予罚款处罚的情形时，究竟应当适用哪一法律规范进行处罚的问题，明确了违法行为人的法律责任，有利于防止实践中不同行政机关互相推诿或者争相处罚的现象。

【条文解读与法律适用】

本条第一句明确了一事不再罚原则，并在此原则基础上，补充规定了同一个违法行为违反多个应当罚款的法律规范时如何处理的规范竞合规则。

一、关于“一事不再罚”的理解问题

一事不再罚，又称“一行为不二罚”和“禁止双重处罚”。从名称上即可看出，该原则用于限制国家针对当事人的同一个违法行为设定或实施多个处罚。所谓多个处罚，既包括针对一个违法行为已经进行处罚后，再以其他规范为依据进行追罚，也包括同时做出多个处罚。一般认为，一事不再罚原则来源于刑事司法领域，乃刑事法治的基本原则和要求。这一刑事上的原则是否可以无缝衔接到行政法领域，曾经经历过一番讨论。行政法体系庞大，被授权行政主体众多，行政法规范各自有其出发点和侧重保护的权益，采取的保护措施方式也不尽相同。因此，多个行政机关各司其职，执行不同法律规范，对同一违法行为完全可能采取不同的处理方式，以调整当事人的权利义务和保护公共利益。例如，同一个违法行为在甲规范中应当处以罚款，在乙规范中应当吊销营业执照，则不能简单以受过罚款为由逃避被吊销营业执

照的后果。因此，本条沿袭修订前的《行政处罚法》第 24 条的规定，将一事不再罚原则限定在罚款这一单一的行政处罚种类之中，其他行政处罚种类则不受此原则拘束。

二、关于规范竞合的问题

明确了一事不再罚原则的适用范围，随之而来的问题是，同一个违法行为违反多个法律规范，多个法律规范规定都应当给予罚款处罚，究竟应当按照哪一个法律规范进行罚款？此外，由于不同法律规范的执法主体不同，这一问题还影响到究竟应当由哪一个行政机关作出行政处罚。本条采取了法律责任适用的吸收主义立场，规定了从一重罚的适用规则，即应当适用罚款数额高的规定予以处罚。在最高人民法院指导案例 139 号“上海鑫晶山建材开发有限公司诉上海市金山区环境保护局环境行政处罚案”[①] 中，法院裁判认为：企业、事业单位和其他生产经营者堆放、处理固体废物产生的臭气浓度超过大气污染物排放标准，环境保护主管部门适用处罚较重的《大气污染防治法》对其进行处罚，企业、事业单位和其他生产经营者主张应当适用《固体废物污染环境防治法》对其进行处罚的，人民法院不予支持。《固体废物污染环境防治法》第 68 条[②]规定的处罚幅度是处 1 万元以上 10 万元以下的罚款，《大气污染防治法》第 99 条规定的处罚幅度是并处 10 万元以上 100 万元以下的罚款，该指导案例即为适用罚款数额高的规定的典型案例。

三、关于“同一个违法行为”的理解问题

适用本条必须正确理解“同一个违法行为”，即“一行为”。如果存在多个违法行为，则完全可能给予两次以上的行政处罚，包括两次以上的罚款。需要说明的是，所谓一行为，必然是个案判断的问题，无法通过规范、概念等进行抽象、统一的认定。尽管如此，从概念上阐述行为的单一性仍然非常必要。在法理上，一行为可以区分为“自然一行为”和“法律上一行为”。所谓“自然一行为”，系指不具有法律思维的普通人民群众，通过自身生活经验，采取自然观察等方式，可以认为某行为具备单一性的特点。所谓“法律

---

① 参见最高人民法院指导案例第 139 号：上海鑫晶山建材开发有限公司诉上海市金山区环境保护局环境行政处罚案。

② 《固体废物污染环境防治法》已于 2020 年 4 月修订，2020 年 9 月正式实施，该案例援引第 68 条的条文内容已被修改，此处为修改前的条文。

上一行为”，是从法上之权利义务角度，尤其是从义务的角度可以认为属于同一行为。法律上一行为包括但不限于以下几种情形：

一是法律明确规定为一个行为。这是从行政法上义务的构成要件角度出发进行的拟制。即法律、行政法规、规章的构成要件已经对数个自然一行为进行了概括归纳，认为这些行为加在一起，违反了一个行政法的义务，则只需评价一次即可。

二是连续性行为。在某一个时空范围内，以同一方式重复实施相同或者相类似的行为，各行为之间又具有紧密的相互关系。例如，经营者针对不同消费者连续派发虚假广告的行为。

三是继续性行为。行为时间存在一定的持续性，且在持续期间内均构成非法。行为持续期间短暂的停止违法，并不中断继续性行为。例如，未经行政许可而从事应获许可事项。在实务中需要区分行为的继续与结果状态的继续。前者是指在持续期间内始终在实施某行为，因此相应的追责时效应当从行为终了时起算；后者是指行为已经结束，只是行为造成的事实效果一直在持续，甚至可以宽泛地说所有违法行为的结果状态都不可能百分之百被消除，因此相应的追责时效应当从行为完成时起算，而非结果状态消除时。

四、关于两次以上罚款的问题

如前所述，本条所规范的一事不再罚原则，限于罚款这种处罚种类。本法第 9 条规定的处罚种类包括：（1）警告、通报批评；（2）罚款、没收违法所得、没收非法财物；（3）暂扣许可证件、降低资质等级、吊销许可证件；（4）限制开展生产经营活动、责令停产停业、责令关闭、限制从业；（5）行政拘留；（6）法律、行政法规规定的其他行政处罚。因此，罚款与其他处罚种类、其他处罚种类之间，并没有不能并罚的问题。行政处罚只是负担性行政行为的一种，因此罚款与其他非行政处罚的负担性行政行为之间，也不存在不能同时适用的问题。但是，在同时适用罚款与其他行政处罚、其他非行政处罚的负担性行政行为时，应当注意考虑比例原则的适用。

五、关于多个法律规范的竞合问题

本条规范竞合部分所称“多个法律规范”，既包括多个不同的法律、法规、规章，也包括同一法律、法规、规章中的多个条文。需要说明的是，这里的多个法律规范之间，应该不存在特别法与一般法的关系，否则应当适用特别法进行处罚，而非适用罚款数额高的规定。

六、关于“罚款数额高的规定”的理解问题

如何理解“按照罚款数额高的规定处罚”？是不同行政机关分别履行行政程序，明确拟罚款的金额之后，互相协商比较，再作出一个数额较高的处罚，还是直接比较两种违法行为法律责任中罚款的幅度？实务中，出于行政效率和可操作性的考量，应当理解为后者为宜。例如，甲规范的罚款幅度是5000元到10000元，乙规范的处罚幅度是1000元到50000元，则应当按照乙规范的规定处罚。如此，也更符合本条后半句的语义。但是，乙规范所授权的行政机关在裁量罚款金额时，应当将甲规范的罚款幅度也纳入裁量要素予以考虑，一般不得低于甲规范的处罚幅度下限。

上述情形主要适用于同步启动的行政程序。如果适用甲规范的行政程序已经完成，行政机关不知道乙规范的存在，已经作出了罚款决定，则出于法秩序安定的考虑，没有必要把已作出的罚款决定撤销，再由适用乙规范的行政机关启动行政程序作出数额更高的罚款决定。换句话说，适用乙规范的行政机关应当受到本条第一句的拘束，而无适用本条第二句的空间。但是，适用乙规范的行政机关可以通过内部行政方式告知适用甲规范的行政机关。

七、关于本条与本法第25条的关系问题

《行政处罚法》第25条规定：“两个以上行政机关都有管辖权的，由最先立案的行政机关管辖。对管辖发生争议的，应当协商解决，协商不成的，报请共同的上一级行政机关指定管辖；也可以直接由共同的上一级行政机关指定管辖。”该条所调整的是两个以上行政机关都有管辖权，如何确定管辖的问题。而本条涉及的问题是同一个违法行为违反多个法律规范，多个行政机关都有权主管。主管和管辖是两个不同层面的问题。授权于甲规范的行政机关，不得以授权于乙规范的行政机关已经立案为由不予立案，也不应启动管辖权争议程序。

八、关于一事不再罚与一事不再理的区别问题

一事不再罚不同于诉讼法上一事不再理。后者的处理方式是从程序上裁定不予立案或者裁定驳回起诉，前者的处理方式是在实体上不再课予（罚款）处罚。但是，不处罚不等于不评价行为的违法性。如果授权于甲规范的行政机关发现授权于乙规范的行政机关已经立案，且乙规范的罚款数额高，授权于甲规范的行政机关也不应当不予立案。正确的做法是该行政机关依据甲规范启动行政程序，并评价行为的违法性，同时依据本条规定不予罚款，终结行政程序。相应地，虽然不受处罚，但相对人认为行为虽然违反乙规范应受罚款，但并不违反甲规范，则对行政机关依据甲规范不予处罚的决定，也应当有权起诉请求予以撤销。

（夏文浩　撰写）

第三十条　【对未成年人处罚的限制】 不满十四周岁的未成年人有违法行为的，不予行政处罚，责令监护人加以管教；已满十四周岁不满十八周岁的未成年人有违法行为的，应当从轻或者减轻行政处罚。

【修改提示】

本条是对修订前的《行政处罚法》第 25 条的修改和补充，与修订前的《行政处罚法》第 25 条相比，本条将“不满十四周岁的人”修改为“不满十四周岁的未成年人”，将“已满十四周岁不满十八周岁的人”修改为“已满十四周岁不满十八周岁的未成年人”。对于已满十四周岁不满十八周岁的未成年人有违法行为的，在从轻或者减轻行政处罚之前增加“应当”二字。

【条文解读与法律适用】

对行为人予以行政处罚，应当以行为人具备责任能力为前提。自然人行为人的年龄对于其是否具备责任能力具有重要意义。不满十四周岁的未成年人，心智尚未成熟，欠缺辨别是非能力；已满十四周岁不满十八周岁的未成年人，虽已接近成年，但仍涉世未深，对行为违法性的认知可能不足。而且，《未成年人保护法》亦明文规定，“给予未成年人特殊、优先保护”。参考《民法典》及《刑法》的规定，行政处罚的责任能力按照年龄也应被划分为三段：完全责任能力、限制责任能力和无责任能力。本条基本承继了修订前的《行政处罚法》第 25 条的内容，将“不满十四周岁的未成年人”规定为无责任能力，将“已满十四周岁不满十八周岁的未成年人”规定为限制责任能力。相应地，“已满十八周岁”即为具有完全责任能力。需要指出的是，不满十四周岁的未成年人实施的违法行为仍然具备违法性，只不过因为欠缺责任能力而不予处罚。

《民法典》第 17 条规定：“十八周岁以上的自然人为成年人。不满十八周岁的自然人为未成年人。”《未成年人保护法》第 2 条规定：“本法所称未成年人是指未满十八周岁的公民。”因此，本条的适用范围与修改前并无本质区别，但使用“未成年人”取代“人”，与《民法典》《未成年人保护法》相衔接，在法律用语上更加规范。

一、关于“已满”和“不满”的理解问题

修订后的《行政处罚法》的附则部分没有对“以上”“以下”“不满”等用语进行定义，因此对“已满”和“不满”的理解适用应当遵循语义解释的一般规则。《民法典》第 13 条规定“自然人从出生时起到死亡时止”。第 17 条规定：“十八周岁以上的自然人为成年人。不满十八周岁的自然人为未成年人。”因此，自然人在十四周岁生日当天实施违法行为的，不能适用“不予行政处罚”的规定；自然人在十八周岁生日当天实施违法行为的，不能适用“应当从轻或者减轻行政处罚”的规定。

二、关于生日的认定问题

《民法典》第 15 条规定：“自然人的出生时间和死亡时间，以出生证明、死亡证明记载的时间为准；没有出生证明、死亡证明的，以户籍登记或者其他有效身份登记记载的时间为准。有其他证据足以推翻以上记载时间的，以该证据证明的时间为准。”《居民身份证法》第 2 条规定：“居住在中华人民共和国境内的年满十六周岁的中国公民，应当依照本法的规定申请领取居民身份证；未满十六周岁的中国公民，可以依照本法的规定申请领取居民身份证。”第 3 条规定，居民身份证登记的项目包括出生日期。根据上引法律规定，身份证作为法定的证明文件，登记和颁发身份证作为具备外部法律效力的行政行为，在行政程序中出于行政效率的考虑，行政机关首先应当按照身份证上记载的出生日期来认定年龄。不满十六周岁的中国公民或者外国人，可以以户口簿、护照、驾照等其他有效身份登记记载的时间为准。但是，如果行政程序中出现了出生证明，或者其他证明力更强的证据，行政机关应当根据证据规则正确认定行为人的年龄。

三、关于责令监护人加以管教的适用问题

对于“不满十四周岁的未成年人实施违法行为”，行政机关不对该未成年人课予行政处罚，但不意味着该违法行为没有责任人。行政机关应当责令监护人加以管教。行政机关如果仅仅对未成年人不予处罚，而未对监护人作出责令加以管教的决定，则构成不履行法定职责。责令监护人加以管教属于具有负担性的行政行为，行政机关应当注意履行法定程序，听取监护人的陈述和申辩。不满十四周岁的未成年人实施违法行为，既可能有监护人失责导致的，也可能有监护人确实无能为力导致的，但监护人在法律上具有针对未成年人严加看管和教育引导的责任。行政机关对监护人作出责令决定的内容，应当尽可能具体、明确、可执行，且应当与未成年人所实施的违法行为相关。

四、关于应当从轻或者减轻行政处罚的适用问题

针对已满十四周岁不满十八周岁的未成年人实施的违法行为，本条在从轻或者减轻行政处罚之前增加了“应当”二字。从立法技术角度，这一规定更加规范。本条适用时需要注意，“应当”二字既修饰“从轻或者减轻行政处罚”，即相对于成年人实施相同违法行为的处罚，应当从轻或者减轻；同时，“应当”也修饰“行政处罚”，即相对于不满十四周岁的未成年人，已满十四周岁不满十八周岁的未成年人实施违法行为的，不能不予处罚。

（夏文浩　撰写）

第三十一条 【对精神病人、智力残疾人处罚的限制】精神病人、智力残疾人在不能辨认或者不能控制自己行为时有违法行为的，不予行政处罚，但应当责令其监护人严加看管和治疗。间歇性精神病人在精神正常时有违法行为的，应当给予行政处罚。尚未完全丧失辨认或者控制自己行为能力的精神病人、智力残疾人有违法行为的，可以从轻或者减轻行政处罚。

【修改提示】

本条是对修订前的《行政处罚法》第 26 条的修改和补充，与修订前的《行政处罚法》第 26 条相比，本条在精神病人之外增加了关于“智力残疾人”的规定；在末尾处新增了“尚未完全丧失辨认或者控制自己行为能力的精神病人、智力残疾人有违法行为的，可以从轻或者减轻行政处罚”的规定。

【条文解读与法律适用】

本条对于患有精神病、智力残疾的违法行为人如何适用行政处罚作了特殊规定。精神病人是指由于患有各种精神疾病或心理活动障碍导致患者歪曲反映客观现实，丧失社会适应能力，伤害自身或扰乱社会秩序的人。智力残疾人是指智力明显低于一般人的水平并显示具有行为障碍的人，包括在智力发育期间由各种有害因素导致的精神发育不全、智力迟钝或智力发育成熟后由各种有害因素导致的智力损害或老年期的智力明显衰退。

本条规定以精神病人、智力残疾人是否有行为能力、是否能够辨认或者控制自己的行为为标准，来确定其是否要为其违法行为负责，是否要受到行政处罚。按照本条规定，精神病人、智力残疾人在不能辨认或者不能控制自己行为的时候实施违法行为的，不予处罚，但是应当责令其监护人严加看管和治疗。这里规定的“不能辨认”和“不能控制”是选择性的，即只要精神病人、智力残疾人符合其一，就不予处罚。对于违法行为人是否属于精神病人、智力残疾人，则要进行科学和客观的判断，避免主观臆断。实践中，精神病和智力残疾的种类很多、发病原因复杂、丧失意识和意志能力的轻重程度各不相同，因此在确定违法行为人有无行政责任能力时，应当全面了解违法行为人及其实施违法行为时的情况，同时向有关知情人充分调查取证，必要时应当经法医或者其他医疗部门鉴定，当有充分证据证明精神病人、智力残疾人在实施违法行为时完全不能辨认或者不能控制自己行为的，才能不予行政处罚。

精神病人、智力残疾人实施违法行为的，虽然不予行政处罚，但也不应放任不管，任其危害自身、他人和社会，应当责令其监护人严加看管和治疗。根据《民法典》第 21 条、第 22 条规定，不能辨认自己行为的成年人为无民事行为能力人，不能完全辨认自己行为的成年人为限制民事行为能力人。《民法典》第 28 条规定："无民事行为能力或者限制民事行为能力的成年人，由下列有监护能力的人按顺序担任监护人：（一）配偶；（二）父母、子女；（三）其他近亲属；（四）其他愿意担任监护人的个人或者组织，但是须经被监护人住所地的居民委员会、村民委员会或者民政部门同意。"监护人应当认真履行其监护职责，对违法精神病人、智力残疾人严加看管和治疗。《民法典》第 34 条第 3 款规定："监护人不履行监护职责或者侵害被监护人的合法权益的，应当承担法律责任。"第 36 条第 1 款规定："监护人有下列情形之一的，人民法院根据有关个人或者组织的申请，撤销其监护人资格，安排必要的临时监护措施，并按照最有利于被监护人的原则依法指定监护人：（一）实施严重损害被监护人身心健康的行为；（二）怠于履行监护职责，或者无法履行监护职责且拒绝将监护职责部分或者全部委托给他人，导致被监护人处于危困状态；（三）实施严重侵害被监护人合法权益的其他行为。"精神病人、智力残疾人有违法行为不予行政处罚的，如果给他人造成了侵权损害，监护人要按照《民法典》的相关规定承担民事责任，监护人尽了监护责任的，可以适当减轻其民事责任。

本条对间歇性精神病人在精神正常的时候实施违法行为如何处理作了明确规定。间歇性精神病人是指精神并非一直处于错乱而完全失去辨认或者控制自己行为的能力，其精神疾病有时发作、有时不发作，精神有时正常、有时不正常的精神病人。在间歇性精神病人精神正常的情况下，他们具有辨认和控制自己行为的能力，与常人无异，不存在不能辨认或者不能控制自己行为的不予处罚前提条件，故此时实施违法行为的，应当予以处罚。

本条对尚未完全丧失辨认或者控制自己行为能力的精神病人、智力残疾人实施违法行为如何处理也做了明确规定。该类违法行为人虽系精神病人、智力残疾人，但对自己行为仍有一定的辨认或者控制能力，故应当对自己违法行为承担一定的责任。由于精神病、智力残疾导致辨认和控制行为能力的部分丧失，故可以从轻或者减轻处罚，从轻或减轻的具体幅度取决于丧失辨认和控制行为能力的多少。

（曹晟　撰写）

第三十二条　【从轻、减轻处罚的条件】当事人有下列情形之一，应当从轻或者减轻行政处罚：

（一）主动消除或者减轻违法行为危害后果的；

（二）受他人胁迫或者诱骗实施违法行为的；

（三）主动供述行政机关尚未掌握的违法行为的；

（四）配合行政机关查处违法行为有立功表现的；

（五）法律、法规、规章规定其他应当从轻或者减轻行政处罚的。

【修改提示】

本条是对修订前的《行政处罚法》第27条的修改和补充，本条在修订前的《行政处罚法》第27条第1款第2项增加了受诱骗实施违法行为的规定；增加了“主动供述行政机关尚未掌握的违法行为的”作为第3项；第5项明确了其他从轻或者减轻行政处罚应由法律、法规、规章规定；删除原第2款作为本法第33条。

【条文解读与法律适用】

本条规定的从轻处罚，是指行政相对人确有违法行为应当给予某类行政处罚，在该类行政处罚的幅度内选择较轻或者最轻的处罚。减轻处罚，是指行政相对人确有违法行为应当给予某类行政处罚，在该类行政处罚的下一档处罚幅度内给予行政处罚。

根据本条规定，当事人有下列情形之一的，应当在法定范围内从轻或者减轻行政处罚：

一是主动消除或者减轻违法后果的。违法行为一般都会有危害社会的后果，有的造成了被侵害人的财产损失、人身伤害或是精神损害，有的破坏了公共秩序、危害了公共安全或是扰乱了社会管理秩序。违法后果越严重，社会危害性就越大，越应当从严处罚；反之，如果行为人及时主动地消除或者减轻违法后果，减低了对社会的危害，就应当从轻或者减轻行政处罚。主动消除或者减轻违法后果，意味着违法行为人主观上认识到了自己的错误，有悔改表现，对其从轻或者减轻处罚也符合处罚和教育相结合的原则。

二是受他人胁迫或者诱骗实施违法行为的。受他人胁迫或者诱骗是指行为人在受到强制或者欺骗的情况下非完全自愿实施违法行为。当事人虽然受到他人欺骗、威逼或强制，但并未完全丧失意志自由，其违法行为本质上仍然是受其意志支配的行为，不能完全不予处罚。由于违法行为人受到他人胁迫或者诱骗，主观恶性相对较小，因而应当从轻或减轻其处罚。如果行为人在他人欺骗或者强迫下完全丧失了对自身行为的辨认和控制能力，其本人对违法行为后果持完全反对态度，则不能认为其实施了违法行为，不应当予以行政处罚。

三是主动供述行政机关尚未掌握的违法行为的。这里所说"主动供述行政机关尚未掌握的违法行为"，既包括在行政机关尚未发现违法行为人之前主动向行政机关供述自己的违法行为，也包括在被行政机关调查后主动供述行政机关尚未掌握的自己的其他违法行为。如果供述的是行政机关尚未掌握的他人的违法行为则不属于这种情况，符合立功条件的，按照本条第 4 项处理。主动供述违法行为表现了违法行为人改恶向善的意愿，相对于负隅顽抗甚至故意编造谎言误导行政机关调查工作的违法行为人而言，更易于教育，适用较轻的行政处罚即可达到处罚目的。应当注意的是，实践中有的违法行为人供述违法事实后，对自己的行为性质进行辩解，这种情况可以视为陈述或申辩，不影响供述情节的成立。

四是配合行政机关查处违法行为有立功表现的。这里规定的"立功表现"，主要是指违法行为人在实施违法行为后，揭发其他违法犯罪事实并经查证属实；提供重要线索使其他案件得以顺利查处；阻止他人的违法犯罪活动以及有其他突出贡献的等情况。《刑法》第 68 条对此也有类似规定，有立功表现的，可以从轻或者减轻处罚；有重大立功表现的，可以减轻或者免除处罚。本条规定给了违法行为人改过自新、服务社会的机会，也有利于打击其他各类违法犯罪活动。

五是法律、法规、规章规定其他应当从轻或者减轻行政处罚的。本项是兜底条款。例如，《治安管理处罚法》第 19 条规定："违反治安管理有下列情形之一的，减轻处罚或者不予处罚：（一）情节特别轻微的；（二）主动消除或者减轻违法后果，并取得被侵害人谅解的；（三）出于他人胁迫或者诱骗的；（四）主动投案，向公安机关如实陈述自己的违法行为的；（五）有立功表现的。”应当指出的是，从轻或者减轻行政处罚必须由法律、法规、规章规定，一般行政规范性文件不得设定此类规则。根据《立法法》相关规定，“法律、法规、规章”包括全国人大及其常委会制定的法律、国务院制定的行政法规以及依法制定的各种地方性法规、自治条例、单行条例、部门规章、地方政府规章等。

（曹晟　撰写）

第三十三条 【不予处罚的条件】 **违法行为轻微并及时改正，没有造成危害后果的，不予行政处罚。初次违法且危害后果轻微并及时改正的，可以不予行政处罚。**

当事人有证据足以证明没有主观过错的，不予行政处罚。法律、行政法规另有规定的，从其规定。

对当事人的违法行为依法不予行政处罚的，行政机关应当对当事人进行教育。

【修改提示】

本条是《行政处罚法》此次修订的亮点之一，在社会上引发了广泛关注和热烈反响。本条不仅对修订前的《行政处罚法》第 27 条第 2 款“违法行为轻微并及时纠正，没有造成危害后果的，不予行政处罚”之规定进行了补充完善，同时增加了“首违不罚”“没有明显过错的不罚”等不予行政处罚的法定适用情形，进一步强化了处罚与教育相结合的原则，提高了全社会对行政处罚的认可度。

行政处罚具有制止和惩戒违法行为的性质，同时也有预防和减少违法行为的功能。对严重违法行为进行严厉查处和打击，既是对违法者的惩戒，也是对潜在违法活动的警示。但行政执法的价值绝不是“为罚而罚”，而是要达到预防违法的实际效果。因此，大力推行“柔性执法”，对轻微违法者进行说服教育同样也能起到防止和减少严重违法行为、降低社会危害性的作用。

“首违不罚”制度是在各地立法执法实践的基础上上升为国家立法的。2004 年 3 月底，原浙江省杭州市物价局在全市范围内开展商品明码标价专项整治行动，探索采取“首违不罚”制度，对首次查到没有做好明码标价的商家，不直接作出罚款，而是先对其教育，帮助商家健全包括明码标价管理在内的价格管理制度，提高诚信意识。原江苏省质监局在省内部分市县试点的基础上，于 2009 年 3 月出台《江苏省质量技术监督局“首违不罚”暂行规定》，明确列举了“企业未在产品或者产品说明书、包装物上标注所执行的标准编号，或者标注过期标准编号的”等 22 种违法行为，实行“首违不罚”；

该规定同时指出“生产、销售危及人体健康和人身、财产安全或者有其他严重质量问题产品等违反法律法规、危害市场经济秩序的违法行为，不适用本规定”。2019 年 3 月，上海市司法局、上海市市场监督管理局、上海市应急管理局联合印发了《市场轻微违法违规经营行为免罚清单》，成为全国首例“免罚清单”。此后，湖北、江苏南通、江苏苏州、浙江温州、山东青岛、广东深圳等十个省市市场监管部门相继出台了有关“免罚清单”的规定。理论界也多次呼吁尽快建立国家层面的“首违不罚”制度。“重视行政处罚中免予处罚的适用，是包容审慎监管理念的必然要求，也是对行政执法资源有限性的回应，更是适应营商环境建设的现实需求。”①

修订前的《行政处罚法》并未对当事人的主观过错进行严格区分。因为行政行为注重效率，如果立法对当事人的主观过错的区分进行严格的要求，将不利于行政管理的高效性，也不利于行政目的的实现。本次修法之所以增加“无过错不罚”规定，并将是否存在过错的举证责任转移给当事人，其立法目的是在保障当事人合法权益的前提下，又避免行政管理和执法效率的过度降低、成本的大幅增加，同时也体现了遵循现代法治社会追求的过罚相当、罚当其则的法治理念。

【条文解读与法律适用】

不予行政处罚，即不予处罚，是指行政机关依照法律、法规的规定，因为有法定事由的存在，对本应给予行政处罚的违法行为人，免除对其作出行政处罚。不予处罚的行为在本质上仍然属于违法行为，与正当防卫行为、紧急避险行为等免除违法性的行为在本质上存在不同，而后者属于合法行为的范畴。

一、关于“违法行为轻微并及时改正，没有造成危害后果”的理解问题

违法行为轻微并及时改正，没有造成危害后果的，是不予行政处罚的法定适用情形之一。只有同时满足违法行为轻微、及时改正、没有造成危害后果三个条件，行政机关才可以不予行政处罚。

---

① 张红：《免予行政处罚制度的现实困境与解决之道》，载《中国司法》2020 年第 4 期。

1. 违法行为轻微。立法本身没有对“违法行为轻微”进行概念界定和情形列举，在执法实践中既有赖于单行法律规范的进一步细化明确，也离不开行政执法机关的自由裁量。一般而言，判断一个违法行为是否轻微，需要从违法行为的事实、性质、情节和社会危害性等几个方面进行综合考虑。从实践操作的角度看，一般包括以下情况：一是违法行为单一且行为只违反一个规定，而不是多个规定，例如，占道经营但对交通不产生明显影响的；二是没有主观故意，即当事人并非故意违反法律规定或者存在明显正当的事由；三是涉案金额较少；等等。

2. 及时纠正。对于“及时”的判断，关键在于采取纠正措施时间节点的确定。及时纠正，即实施违法行为尚未造成危害后果时及时采取纠正措施以防止危害结果的发生。如果是危害结果已经发生之后才积极采取措施及时纠正的，虽然能够反映出当事人的主观态度，但也只能将其作为一个量罚因素予以考虑。

3. 没有造成危害后果。行政处罚通常并不以损害结果的发生作为构成要件，而是以行为人不履行行政法上的义务为基础。但是，某个违法行为所产生的危害后果通常能够反映出该行为社会危害性的大小。这里的关键在于，危害后果的范围必须以违反行政法义务的行为所指向的利益是否受到法律保护为标准，利益未受到法律保护，就没有所谓的后果。例如，违法行为人在收到自然资源管理部门作出的《责令停止土地违法行为通知书》之前就已经自行纠正了违法行为，恢复了土地原状，也就意味着先前被破坏的土地管理秩序已经得到恢复，违法行为没有造成危害后果。一般情况下，“没有造成危害后果”是需要相应证据予以证明的。

二、关于“初次违法且危害后果轻微并及时改正”的理解问题

初次违法且危害后果轻微并及时改正的，可以不予行政处罚，其适用的前提除了同时符合初次违法、危害后果轻微、及时改正三个条件之外，还包括当事人所实施的违法行为系轻微违法行为。

1. 初次违法。初次违法，是指当事人第一次实施违法行为 。如果当事人存在多次违法的情况，即便违法行为轻微、及时纠正且没有危害后果，行政机关一般也不能不予行政处罚。

2. 危害后果轻微。危害后果轻微是指当事人实施了违法行为且已经造成了危害后果，只不过这种危害后果相对较轻。

3. 及时改正。是指当事人对其实施的违法行为已经及时改正。

三、关于“当事人有证据足以证明没有主观过错”的理解问题

我国《刑法》采取的是严格的过错归责原则，主客观相统一才能定罪量刑，在刑事诉讼中，公诉机关只有证明被告人的不法行为是在故意或过失主观状态下实施的，才能依法要求人民法院追究其刑事责任。修订后的《行政处罚法》适度借鉴了刑法犯罪理论，虽然仍坚持过错推定的归责原则，但允许当事人可以提供其确实没有主观过错的证据，以免除其本应承担的行政处罚责任。

1. 当事人需要主动收集自身没有过错的证据。当事人主观上是否存在过错，这一举证责任在于当事人，不在行政机关，当事人只有在行政程序中主动收集其自身没有过错的证据并提交给行政机关，才有可能不被行政处罚。当然，是否主动收集证据对于当事人而言是法定权利，其可以自行处分。当事人在行政程序中能够收集到其没有主观过错的证据但怠于收集的，而后在行政复议、行政诉讼程序中提交其没有主观过错的证据，对此人民法院应当严格审查，依法确定该证据是否可以采信。

2. 收集的证据应当达到足以证明自己没有过错的程度。“足以证明”是指当事人提供的证据完全可以达到证明自己没有过错的程度，这样的证据既可以是一个单独的但具有关键性的证据，也可以是多个但相互关联、能够形成证据链条的一组证据。

3. 法律、行政法规另有规定的，从其规定。这里是指法律、行政法规如果明确规定当事人承担行政处罚责任并不以其主观上是否存在过错为前提的，就不适用本条的规定。例如，《道路交通安全法》第92条第1款规定：“公路客运车辆载客超过额定乘员的，处二百元以上五百元以下罚款；超过额定乘员百分之二十或者违反规定载货的，处五百元以上二千元以下罚款。”根据该规定，只要公路客运车辆存在载客超过额定乘员的情况，即应当受到行政处罚。

四、关于主观过错是否属于应受行政处罚的违法行为的构成要件问题

本法第2条规定：“行政处罚是指行政机关依法对违反行政管理秩序的公民、法人或者其他组织，以减损权益或者增加义务的方式予以惩戒的行为。”

根据该条规定，原则上只要当事人实施了违反行政管理秩序的行为，即应当予以处罚，而不苛求其主观要件。只有在部分情况下，当事人实施的违法行为需具有主观过错，才能给予行政处罚。例如，《道路交通安全法》第95条第2款规定："故意遮挡、污损或者不按规定安装机动车号牌的，依照本法第九十条的规定予以处罚。"

"从构成要件上说，行政处罚不应当过多强调主观要件。一方面，基于行政处罚在秩序维护等方面的特点，大部分行政处罚均以客观违法行为作为核心要件，无论相对人有无主观过错，只要客观上违反了行政法律规范，都应该给予行政处罚。另一方面，由于相对人的主观方面需要更多的证据加以证明，而在搜集证据过程中，如果要求行政执法机关举证证明行为人存在主观过错，有故意或者过失的，这会加重行政执法机关的负担。"[①] 但这并不意味着行政处罚采取完全的客观归责主义，对不具备可谴责性的行为也要进行行政处罚。事实上，从当事人违反了某种行政管理秩序、违反行政法律规范的客观结果看，可以推定其主观上存在故意或者过失。也就是说，行政法律规范一般性地设定了当事人的权利义务，对于行政法规范的违反即可以认定其违反了客观注意义务。

五、关于作出不予行政处罚应当同时落实教育义务的问题

本条第3款规定，对当事人的违法行为依法不予行政处罚的，行政机关应当对当事人进行教育。无论是"首违不罚"还是"没有明显过错的不罚"，行政机关作出不予行政处罚后，都应当对当事人进行教育，以符合本法第6条"实施行政处罚，纠正违法行为，应当坚持处罚与教育相结合，教育公民、法人或者其他组织自觉守法"之规定。

行政机关履行教育职责时原则上应当是书面形式，或者以电子记录等形式予以载明，在内容上主要是以违法性认识和相关法律法规知识的普及为主，以增强当事人对自身违法行为的深刻认识，避免再次实施类似违法行为。例如，有的地方交通警察部门规定，对于"首违不罚"的违法行为，先由交警告知当事人违法行为的基本事实和依据，予以口头警告、教育，再开具执法告知单，并录入执法告知系统，不予罚款；对已经进行过警告、执法告知的，

---

① 马怀德：《〈行政处罚法〉修改中的几个争议问题》，载《华东政法大学学报》2020年第4期。

如再次出现相同交通违法行为，依法给予罚款处罚。

六、实践中需要注意的问题

1. “可以不予行政处罚”不等于“不予行政处罚”。前者赋予了行政机关以自由裁量权；后者属于法定情形，行政机关一般没有自由裁量的空间。

2. 及时纠正并不禁止当事人在受到外在压力下予以纠正。本着有利于当事人的解释原则，对于轻微的违法行为，只要其纠正后没有对公共秩序造成危害，哪怕当事人是在“被迫”的主观状态下及时纠正的，也应当认为其是符合“及时纠正”这一规定的。

3. “首违不罚”仅适用于轻微违法行为，对涉及公民生命健康安全、社会公共利益、国家利益等违法行为不适用。

（吕长城　撰写）

第三十四条 【行政处罚裁量基准】 行政机关可以依法制定行政处罚裁量基准，规范行使行政处罚裁量权。行政处罚裁量基准应当向社会公布。

【修改提示】

本条属于新增条款，从法律上赋予了行政机关制定行政处罚裁量基准的权力，行政处罚裁量基准应当向社会公布，接受社会监督，这有利于规范行政机关自由裁量权的行使。本条在修改过程中，有观点认为，为维护法制统一和执法标准统一，应当明确市级以上行政机关可以依法制定行政处罚裁量基准，并推动在更高层级确定统一裁量基准。也有观点认为，只有国务院部委、省、自治区、直辖市人民政府具有行政处罚权的行政机关才有权制定行政处罚裁量基准，下级行政机关应当按照行政处罚裁量基准施行行政处罚。另外，还有观点认为，有权机关制定的行政处罚裁量基准应当予以备案，同时明确不执行裁量基准的该如何处理，增加制定机关可以适时修改其制定的行政处罚裁量基准。

关于裁量基准的性质，主要有“规则化裁量基准观”和“具体化裁量基准观”两种观点。“规则化裁量基准观”认为裁量基准是行政机关制定的具有法律效力并为司法所直接适用的一种立法性规则。在法律属性上，这些裁量基准有的属于规章，有的属于行政机关内部的解释性规则。无论裁量基准以什么形式出现，从其实践效力来看，裁量基准制定和实施后，便成为行政执法人员执法的重要执法依据，具有规范效力和内部适用效力。这种内部适用效力，又将进一步延伸至行政相对方，因而具有了外部效力。①“具体化裁量基准观”认为裁量基准是行政执法机关对其所执行的行政法律规范的具体化。具体而言，裁量基准是指行政执法者在行政法律规范没有提供适用要件和法律效果的规定，或者虽然提供了适用要件和法律效果的规定，但据此不足以获得处理具体行政案件所需要的严谨且完整的判断标准时，按照立法者的本

---

① 参见王锡锌：《自由裁量权基准：技术的创新还是误用》，载《法学研究》2008 年第 5 期。

意、在行政法律规范规定的范围内、以具体“要件 + 法律效果”规定的形式设定的判断标准。其存在形式包括两种，一种是上一级行政机关事先以规范文件形式设定的裁量基准，另一种是行政执法机关在作出行政行为时以行政行为理由形式设定的裁量基准，这个由上级行政机关以规范性文件形式设定的裁量标准也只是一种行政内部规定，并不具有拘束力的规则。[①] 还有观点认为，“裁量基准”一词实际上可以在两个意义上被使用。一是行政机关在具体的个案裁量中所设定的作为其依据或理由的判断选择标准，它相当于上述“具体化裁量基准观”中所谓的“行政执法机关在作出行政行为时以行政行为理由形式设定的裁量基准”；二是以规范性文件的形式所设定的用以确定抽象的个案裁量所普遍适用的标准，它相当于上述“具体化裁量基准观”中所谓的“上级行政机关事先以规范性文件形式设定的裁量基准”。[②]

【条文解读与法律适用】

在 1996 年《行政处罚法》及修订前的《行政处罚法》中未规定行政处罚裁量基准的条款。不过，2020 年 10 月召开的十三届全国人大常委会第二十二次会议上审议的《行政处罚法（二审稿）》第 38 条拟增加行政处罚裁量基准的规定。“有权必有责”，行政机关虽然享有制定行政处罚裁量基准的权力，但应当在法定范围内制定，并接受社会监督；行政机关制定违反上位法规定的行政处罚裁量基准的，应当承担相应的法律责任。行政机关依据裁量基准作出行政处罚行为的，应当符合比例原则。

行政处罚裁量基准司法审查主要涉及两个问题：一是行政处罚裁量基准是否可以作为司法审查的依据；二是人民法院在具体案件中，应当如何审查行政处罚裁量基准的合法性。

对于第一个问题，行政处罚裁量基准只能作为行政执法机关处罚依据的补强，不能单独作为行政执法机关的处罚依据。同时，也不能单独成为人民

---

① 参见王天华：《裁量标准基本理论问题刍议》，载《浙江学刊》2006 年第 6 期。

② 参见周佑勇：《行政裁量基准研究》，中国人民大学出版社 2015 年版，第 32 页。

法院在司法审查中的主要依据。[①] 主要理由有二：其一，《行政诉讼法》已经明确，行政行为合法性证明的“依据”并不包括裁量基准；其二，裁量基准是论证的“依据”而不是《行政诉讼法》所说的“法定依据”，因而裁量基准对人民法院是无拘束力的，它只是作为一种证据用于补强说明行政行为的合理性，不能作为人民法院认定行政处罚合法性的主要依据。

对于第二个问题，《行政诉讼法》第53条规定：“公民、法人或者其他组织认为行政行为所依据的国务院部门和地方人民政府及其部门制定的规范性文件不合法，在对行政行为提起诉讼时，可以一并请求对该规范性文件进行审查。前款规定的规范性文件不含规章。”第64条规定：“人民法院在审理行政案件中，经审查认为本法第五十三条规定的规范性文件不合法的，不作为认定行政行为合法的依据，并向制定机关提出处理建议。”可见，行政处罚裁量基准作为规范性文件的一种形式，可以成为司法审查的对象。行政相对人可以通过提起规范性文件附带审查方式，请求人民法院审查行政处罚裁量基准的合法性。人民法院对行政处罚裁量基准的审查应当注意如下方面：

一是审查行政处罚裁量基准的程序合法性，行政处罚裁量基准是否具有公众参与因素、是否履行了公开义务等方面。

二是审查行政处罚裁量基准的形式违法性，行政处罚裁量基准是否具有上位法依据、是否与上位法存在冲突以及超出了授权范围等。

三是审查行政处罚裁量基准的实质违法性，人民法院可以从“目的是否适当”“是否考虑了不相关因素或没有考虑不相关因素”“显失公正”三个方面认定行政处罚裁量基准是否存在实质违法性的问题。同时，人民法院也可以从比例原则出发，进一步权衡行政处罚裁量基准是否存在实质违法性问题。

另外，行政机关在作出行政处罚时，明确将相关裁量基准作为处罚依据的，该裁量基准应当是已经向社会公布的，未向社会公布的裁量基准不得作

---

① 在类似问题上，最高人民法院曾在1997年发布的法发〔1997〕15号《关于司法解释工作的若干规定》（已失效）第14条规定：“司法解释与有关法律规定一并作为人民法院判决或裁定的依据时，应当在司法文书中援引。援引司法解释作为判决或者裁定的依据，应当先引用适用的法律条款，再引用适用的司法解释条款。”

为行政处罚的依据。但是，人民法院对涉及规范性、专业性较强的以及包含不确定法律概念的裁量基准进行审查时，应当尊重行政机关的专业性，对此类裁量基准的审查，人民法院应当保持一定谦抑性。

（李卫华　撰写）

第三十五条 【刑罚的折抵】违法行为构成犯罪，人民法院判处拘役或者有期徒刑时，行政机关已经给予当事人行政拘留的，应当依法折抵相应刑期。

违法行为构成犯罪，人民法院判处罚金时，行政机关已经给予当事人罚款的，应当折抵相应罚金；行政机关尚未给予当事人罚款的，不再给予罚款。

【修改提示】

本条是在修订前的《行政处罚法》第28条规定的基础上进行的补充，体现了重责吸收轻责的原则，本次修订在第2款中增加了“行政机关尚未给予当事人罚款的，不再给予罚款”的规定，进一步明确了人民法院对违法行为人已经判处罚金的，行政机关不得再作出罚款的行政处罚，更为充分地保障了当事人的合法权益。

行政处罚与刑罚同属于公法领域，共同承担着保护公共利益和维护社会公共秩序的法律功能，都具有制裁性、惩罚性的法律特征，但二者在性质、形式和功能等方面都存在不同。对于构成犯罪的违法行为，在法理上应当可以同时适用行政处罚与刑罚，但在实践中并非在任何情况下都有同时适用行政处罚与刑罚的合理性和必要性；为防止对当事人同一性质权益的过度剥夺，立法规定对于功能相同或相似的行政处罚与刑罚在适用时应当受到一定的限制。①

【条文解读与法律适用】

本条规定的刑事责任与行政责任可以折抵，其理论基础主要是“一事不再理”，即针对当事人的同一违法行为不应作出性质相同的两种处罚：

其一，刑罚和行政处罚针对的应当是同一行为。无论是拘役或者有期徒

① 参见王圆圆：《行政犯罪既不能“以罚代刑”，也不能“以刑代罚”》，载《人民论坛》2016年第9期。

刑、罚金的折抵，都应建立在“同一行为”的基础之上。“同一行为”既可以是判决认定的同一性质的全部犯罪行为，也可以是同一性质的部分犯罪行为。只要是在刑事判决之前已经受到过行政拘留、罚款的行为，后又作为犯罪事实的全部或一部分加以认定，即可依法折抵。

其二，必须是行政处罚已经被执行完毕但刑罚尚未开始执行。如果行政机关对违法行为还未作出行政处罚或者行政处罚虽然作出但尚未执行，在此情形下若人民法院对犯罪行为判处刑罚，鉴于司法权的优先性和终局性，只需要执行刑罚即可，不存在折抵行政处罚的问题。

其三，必须是相同类型的处罚才可以折抵。第一，以行政拘留折抵相应刑期。根据本条规定，行政拘留的期限应当折抵拘役或有期徒刑的期限，具体方法是行政拘留 1 日，折抵相应的刑期 1 日。至于行政拘留和管制能否折抵的问题，参照《刑法》第 69 条第 2 款①的规定精神，行政拘留与管制不能折抵，二者可以合并适用，即对行为人执行行政拘留后，对人民法院判处的管制刑罚仍须执行。第二，以罚款折抵罚金。对于行政机关已经处以罚款的案件，如果人民法院认为所处罚款不足以惩治犯罪的，对其有必要判处罚金刑时，可以对其再处以罚金刑，但在适用中，人民法院应当考虑行为人已被罚款这一因素，根据罪责刑相适应原则，罚款应当折抵相应数额的罚金。

一、关于不同性质的处罚能否合并适用的问题

如果已作出的行政处罚和刑罚的种类性质不相同，则二者可以各自适用，互不影响，不存在折抵问题。其一，如果人民法院对犯罪行为人已经判处拘役、有期徒刑等自由刑，或者已并处或单处罚金刑后，行政机关认为有必要的，还可以对违法行为人作出没收违法所得、责令停产停业、吊销许可证等性质不同的行政处罚；如果没有判处罚金刑，行政机关还可以根据案件情况对违法行为人作出罚款。例如，在追究生产、销售有毒有害食品犯罪行为人刑事责任的同时，市场监督管理部门还可以对违法行为人处以没收用于违法生产经营的工具、设备、原料等物品，吊销许可证等行政处罚。又如，对于醉酒驾驶机动车构成危险驾驶罪的，人民法院在追究犯罪行为人刑事责任后，

① 《刑法》第 69 条第 2 款规定：“数罪中有判处有期徒刑和拘役的，执行有期徒刑。数罪中有判处有期徒刑和管制，或者拘役和管制的，有期徒刑、拘役执行完毕后，管制仍须执行。”

公安机关交通管理部门还应当依法对驾驶人作出吊销机动车驾驶证、终生不得重新取得机动车驾驶证的行政处罚。

二、关于是否可以再次作出相同性质的处罚问题

如果人民法院对犯罪行为已经判处罚金刑的，行政机关不应再作出罚款的行政处罚。因为，罚款与罚金二者内容和目的相同，都是通过责令行为人交纳一定数额的金钱，达到经济上的制裁目的，但是罚金的制裁性质比罚款更为严厉，通过人民法院判处罚金就已实现经济制裁目的，没有必要也不宜再对当事人就同一行为作出罚款的行政处罚。如果人民法院对犯罪行为已判处拘役或有期徒刑等自由刑，行政机关也不应再作出与之性质相同的限制人身自由的行政拘留处罚。

三、实践中需要注意的问题

第一，行政处罚与刑罚的折抵只是相同性质处罚的合并吸收，不同性质的处罚是不能折抵的，有关机关也不能以当事人已经受过行政处罚为由放弃依法追究其刑事责任，即不能以罚代刑。

第二，本条所规定的“折抵”的事实基础是“已经给予当事人行政拘留的”和“已经给予当事人罚款的”。立法所强调的是“已经”形成拘留和罚款的客观事实，与行政处罚本身是否合法有效没有必然联系，所要解决的是如何保障当事人不再重复承担行政处罚与刑罚两种法律责任中相同性质的处罚。

第三，本条规定的有效落实有赖于建立全国性的行政执法与刑事司法信息共享平台。尤其是对于刑事司法机关与行政处罚机关不在同一行政区域的，信息共享是依法有效折抵的基础。

（吕长城　撰写）

第三十六条 【行政处罚的时效】违法行为在二年内未被发现的，不再给予行政处罚；涉及公民生命健康安全、金融安全且有危害后果的，上述期限延长至五年。法律另有规定的除外。

前款规定的期限，从违法行为发生之日起计算；违法行为有连续或者继续状态的，从行为终了之日起计算。

【修改提示】

立法规定行政处罚的时效制度，其宗旨是在寻求提高社会效率与维系社会秩序稳定之间实现恰当平衡，同时也督促行政机关依法履行行政处罚职责，尤其是对违法行为及时进行立案并调查取证。

本条第 1 款是对修订前的《行政处罚法》第 29 条第 1 款规定的部分修订，增加了“涉及公民生命健康安全、金融安全且有危害后果的，上述期限延长至五年”之规定。最初公布的《行政处罚法（一审稿）》只是将“涉及公民生命健康安全的违法行为的追责期限由二年延长至五年”①。在草案审议过程中，有人提出，也应当将涉及金融安全且有危害后果的违法行为，追责期限延长至五年，并最终被立法机关采纳。立法之所以要明确将涉及公民生命健康安全、金融安全且有危害后果的两类行为的追责时效延长至五年，是因为这两类违法行为有其特殊性。涉及公民生命健康安全的违法行为，如生产明显不符合安全标准的食品药品、医疗器械、疫苗、小汽车等违法行为，不仅侵害了消费者的生命健康权，也是对公共安全的极大威胁。而随着我国经济、金融的快速发展，金融机构的数量、业务品种、资产规模快速上升，金融领域违法违规行为隐蔽性强、持续时间长、社会危害大、不良影响多年不易消除，而金融监管部门受诸多因素制约，检查频次、覆盖面相对有限，二年内很难发现金融违法行为的存在，也就难以实施行政处罚，使得部分机构和领域金融风险日益积累，严重威胁国家金融稳定和经济安全。正是充分考虑涉及公民生命健康安全的重要性和金融领域行政执法的特殊性，立法才作出了上述修改。

---

① 参见许安标：《关于〈中华人民共和国行政处罚法（修订草案）〉的说明》，2020 年 6 月 28 日。

本条第2款与修订前的《行政处罚法》第29条第2款规定保持一致，未作修改。

【条文解读与法律适用】

一、关于“未被发现”的理解问题

“未被发现”的判断标准原则上是以行政机关是否已经立案为标准；或者虽然没有正式立案，但已经对违法行为进行了初步的调查取证，也属于对违法行为的发现。如果违反行政管理秩序的行为在发生的二年内已被行政机关发现，但违法行为人在二年内未被查获或者违法行为人故意逃避行政处罚，在二年后被行政机关查获的，仍应当依法给予其行政处罚。这里的行政机关不能仅仅理解为具有法定管辖权的行政机关，不具有管辖权的行政机关在二年内发现违法行为并立案后，在二年期限届满后发现自己无管辖权的，移交给有管辖权的行政机关，不能视为违法行为超过了法定追责时效。此外，根据2004年12月24日《全国人民代表大会常务委员会法制工作委员会关于提请明确对行政处罚追诉时效“二年未被发现”认定问题的函的研究意见》（法工委复字〔2004〕27号）的精神，群众举报后被认定属实的，发现时效以举报时间为准。

二、关于“法律另有规定的除外”的理解问题

法律另有规定的除外，是指《行政处罚法》以外的其他法律可以对违法行为的追责时效单独作出规定，不受本条二年、五年期限的限制。这里的法律仅指狭义的法律，即全国人民代表大会及其常务委员会制定、通过的规范性文件。主要有以下情形：一是有的违法行为较其他违法行为轻微，但依法又不能完全免除行政处罚，为体现行政处罚的公正性，在确定追责时效方面不宜作统一规定，而应当通过单行立法作出短于二年的例外规定。例如，《治安管理处罚法》第22条第1款规定：“违反治安管理行为在六个月内没有被公安机关发现的，不再处罚。”二是有的违法行为的社会危害性比较严重，适用二年的追责时效不利于维护国家利益和社会公共利益，应当通过单行立法作出长于二年的例外规定。除本条已经明确规定的涉及公民生命健康安全、金融安全且有危害后果的违法行为适用五年的追责时效外，还有其他单行法

律作出了例外规定。例如，《税收征收管理法》第86条规定："违反税收法律、行政法规应当给予行政处罚的行为，在五年内未被发现的，不再给予行政处罚。"但该条规定的在五年内未被发现，不再给予行政处罚，仅适用于违反税收法律、行政法规规定的违法行为；如果不属于税收法律、行政法规规定的税务行政违法行为，追责时效仍然适用二年的规定。例如，某公司系扣缴义务人，违反了国家税务总局部门规章《税务登记管理办法》第42条"扣缴义务人未按照规定办理扣缴税款登记的，税务机关应当自发现之日起3日内责令其限期改正，并可处以1000元以下的罚款"的规定，其违法行为就应当适用二年的追责时效。

三、关于追责时效的计算规则问题

行政处罚时效从何时起计算，涉及追责时间的长短。本条第2款确定了两种计算规则：其一，一般情况下，从违法行为发生之日起计算。所谓违法行为发生之日，应当理解为违法行为成立之日。如驾车闯红灯，该违法行为发生的当天即为时效的起算点。其二，违法行为有连续或者继续状态的，从行为终了之日起计算。违法行为的连续状态，参照《国务院法制办公室对湖北省人民政府法制办公室〈关于如何确认违法行为连续或继续状态的请示〉的复函》（国法函〔2005〕442号）规定，是指当事人基于同一个违法故意在一定时间内连续实施数个独立的行政违法行为，并触犯同一个行政处罚规定的情形，如驾驶人连续闯多个红灯。违法行为的继续状态，是指行为人的一个违法行为发生之后，该行为及其造成的不法状态一直处于不间断的持续状态，如违法建筑建成使用后一直持续存在。违法行为的连续状态在本质上是数个独立的违法行为，只是时间上有间隔；违法行为的继续状态本质上是一个违法行为，只是处于不间断的持续状态。

四、关于本条第1款五年追责期限的适用前提问题

虽然本法将涉及公民生命健康安全、金融安全的违法行为的追责时效从两年延长至五年，但该期限的适用必须具备两个前提：

其一，违法行为在性质上应当属于涉及公民生命健康安全、金融安全的违法行为。公民生命健康安全、金融安全均属于不特定的法律概念，需要单行法律法规的进一步明确。有的单行法律法规从其立法目的就能够判断出该法规定的违法行为是否涉及公民生命健康安全、金融安全。例如，《食品安全法》第1条规定："为了保证食品安全，保障公众身体健康和生命安全，制定本法。"《医疗器械监督管理条例》第1条规定："为了保证医疗器械的安全、有效，保障人体健康和生命安全，制定本条例。"《人民币管理条例》第1条规定："为了加强对人民币的管理，维护人民币的信誉，稳定金融秩序，根据《中华人民共和国中国人民银行法》，制定本条例。"诸如此类的单行法律规范中涉及的行政违法行为，都属于涉及公民生命健康安全、金融安全的违法行为。但有些法律规范的立法目的并不涉及公民生命健康安全、金融安全，仅仅是其中涉及的部分违法行为与公民生命健康安全、金融安全直接相关。例如，《产品质量法》第1条规定："为了加强对产品质量的监督管理，提高产品质量水平，明确产品质量责任，保护消费者的合法权益，维护社会经济秩序，制定本法。"从立法目的无法判断该法涉及的违法行为是否涉及公民生命健康安全。该法第49条规定："生产、销售不符合保障人体健康和人身、财产安全的国家标准、行业标准的产品的，责令停止生产、销售，没收违法生产、销售的产品，并处违法生产、销售产品（包括已售出和未售出的产品，下同）货值金额等值以上三倍以下的罚款；有违法所得的，并处没收违法所得；情节严重的，吊销营业执照；构成犯罪的，依法追究刑事责任。"显然该条涉及的"生产、销售不符合保障人体健康和人身、财产安全的国家标准、行业标准的产品的"这一违法行为应当适用五年的追责时效。而该法第53条规定的"伪造产品产地的，伪造或者冒用他人厂名、厂址的，伪造或者冒用认证标志等质量标志的"等违法行为就不直接涉及公民生命健康安全，不能适用五年的追责时效。

其二，应当有危害后果的存在。即使违法行为涉及公民生命健康安全、金融安全，但没有造成危害后果，依然只能适用二年的追责时效。例如，生产企业虽然生产了不符合保障人体健康和人身、财产安全的国家标准、行业标准的产品，但一直存放在企业仓库，在未流入市场之前就被行政机关查获，对该违法行为的处罚就不能适用五年的追责时效。

五、实践中需要注意的问题

如果行政机关对已经超过追责时效的违法行为进行了立案，在调查过程中发现该违法行为已经超过了法定追责时效，应当及时终止调查，并撤销案件。

（吕长城 撰写）

第三十七条　【法律适用的从旧兼从轻原则】实施行政处罚，适用违法行为发生时的法律、法规、规章的规定。但是，作出行政处罚决定时，法律、法规、规章已被修改或者废止，且新的规定处罚较轻或者不认为是违法的，适用新的规定。

【修改提示】

本条系新增条文，规定了行政处罚法律适用上“从旧兼从轻”的原则。根据本条的规定，行政主体作出处罚行为涉及新旧法律规范的选择时，应当遵从“从旧兼从轻”适用原则，即从更有利于被处罚人的角度作出行政处罚。

【条文解读与法律适用】

一、严格遵循“法不溯及既往”的法治原则

1979 年《刑法》第 9 条已明确规定了“从旧兼从轻”的适用原则，禁止溯及既往作为罪刑法定原则的适用要求，实践已经较为成熟。现行《立法法》第 93 条对 2000 年《立法法》第 84 条规定的“法律等不溯及既往，但为了更好地保护权利和利益而作的特别规定除外”再次予以明确。《民法典》依据《立法法》的规定，明确坚持法不溯及既往原则，同时规定了“有利溯及”等两种例外情形。① 本法修改明确了行政处罚“从旧兼从轻”的适用原则，是《立法法》第 93 条在行政处罚领域的具体体现，为行政处罚领域的执法、司法提供了基本遵循。

在本法修订之前，《最高人民法院关于印发〈关于审理行政案件适用法律规范问题的座谈会纪要〉的通知》（法〔2004〕96 号）的第三部分关于“关于新旧法律规范的适用规则”规定：“根据行政审判中的普遍认识和做法，行政相对人的行为发生在新法施行以前，具体行政行为作出在新法施行以后，人民法院审查具体行政行为的合法性时，实体问题适用旧法规定，程序问题

---

① 最高人民法院副院长杨万明在“贯彻实施民法典全面完成司法解释清理和首批司法解释”新闻发布会上答新华社记者提问。

适用新法规定，但下列情形除外：（一）法律、法规或规章另有规定的；（二）适用新法对保护行政相对人的合法权益更为有利的；（三）按照具体行政行为的性质应当适用新法的实体规定的。”

二、关于“从旧”或“从新”以及“从轻”和“有利”的适用问题

首先正确理解“违法行为发生时”的情形。一般来讲，违法行为的发生时间和完成时间相同，例如一次性销售某伪劣商品行为、某一次临时违法占道停车行为。但实践中也存在行为处于连续或持续状态，即发生时间和终了时间并不相同的特殊情况，例如违法占地建住房行为、生态环境建设项目“未验先投”行为等。其次需要注意的是，对于违法行为即时完成，发生在新规定实施前，根据本条规定，应该适用旧法，即应适用违法行为发生时的法律、法规、规章的规定；对于违法行为发生在新法规定之后，应当适用新法，即应适用新的法律、法规、规章的规定；对于违法发生在新规定实施前，终了于新规定实施后，此时应该适用新法，即应当适用新的法律、法规、规章的规定。

根据本条规定，新、旧规定均认定为违法行为，本应适用旧规定，但新的规定处罚较轻，则应当适用新的规定；新、旧规定均认定为违法行为，本应适用新规定，但新的规定较之于旧的规定责任更重时，仍应适用旧法的规定；行为发生时的旧规定不认为是违法行为，但行为连续或持续至新规定实施后，新规定认为是违法行为，应适用旧规定。

三、实践中需要注意的问题

第一，适用违法行为发生时的法律、法规、规章的规定，前提应当是发生时有效的法律、法规、规章。

第二，本条的排除适用：一是行为发生、终了及处罚决定作出，均在新规定实施之前；二是行为发生、终了在新规定实施之后的；三是符合本法第 36 条的时效规定，不再给予行政处罚的。

（孙安然　撰写）

第三十八条 【行政处罚的无效】行政处罚没有依据或者实施主体不具有行政主体资格的，行政处罚无效。

违反法定程序构成重大且明显违法的，行政处罚无效。

【修改提示】

本条系新增条文，规定了行政处罚的无效制度。根据本条的规定，行政处罚无效的包括情形：一是实施主体不具有行政主体资格，二是处罚没有法定依据，三是未遵循法定程序构成重大且明显违法。

修订前的《行政处罚法》第 3 条第 2 款规定："没有法定依据或者不遵守法定程序的，行政处罚无效。"学界普遍认为这一规定与行政行为无效理论并不一致，对行政执法实践和司法实践也缺乏指导作用，甚至会引发无效行政行为与一般违法行政行为认定的混乱。①《行政诉讼法》第 75 条规定："行政行为有实施主体不具有行政主体资格或者没有依据等重大且明显违法情形，原告申请确认行政行为无效的，人民法院判决确认无效。"《行政诉讼法》以立法的形式确立了确认无效判决。我国《行政诉讼法》确立行政行为"重大且明显违法"的无效标准，对行政行为效力理论在诉讼程序中作出了回应。修订前的《行政处罚法》第 3 条第 2 款中提到的行政行为无效与《行政诉讼法》上的行政行为无效在内涵和外延上并不相同。本法的修改以此为根据，明确了"重大且明显违法"之无效行政处罚的几种具体情形，厘清了行政处罚无效与行政处罚一般违法的区别，明晰了程序违法程度对处罚效力的影响，等等。

【条文解读与法律适用】

一、关于行政处罚"没有依据"的理解问题

这里的行政处罚没有依据，是指没有法律依据还是事实根据，理论和实

① 参见马怀德：《〈行政处罚法〉修改中的几个争议问题》，载《华东政法大学学报》2020 年第 4 期。

务上有不同的理解。笔者认为，这里的没有依据应该理解成没有“法律依据”而不是“事实根据”，而且应当是指行政处罚全然没有法律依据，或者说在法律上找不出任何依据。也就是说，行政处罚没有法律处罚依据已经达到“重大且明显违法”的程度。否则，不属于本条规定的行政处罚没有依据而无效。行政行为必须由法定机关在权限范围内按照法定程序作出，这是作出行政行为的基本准则。① 大陆法系国家行政法上对于违法的行政行为将撤销作为原则，将认定行政行为无效作为例外。具体而言，对于行政处罚没有依据的行为，应当将“没有依据”与作为撤销事由的“法律、法规适用错误”作出区分。如行政处罚本身具有法律依据，但仅是漏写具体条文，不应认定为行政处罚无效。实践中通常将此类行为认定为“适用法律错误”或“违反法定程序”，属于违法可撤销的行政行为。②

二、关于实施机关不具有行政主体资格的问题

行政主体是指具有行使行政管理职能，能够以自己名义作出行政行为和独立承担法律后果的行政机关或者法律、法规、规章授权的组织。对于行政机关而言，其是否具有行政主体资格，主要是看其是否依法成立和是否有法律法规的授权。对于被授权组织而言，法律、法规、规章一般赋予其特定的职权，授权组织在授权范围内才具有行政主体资格，例如行政机关的内设机构、派出机构或者其他组织，如果行使法律、法规、规章授权的职权，其具有行政主体资格。③ 这里的实施主体不具有行政主体资格包括两种情况：一是行为主体根本就不是行政主体。例如，某区政府所属的兽医卫生监督所并没有经过机构改革“三定方案”认可的机构编制，其没有行政主体资格，其作出行政处罚的违法程度达到了“重大且明显违法”的程度，行政处罚当然无效。又如，某地的公安交巡警支队下属的交巡警大队，在机构改革的“三定方案”中没有这一机构，其作出行政处罚的违法程度显然达到了“重大且明

---

① 参见王名扬：《法国行政法》，北京大学出版社2007年版，第120页。

② 参见最高人民法院指导案例第41号：宣懿成等诉浙江省衢州市国土资源局收回国有土地使用权案；《最高人民法院公报》2000年第4期：兰州常德物资开发部诉兰州市人民政府收回土地使用权批复案。

③ 参见最高人民法院行政审判庭编著：《最高人民法院行政诉讼法司法解释理解与适用（上）》，人民法院出版社2018年版，第456—457页。

显违法”的程度，行政处罚也当然无效。二是行政主体超越了行政职权作出行政处罚。例如，行政拘留的行政处罚只能由公安机关等特定的行政机关行使，假如市场监管局作出行政拘留的人身处罚的，系明显超越职权，构成“重大且明显违法”，当然无效。

三、关于违反法定程序构成重大且明显违法的问题

违反法定程序重大且明显违法，是构成因程序违法而导致处罚无效的条件。[①] 所谓程序重大违法，是指行政行为的实施将给公民、法人或者其他组织的合法权益带来重大影响；所谓程序明显违法，是指行政行为的违法性已经明显到任何有理智的人都能够判断的程度。行政处罚违反法定程序的程度必须同时具备重大与明显两个条件，才构成行政处罚无效。例如，行政机关及其执法人员在作出行政处罚决定之前，未依照法律规定向当事人告知给予行政处罚的事实、理由和依据，或者拒绝听取当事人的陈述、申辩，应当被确认无效。[②] 例如，行政行为应当以书面形式作出，但是没有注明作出机关的处罚无效。其理由是，公民不知道行政行为由谁作出，也不知道对哪个机关作出撤销请求，甚至该书面决定是否为行政机关的行为，是否存在行政行为，均有疑问，将其列为“重大且明显违法”的情形，自然无疑。[③] 此外，程序违法的行政处罚效力认定应当以被处罚主体的合法权益保护为目的，并结合其他因素综合考虑，需要达到非确认无效不足以保障被处罚主体的合法权益的程度。因此，对于行政处罚未遵守法定程序构成重大明显违法情形的认定应当非常谨慎。

四、实践中需要注意的问题

第一，本条的行政处罚“没有依据”应当理解为没有“法律依据”，而不是“事实根据”，而且行政处罚没有依据已经达到“重大且明显违法”的

---

① 2018 年《行诉解释》第 99 条规定：“有下列情形之一的，属于行政诉讼法第七十五条规定的‘重大且明显违法’：（一）行政行为实施主体不具有行政主体资格；（二）减损权利或者增加义务的行政行为没有法律规范依据；（三）行政行为的内容客观上不可能实施；（四）其他重大且明显违法的情形。”

② 参见最高人民法院行政审判庭编著：《中华人民共和国行政诉讼法及司法解释条文理解与适用》，人民法院出版社 2015 年版，第 498—500 页。

③ 参见江必新、梁凤云等编著：《行政诉讼法司法解释实务指南与疑难解答》，中国法制出版社 2018 年版，第 353 页。

程度。

第二，本条“实施主体不具有行政主体资格”作出行政处罚的违法达到了“重大且明显违法”的程度，例如机构改革“三定方案”中并没有编制的实施主体作出处罚的，市场监管局明显超越职权作出行政拘留的人身处罚的。

第三，“重大且明显违法”的程度是判断行政处罚无效的根本准则。尽管本条的这一规定一定程度上具体规定了行政处罚无效的情形，但考虑到行政行为的无效是自始无效、当然无效，对行政法律秩序可能产生的影响较大，从维护法安定性，维护行政存续公益性的角度出发，实践应该对本条予以准确理解和适用，行政处罚只有达到了“重大且明显违法”的程度才属于无效，对无效事由的界定应当抱持相对审慎的立场。①

（孙安然　撰写）

① 参见翁岳生主编：《行政法》，中国法制出版社2009年版，第677页。

第五章　行政处罚的决定

本章概述

本章是关于行政处罚决定的规定，共4节27条，相对于修订前的《行政处罚法》而言，具有以下突出特点：一是体系更加科学、合理。修订前的《行政处罚法》第五章共3节14条，本次修法不仅增加了大量条款，还根据条文内容将本章划分为一般规定、简易程序、普通程序、听证程序四节，体系更加完善、合理，将原来第二节“一般程序”的表述改为“普通程序”的表述，也与《行政诉讼法》相衔接。二是细化行政处罚程序规定，对当事人权益的保护更加完善。对行政处罚证据、执法人员回避、办案程序、当事人陈述、申辩及听证权等方面的规定更加完善，表述更加严谨。三是进一步巩固了行政执法体制改革成果。本章的相关条文在行政处罚领域体现了行政执法公示制度、行政执法全过程记录制度、重大执法决定法制审核制度“三项制度”改革成果。四是行政处罚的方式、手段更加与时俱进。本章规定了电子技术监控设备等非现场执法以及应对重大传染病疫情等突发事件的要求，适当提高了适用简易程序的罚款数额，更加适应行政执法实际的需要。具体而言，本章对行政处罚决定的相关内容作出了如下有针对性的规定：一是在第39条、第48条和第50条明确行政处罚信息公开与保密要求。二是在第47条体现行政处罚全过程记录。三是在第41条、第58条细化行政处罚法制审核程序。四是在第41条、第61条体现电子信息技术在行政处罚中的运用。五是在第40条、第46条和第47条明确行政处罚证据种类和非法证据排除规则。六是在第42条、第43条和第55条强调行政执法人员规范、文明、公正执法。七是在第49条增加突发事件快速应对措施。八是在第43条完善回避制度。九是在第51条、第52条和第53条完善了简易程序。十是在第63条、第64条和第65条完善听证程序。十一是在第54条、第60条强调办案期限、节点。

第一节　一般规定

第三十九条　【行政处罚信息公示】行政处罚的实施机关、立案依据、实施程序和救济渠道等信息应当公示。

【修改提示】

本条规定是此次修法新增加的条款。本条通过列举加兜底的方式对行政处罚应公示的内容作出了规定，明确规定“行政处罚的实施机关、立案依据、实施程序和救济渠道”四个方面的内容必须予以公示，除此之外，以“等”字涵盖了未尽的信息公示内容。本条规定是《政府信息公开条例》施行后，又一重要执法领域的专项公开规定，是行政执法公示制度的权责清单公示、事前公开制度在行政处罚领域的体现。本条要求行政机关要全面准确及时主动公开行政处罚的主体、人员、职责、权限、依据、程序、救济渠道和随机抽查事项清单等信息。对保障当事人和社会公众知情权、参与权、表达权、监督权，提高行政处罚的公开透明度具有重要意义。

【条文解读与法律适用】

一、关于行政处罚信息公示范围的理解

一是行政处罚的实施机关。行政管理涉及领域非常广泛，不同法律对不同违法行为实施行政处罚的行政主体规定不一，主要包括法定有权机关、法律、法规授权组织及受委托组织等，故应将具体的实施机关予以明确并向社会公示。本法第18条规定了相对集中行政处罚权制度，第24条规定了行政处罚权下放到乡镇、街道行使。本法实施后，综合执法横向集中行使、纵向下沉执法很可能在省以下不同地区以不同方式推进，部分地区在实施集中执法、下沉执法后，执法主体可能与相关领域的法律、法规规定的主体有所区别。此种情形下，需及时将变更后的特定领域、区域层级等实施行政处罚的机关向社会公示。

二是行政处罚的立案依据。立案是行政机关根据实体法规定，在掌握初步违法线索后所进行的程序行为。对于什么行为需要进行立案查处并给予行政处罚，除本法外，还涉及治安、城管、运输、卫生、工商、税务、水务、生态保护等领域的相关实体法律规定，亦应向社会公示。需要说明的是，本条所讲的依据并不仅仅指法律，还包括行政法规、地方性法规、国务院部门规章、地方政府规章等。在没有上位法依据的情形下，规范性文件不应作为行政处罚的立案依据，其公示的条文也不得设定行政处罚。

三是行政处罚的实施程序。本法第五章共计 27 个条文对行政处罚程序进行了专项规定，不同的实体法中也包含其规制领域中实施相关行政处罚的具体程序规定，上述相关规定均需向社会公示，在约束行政机关的同时，让公众知晓其权利的保障途径。除上述法定程序外，如行政机关针对某执法领域实施制定了更高或更细的行政处罚程序标准，且将其作为执法要求，则该实施程序亦应主动向社会公示，接受公众监督，并严格依照执行。

四是行政处罚的救济渠道。当事人对行政处罚决定不服的，可以按照法律规定寻求救济，相应的救济渠道需向当事人公示。行政机关应尽可能将所有救济途径一次性、全面地向当事人进行告知。

五是其他行政处罚信息。本条所列“等信息”中的“等”系“等外等”，即不限于上述几种情形。与行政处罚相关的、需要社会公众或当事人知晓的其他相关信息，亦应予以公示。

二、行政处罚信息公示的具体适用

本条采用“公示”字样，而非“公开”表述，表明对相关信息对外进行告知的方式及途径，较于一般“公开”而言，应更具有明示性，即应采取更便于当事人明确知晓的方式和方法向其公示。行政机关应全面准确及时主动公开行政处罚的主体、人员、职责、权限、依据、程序、救济渠道和随机抽查事项清单等信息。根据有关法律法规，结合自身职权职责，编制并公开本机关的服务指南、执法流程图，明确执法事项名称、受理机构、审批机构、受理条件、办理时限等内容。公开的信息要简明扼要、通俗易懂，并及时根据法律法规及机构职能变化情况进行动态调整。行政机关可以通过政府公报、政府网站或者其他互联网政务媒体、新闻发布会以及报刊、广播、电视等途径予以公开，且应当自该信息形成或者变更之日起20个工作日内及时公开。同时，对于依申请公开上述信息的，行政机关需按照《政府信息公开条例》第30条至第45条等相关规定，依法及时答复并予以公开。

三、行政处罚信息未公示的后果

根据本法第5条第3款之规定，对违法行为给予行政处罚的规定必须公布；未经公布的，不得作为行政处罚的依据。根据第76条第1款第1项之规定，没有法定的行政处罚依据的，由上级行政机关或者有关机关责令改正，对直接负责的主管人员和其他直接责任人员依法给予处分。根据《政府信息公开条例》第53条之规定，存在不依法履行政府信息公开职能、及时更新公开的政府信息内容等情形的，由上一级行政机关责令改正；情节严重的，对负有责任的领导人员和直接责任人员依法给予处分；构成犯罪的，依法追究刑事责任。同时，如行政处罚信息未公示，根据《行政复议法》《行政诉讼法》的相关规定，行政机关可能会面临否定性法律评价，承担不利法律后果。如最高人民法院2014年公布的政府信息公开十大案例之一的“张宏军诉江苏省如皋市物价局政府信息公开案”中，法院认为如皋市物价局对丁堰镇政府作出不予处罚决定的依据即为“皋价发〔2009〕28号”文件，该文件是该局实施行政处罚量罚的参照依据，行政机关针对行政裁量权所作的细化、量化标准应当予以公布，故张宏军申请公开的信息属于应予公开的政府信息。①

（熊文超　撰写）

① 《全国法院政府信息公开十大案例》，载《人民法院报》2014年9月13日，第3版。

第四十条 【行政处罚应当查明事实】公民、法人或者其他组织违反行政管理秩序的行为，依法应当给予行政处罚的，行政机关必须查明事实；违法事实不清、证据不足的，不得给予行政处罚。

【修改提示】

本条与修订前的《行政处罚法》第30条相比，增加了“证据不足”的表述，其余内容未做修改。本条规定明确了行政机关在对违法行为给予行政处罚时，需以查明事实且证据充分为前提，这既是对本法第5条第2款规定“设定和实施行政处罚必须以事实为依据，与违法行为的事实、性质、情节以及社会危害程度相当”的强调与细化，也与三大诉讼法规定的诉讼案件审理“以事实为依据，以法律为准绳”的理念相一致。明确要求行政机关作出行政处罚决定前，必须查明事实，违法事实不清、证据不足的，不得给予行政处罚。

【条文解读与法律适用】

一、关于违反行政管理秩序的行为的理解

秩序，按照《辞海》的解释，“秩，常也；秩序，常度也，指人或事物所在的位置，含有整齐守规则之意”。现实生活中，国家为保证特定领域中的活动能按预期稳定且良序推进，制定了相关法律规定，授权行政机关实施行政管理活动。在国家实施强制性行政管理活动的领域，如公民、法人或者其他组织实施的行为，不符合该领域内的行政管理秩序与要求，造成或者可能造成秩序失常或混乱，侵害或者可能侵害国家、社会或者他人的合法权益，则该行为应被定性为属于“违反行政管理秩序的行为”，具有社会危害性，应当受到法律的否定性评价。需要注意的是，国家社会生活领域众多，有的领域纳入了行政管理范畴，有的领域则未纳入行政管理的范畴，未纳入行政管理范畴内的行为，非本条调整对象。

二、行政机关调查违法事实的具体要求

行政机关对违法事实进行调查并作出处罚决定，应符合以下要求。一是

法律规定应当处罚。本条规定的“依法”，包括法律、行政法规、地方性法规、国务院部门规章及地方政府规章，只要当事人的行为违反了上述任一依据中的规定，就可能会受到行政处罚。二是违法必受罚，不可放纵。本条规定的“应当”需作扩大理解，与相关实体法律中规定的“应当”范围并不一致，相关实体法律规定“可以”进行行政处罚的，行政机关亦有权根据查明的案件决定是否进行行政处罚。此处虽然用了“应当”的表述，但对违反行政管理秩序的行为，在查明事实、证据充分的基础上，违法必受罚，行政机关并没有选择是否处罚的余地；除非法律有明确规定，行政机关不得以其他方式放纵违法行为。三是必须查明事实。查明违法事实是对行政机关的强制性要求，属于行政机关作出行政处罚前应尽的义务。行政机关应当积极主动地对涉案事实进行全面认定，在调查取证时，一方面要收集证据查证与案涉行为相关的客观事实情况，包括对当事人不利的事实和有利的事实，均应予以收集认定；另一方面还需综合考量涉案当事人的主观心理状态，主客观相结合作出全面性的评价，最大限度地实现“过罚相当”。查明事实的时间节点需在立案后、作出行政处罚决定前的时间范围内。即行政机关必须在作出行政处罚决定前查明相关案件事实，而不能囿于审查时限、执法力量等因素，轻率作出认定。即便违法事实清晰，但在尚未形成完整证据链，充分查明案件前因后果时，仍不能采用“先处罚、后补证”的方式作出处罚决定。即便作出行政处罚后，又提供新的证据证明违法行为确实存在，也不能作为先前的定案依据予以采纳，相关行政行为仍应在行政复议或行政诉讼阶段被确认具有违法性。

三、关于不得给予行政处罚的理解

行政机关作出行政处罚必须以违法事实成立为前提，即存在“违法事实不清、证据不足的”等情形时，不能作出行政处罚。对“违法事实不清、证据不足的”认定应当依据条文规定的处罚种类和程度做不同情况的认定。本法第 9 条规定：“行政处罚的种类：（一）警告、通报批评；（二）罚款、没收违法所得、没收非法财物；（三）暂扣许可证件、降低资质等级、吊销许可证件；（四）限制开展生产经营活动、责令停产停业、责令关闭、限制从业；（五）行政拘留；（六）法律、行政法规规定的其他行政处罚。”实践中，行政机关在作出行政处罚决定前，通常不会无任何证据，而是往往搜集了一定的证据。因此，对于限制人身自由权益的行政拘留处罚而言，应适当借鉴刑法中“无罪推定”的认知理论，即在存在或可能存在“违法事实不清、证据不足”的情形时，不得作出行政拘留的处罚。而对于其他种类的处罚类型，应结合当事人行为的性质、法条规定的处罚严厉程度等，判断行政机关查明的证据能否达到认定违法事实的标准。如“南通安江物流有限公司诉南通市盐务管理局行政处罚案”中，南通市盐务局以安江物流公司属虚假公司，其签订虚假配送协议无证批发食盐业务为由，根据《食盐专营办法》第 10 条、第 21 条的规定，责令安江物流公司改正，并对其作出没收食盐 55.56 吨，并处罚款人民币 212160 元的处罚。法院认为，虽然南通市盐务局为证明安江物流公司实施未取得食盐批发许可证经营食盐批发业务的行为，调查收集了大量证据，但是，在安江物流公司对销售行为作出了合理说明及提交了相应证据的情况下，南通市盐务局作出行政处罚所依据的证据，达不到排除合理怀疑的证明标准，因而属于事实不清，证据不足。遂判决撤销南通市盐务局作出的行政处罚决定。①

另外，“不得给予行政处罚”包含“不得给予任何行政处罚”和“不得给予不适当的行政处罚”两个方面。前者是指在违法事实明显不清、证据确实不足的情况下，案涉行为不构成违法，必然不能对当事人作出任何行政处罚；后者是指在违法事实不甚清楚、证据不甚充分的情况下，仅能在已搜集证据佐证的基础上，查明既有事实，并在法律规定的处罚权限内酌情作出处罚认定。如行政机关违反上述规定实施具体行政处罚行为，则可能面临行政复议撤销或行政诉讼败诉等不利后果。

（熊文超　撰写）

---

① 张祺炜、金保阳：《盐业体制改革中对于企业跨区域销售食盐模式应当作从宽认定》，载《中国法院 2020 年度案例》，国家法官学院、最高人民法院司法案例研究院编，中国法制出版社 2020 年版，第 123 页。

第四十一条　【电子技术监控设备的适用】行政机关依照法律、行政法规规定利用电子技术监控设备收集、固定违法事实的，应当经过法制和技术审核，确保电子技术监控设备符合标准、设置合理、标志明显，设置地点应当向社会公布。

电子技术监控设备记录违法事实应当真实、清晰、完整、准确。行政机关应当审核记录内容是否符合要求；未经审核或者经审核不符合要求的，不得作为行政处罚的证据。

行政机关应当及时告知当事人违法事实，并采取信息化手段或者其他措施，为当事人查询、陈述和申辩提供便利。不得限制或者变相限制当事人享有的陈述权、申辩权。

【修改提示】

本条规定是此次修法新增加的条款，意义在于进一步回应科技时代行政执法的客观需求。科学技术的飞速发展不仅给社会生活带来新的影响，也给行政管理方式和手段带来新的变化，单纯靠有限的执法力量通过现场执法方式实现行政管理，已经无法满足行政执法的实际需要，利用科技手段辅助行政执法势在必行。实践中，行政机关运用现代电子信息系统，通过监控、摄像、录像等科学技术手段，在执法人员不直接接触当事人的情况下，收集、固定其违法事实，并据此对其实施行政处罚的执法方式，被称为非现场执法方式,① 对于提高执法效率、缓解执法压力、强化秩序管理等，都具有重要的积极作用。在本次修法过程中，有意见提出，为有效利用高科技手段辅助行政执法，提高行政机关的执法效率，应当适当放宽电子技术监控设备的设置权限，建议将“法律、行政法规”放宽为“法律、法规、规章”。有意见提出，行政机关设置电子技术监控设备，涉及《宪法》规定的人格尊严和《民法典》规定的隐私权，应属法律保留事项，只能由法律规定。也有意见提出，

① 参见茅铭晨：《从自定走向法定——我国〈行政处罚法〉修改背景下的非现场执法程序立法研究》，载《政治与法律》2020 年第 6 期。

为确保电子技术监控设备科学、透明，防止成为“执法陷阱”，建议在“符合标准、设置合理、标志明显”的基础上增加“质量可靠”和“公布设置位置”的要求。还有意见提出，应当进一步细化设置电子技术监控设备的条件、标准，充分保护公民隐私权。还有意见提出，对运用信息化等手段实施行政处罚应当加强规范，要充分体现便民原则，保护当事人的陈述、申辩等权利。经过研究，综合各方面意见建议，形成本条规定内容。

【条文解读与法律适用】

一、电子技术监控设备的设置

设置电子技术监控设备（以下简称监控设备）除应当由法律、行政法规授权外，还应当符合以下三个要求：一是质量要求。监控设备应符合国家、地方制定的统一标准及行业技术标准等。二是合理性要求。监控设备的设置对于维护社会公共安全，实现高效行政管理具有重要意义，但也在一定程度上对公民的隐私权产生威胁。为此，设置监控设备时必须在公民隐私权和社会公共利益间进行妥善的价值衡平，即必须符合合理性要求。具体而言，应当符合以下两个原则：公益原则，即监控设备只能为公共利益、公共安全需要而设置和利用；比例原则，即设置监控设备时，应当选择对公民权利“最小侵害”的方式。例如，道路交通管理部门设置监控设备，应当尽量选择道路交通事故易发、多发，人流、车流量大、交通易拥堵等地段，同时避免监控区域涉及非公共区域。三是公开性要求。监控设备的设置必须全面公开，不仅设置地点要向社会进行公布，而且监控设备本身以及提示标志均要明显可见，不得有故意遮挡等情形。通过隐蔽的监控设备收集违法事实并进而实施行政处罚，实则是“以罚代管”，有悖行政执法的目的正当原则，其收集的违法事实，亦不得作为行政处罚的证据使用。此外，监控设备的设置还应当经过行政机关法制和技术审核。

二、电子技术监控设备记录违法事实的采信

监控设备记录的违法事实，视其作用和外化方式归属于证据种类中的视听资料或电子数据。2012 年《民事诉讼法》首次将电子数据作为独立的证据形式，2014 年《行政诉讼法》亦沿袭了该规定。目前视听资料的范围一般限

于录音资料和录像资料，电子数据则指以电子、光学、磁学或其他类似手段生成、发送、接受或存储的信息证明案件事实的一种证据。[①] 监控设备记录事实作为视听资料或电子数据，因其载体的多样性、隐蔽性，且具有通过科学技术进行编辑及修改的可能性，对其形式要求和审核认定较其他证据应更为严格，除记录事实应当清晰，足以辨明违法行为主体、时间等基础事实外，还必须确保记录事实是客观真实、完整准确的，而非主观推测或者是经非法编辑、删减及篡改的。此外，行政机关对监控设备记录的违法事实进行审核时，还应参照适用《行政诉讼法》及《行政诉讼证据规定》中证据采信的相关规定。

三、当事人的权利保障

当事人在行政处罚过程中享有被告知权，行政机关应当及时告知当事人监控设备收集、固定的违法事实，并方便当事人查阅、陈述和申辩。在非现场执法方式中，当事人对其违法行为以及触犯法律的情形并不当然知晓，此时行政机关的告知义务显得尤为重要，否则极容易造成当事人在毫不知情的情况下多次违法、重复违法，违反“处罚与教育相结合”原则。实践中，多次出现行政机关未告知当事人违法事实而引发的纠纷，如在“杜宝良案”中，杜宝良每日驾驶机动车在同一地点违反禁行规定，累计被监控设备抓拍 105 次，并被处罚款 10500 元，但均未得到通知。后交警部门以内部执法监督的方式予以纠正，杜宝良撤回起诉。[②] 行政机关在告知当事人违法事实时应当注意以下两点：一是及时性。行政机关必须在较短时间内将违法事实告知当事人，有具体规定的应当从其规定。如根据《道路交通安全违法行为处理程序规定》第 20 条规定，道路交通管理部门应当在违法行为信息录入管理系统后 5 日内告知违法行为人或机动车所有人、管理人。二是应当采取信息化手段等简便经济的方式告知。如利用互联网应用程序、短信、网络平台公示等方式及时将违法信息告知当事人。需要注意的是，实践中，部分行政机关将违法事实的告知错误理解为行政处罚决定的作出及送达，如在《违法行为处理通

---

① 江必新、邵长茂：《新行政诉讼法修改条文理解与适用》，中国法制出版社 2015 年版，第 120 页。

② 参见王乃彬：《“同一地点违章百余次被罚万元”事件引发争议》，载《法制日报》2005 年 6 月 6 日，第 5 版。

知书》中告知违法事实及处罚结果，并迳行要求当事人在规定时间内缴纳罚款等。本条规定的违法事实的告知，仅系行政机关在作出行政处罚决定前的程序性行为，以便充分保障当事人的知情以及陈述、申辩权，同时也便于行政机关准确地查明事实，作出相应处理。因此，行政机关在违法事实告知时不得迳行确定处罚结果乃至告知当事人诉权和复议申请权。

（蔡鹏 撰写）

第四十二条　【公正文明执法】行政处罚应当由具有行政执法资格的执法人员实施。执法人员不得少于两人，法律另有规定的除外。

执法人员应当文明执法，尊重和保护当事人合法权益。

【修改提示】

本条规定是此次修法新增加的条款。党的十九届四中全会审议通过的《中共中央关于坚持和完善中国特色社会主义制度、推进国家治理体系和治理能力现代化若干重大问题的决定》指出，健全社会公平正义法治保障制度。坚持有法必依、执法必严、违法必究，严格规范公正文明执法，规范执法自由裁量权，加大关系群众切身利益的重点领域执法力度。为进一步落实严格规范公正文明执法的改革要求，本次修法中新增本条内容，将“文明执法”作为原则性条款规定在第五章“行政处罚的决定”的第一节“一般规定”中。同时，鉴于以往实践中，一些行政机关的执法人员未经正式培训和岗位考核，素质参差不齐，违法执法、粗暴执法的现象时有发生，本条明确规定行政处罚应当由具有行政执法资格的执法人员实施，且执法人员不得少于两人。在本次修法过程中，有意见提出，各地执法证件的样式尚不统一，不利于规范化执法，建议增加规定“执法证件的样式，由国务院统一制定”。对此，《推行行政执法“三项制度”的意见》已明确规定“加强行政执法人员资格管理，统一行政执法证件样式”，司法部办公厅也已下发《关于做好全国统一行政执法证件标准样式实施工作的通知》（司办通〔2020〕78 号），开始全面推进执法证件标准统一工作，故不再重复规定。

【条文解读与法律适用】

一、行政执法人员资格与人数要求

本条第 1 款是关于行政执法人员资格与人数的要求。

作为代表行政机关依法行使职权的工作人员，行政执法人员的责任意识、法治意识和综合素质的高低，直接影响行政执法工作的效果以及行政管理目标的实现。实行行政执法人员资格制度，对于全面提高行政执法人员素质，建立一支政治强、作风硬、业务精的行政执法队伍，规范行政执法行为和提升依法行政水平，实现法治政府建设目标，都具有重要的现实意义。实践中，一些地方政府和部门早已开始尝试实行行政执法人员资格制度，如原交通部1997年即颁布《交通行政执法证件管理规定》（已失效），明确将交通行政执法证件作为交通行政执法人员依法从事公路路政、道路运政、交通规费征稽、水路运政、航道行政、船舶检验、港口行政、水上安全监督、交通卫生监督、交通通信等行政执法工作的资质和身份证明。国务院2004年《全面推进依法行政实施纲要》在全国范围内全面推行行政执法人员资格制度，明确指出："建立健全行政执法主体资格制度。行政执法由行政机关在其法定职权范围内实施，非行政机关的组织未经法律、法规授权或者行政机关的合法委托，不得行使行政执法权；要清理、确认并向社会公告行政执法主体；实行行政执法人员资格制度，没有取得执法资格的不得从事行政执法工作。"本款吸收上述规定精神，明确规定行政处罚执法工作必须由具有行政执法资格的执法人员实施，未依法取得行政执法资格证的人员，不得从事行政处罚执法工作。

行政执法人员在行政处罚执法过程中，应当主动向公民、法人或其他组织出示执法证件表明身份。不出示执法证件表明身份的，公民、法人或其他组织有权拒绝，并有权向相关部门投诉。与此同时，各行政机关也要重视加强行政执法人员资格管理，建立行政执法人员数据库，健全行政执法人员岗前培训和岗位培训制度，建立科学的考核评价体系和人员激励机制，增强执法队伍稳定性。同时，本款规定"执法人员不得少于两人，法律另有规定的除外"，该部分内容原规定于修订前的《行政处罚法》第37条，基于结构体系顺畅的考量，将其移至本款中，是对行政处罚执法程序的进一步规范，从而最大限度地保障当事人的合法权益。

二、文明执法原则

本条第2款是对"文明执法"原则的明确。

"文明执法"是依法行政的应有之义，但作为无明文规定的法律原则，实践中部分行政机关基于执法效率等各方面因素的考虑，往往将之抛在脑后，迳行通过简单粗暴的方式完成执法任务，如夜间执法、突袭执法等，不仅无法实现预期的行政管理目标，反而严重激化矛盾，影响社会和谐稳定。本款直接将“文明执法”这一抽象性的法律原则具化为法律条款，明确要求行政执法人员在执法过程中必须坚持文明执法，确保执法既有力度又有温度，保障当事人合法权益。

文明执法的基本要求是规范化、科学化、人性化。行政机关应当秉持以人为本、依法行政、执政为民的理念，充分尊重当事人的合法权益，严格遵循法律规定的程序，自我约束，尽可能避免激化对立情绪，引发社会矛盾，损害行政机关的威信和形象。[①] 各级行政机关要严格落实本款规定，在实施行政检查、调查取证、采取行政强制措施以及执行行政处罚决定等活动中，切实尊重和保障当事人合法权益。对于不文明的执法行为，当事人可以依据本法第 75 条的规定，进行申诉或者检举，有关机关要及时制止和纠正，依法追究责任。具体而言，行政机关在执法过程中应当做到：注意办案方式方法和行为规范，做到举止文明，保持良好形象，杜绝粗暴执法、野蛮执法、生硬执法；注重语言规范，做到语言表达准确、清楚、通俗、简洁，严禁使用侮辱性、轻视性等与行政执法无关的言辞；强化释法说理，做到以法为据、以理服人、以情感人，减少执法阻力，提高社会对行政执法的认可度；杜绝就案办案、机械办案，充分考虑当事人实际情况以及社会公众情绪，避免引发不必要的社会舆情，影响社会和谐稳定秩序。

（蔡鹏　撰写）

① 信春鹰编著：《中华人民共和国行政强制法释义》，法律出版社 2011 年版，第 139—140 页。

第四十三条 【回避制度】执法人员与案件有直接利害关系或者有其他关系可能影响公正执法的，应当回避。

当事人认为执法人员与案件有直接利害关系或者有其他关系可能影响公正执法的，有权申请回避。

当事人提出回避申请的，行政机关应当依法审查，由行政机关负责人决定。决定作出之前，不停止调查。

【修改提示】

本条在修订前的《行政处罚法》的基础上增加了部分内容。修订前的《行政处罚法》第37条第3款规定，执法人员与当事人有直接利害关系的，应当回避。但没有对当事人申请回避、审查决定权限、回避后果等问题作出规定。本次修改对行政处罚程序中的回避制度作了更为细致的规定：列明了主动回避、依申请回避的情形；规定了对回避申请的审查程序；为保证行政执法效率，明确了回避决定作出前不停止调查的原则。

【条文解读与法律适用】

一、关于对回避制度的理解

回避是一项起源于司法领域的制度，是指承办案件的审判人员和其他人员与本案有利害关系或者其他关系，可能影响对案件公正审理的，应经一定程序退出对本案审理的制度。[①] 在行政执法领域，回避主要是指，行政执法人员同其所处理的事务有利害关系时，应由行政机关另行指定其他执法人员处理该事务。回避制度的主要目的就是通过消除当事人对执法人员可能存在偏私的疑虑，既确保行政处理实体结果的公正，也保障行政处理程序的公正。本法既规定了执法人员认为自己与案件有直接利害关系或者其他关系可能影响公正执法时，主动回避的义务；也规定了当事人认为执法人员与案件有直

① 信春鹰主编：《中华人民共和国行政诉讼法释义》，法律出版社2014年版，第144页。

接利害关系或者其他关系可能影响公正执法时，申请执法人员回避的权利。

二、关于对回避对象及回避情形的理解

回避的对象为执法人员，执法人员主要是指具有执法资格的人员，但不限于具体的查处案件的执法人员，案件调查取证、审核、听证等相关人员只要与案件有利害关系或者其他关系可能影响公正执法的，均应纳入回避的范畴。在本次修法过程中，有意见提出，应增加执法单位集体回避的规定。经研究，本条之所以仅规定执法人员回避，主要理由是，一方面，任何一项执法活动都是通过具体执法人员的工作得以落实，执法人员的回避已能够保障当事人权利保护的需要。对于可能出现执法单位整体与案件有利害关系的情形，可以借鉴司法程序中指定管辖的做法，由执法单位的上级机关指定其他行政机关处理。这也可在本法第25条找到依据，对管辖权发生争议的，可直接由共同的上一级行政机关指定管辖。另一方面，行政执法具有涉及范围广、使用频次高、时效要求严等特点，执法单位集体回避不利于执法活动的日常开展。

回避情形是适用回避制度的核心要件，本条规定应当回避的情形是“与案件有直接利害关系或者有其他关系可能影响公正执法”。具体判断标准有两项，一是与案件有直接利害关系，二是存在其他关系可能影响公正执法。利害关系主要是指案件办理直接涉及执法人员法律上的某种利益，或者执法人员就本案与案件当事人有共同权利人、共同义务人的关系或者其他法律上的利害关系。《行政诉讼法》《民事诉讼法》等均规定了回避的适用情形，结合上述法律规定，执法人员需要回避的情形可以从以下几个方面把握：（1）执法人员是本案的当事人或者是当事人的近亲属；（2）执法人员与本案有利害关系；（3）执法人员与案件当事人之间存在其他利害关系，可能影响案件公正执法。近亲属的范围包括与执法人员系夫妻关系，有直系血亲、三代以内旁系血亲及近姻亲关系的亲属，上述近亲属关系之外的其他社会关系，如同学、朋友、战友等关系，凡存在可能影响公正执法情形的，也属于回避的范畴。

三、关于回避审查程序的具体适用

回避申请是当事人的一项重要权利，行政机关应当慎重处理。当事人提出回避申请的时间一般应当在案件立案后或者参与行政处罚程序时，回避申请既可以采取书面方式，也可以通过口头方式，对于以口头方式提出的回避申请，行政执法人员应当予以记录，并及时登记流转和处理。关于回避的审查主体，本条规定由行政机关负责人决定。《治安管理处罚法》第 81 条第 2 款规定，人民警察的回避，由其所属的公安机关决定；公安机关负责人的回避，由上一级公安机关决定。参照上述条文的规定，普通行政执法人员的回避由行政机关负责人决定，行政机关负责人的回避可由上一级行政机关决定。一般而言，行政机关对当事人以书面形式提出的回避申请，应当作出书面决定；对当事人以口头方式提出的申请或回避理由明显不能成立的，可采取口头形式作出决定，但应当予以记录存档。本条规定回避决定作出之前不停止调查，主要是因为行政执法具有一定的现实紧迫性，如果只要当事人提出回避申请，执法人员即暂停案件调查，将不利于案件及时查处及证据固定，执法连续性也会受到影响。

四、实践中需要注意的问题

本条规定了当事人具有申请回避的权利，但当事人的回避申请权并非不受限制，当事人申请回避时应当说明回避的具体人员、回避的事由、证据以及证据线索。本条没有明确规定作出回避决定的期限，从规范回避决定程序出发，有必要设置决定期限。行政机关应当在收到回避申请后的合理期限内作出决定，合理期限应当结合回避情形、案件具体情况等综合确定，作出决定的期限不能过分迟延，否则应当说明理由。

行政执法人员违反回避规定的，将会产生一定的法律后果。根据《公务员法》的有关规定，公务员应当及时主动报告需要回避的情形，对有需要回避的情形不及时报告或者故意隐瞒的，应当区分不同情况，予以批评教育、责令检查、诫勉、组织调整或者组织处理等。行政执法人员违反回避制度规定的，可能产生内部纪律处分责任。但对于当事人而言，基于行政执法人员的特殊身份，相关法律责任应当由行政机关承担，应回避未回避的行政执法人员所作行政处罚决定应当被视为违反法定程序，行政复议机关、人民法院可据此对行政行为的效力作出否定性评价。

（金保阳　撰写）

第四十四条　【行政机关的告知义务】行政机关在作出行政处罚决定之前，应当告知当事人拟作出的行政处罚内容及事实、理由、依据，并告知当事人依法享有的陈述、申辩、要求听证等权利。

【修改提示】

本条规定相比修订前的《行政处罚法》的内容并未作根本性的修改，只是在具体文字表述上更加精准，涉及的程序性权利更加明确。本条第一处修改完善是将“应当告知当事人作出行政处罚决定的事实、理由及依据”修改为“应当告知当事人拟作出的行政处罚内容及事实、理由、依据”。这主要是因为行政机关在履行行政处罚决定前的告知程序时，行政处罚决定尚未最终确定，告知的内容应当是拟决定的内容而不是确定的结果，否则就有告知程序是“走过场”的嫌疑。本条第二处修改完善的内容是，将“告知当事人依法享有的权利”修改为“告知当事人依法享有的陈述、申辩、要求听证等权利”。将告知内容进一步具体化，便于当事人更加充分地行使相关权利。

【条文解读与法律适用】

一、关于对行政处罚前告知程序的理解

告知制度，是指行政机关在作出行政决定，特别是作出对当事人权益产生不利影响的决定时，应当告知当事人作出该行政行为的事实、法律依据等内容。现代行政程序的核心是参与，只有亲身参与行政程序的过程，当事人才能更好地与行政主体进行交涉，从而切实维护自身权益。行政处罚决定的事前告知程序，确立了行政机关的告知义务和当事人的知情及参与权利，告知是参与的起点，是陈述申辩的“靶点”，是所有行政处罚程序均应履行的环节，既适用于普通程序，也适用于简易程序。告知是行政机关的法定义务，行政机关在作出行政处罚决定前必须履行该义务，否则就要承担不利的法律后果。当事人有权获知与行政处罚相关的事实、依据等信息，确立此制度，也有助于当事人知晓、理解行政处罚的内容，发挥行政处罚的教育作用。

二、关于告知内容的理解

行政机关作出行政处罚决定前应当告知当事人以下内容：一是拟作出行政处罚的内容及事实。主要涉及行政处罚的基本情况，当事人在什么时间、什么地点、实施了什么行为，且相关事实必须是经过证据证明了的案件事实，能够证明行政处罚行为的合法性。行政机关告知当事人的内容应当是在行政处罚程序中实际考虑的因素，告知的内容应当具体明确，不能笼统地告知当事人事实、理由，否则当事人难以有针对性地进行陈述、申辩。行政机关告知当事人后，如又发现并考虑了新的事实，应当再将新增的内容告知当事人。二是拟作出行政处罚的理由。理由是将特定事实带入某一法律要件作出决定的原因说明。实践中，有的行政处罚决定仅列明基本事实及相关法律规定，直接得出处罚结论，并未进行相应原因说明，即使处罚结论正确，也影响行政处罚决定的信服力。行政机关在作出对当事人合法权益产生不利影响的行政行为时，应当说明作出该行为的事实因素、法律依据以及进行自由裁量时所考虑的政策、公益等因素，本条将理由的告知与行政处罚的事实、依据作了区分，明确了说明理由的独立价值。三是拟作出行政处罚的依据。行政机关作出行政处罚决定适用的法律、法规、规章以及具体的条款，应当明确告知当事人，不能含糊其词，如仅使用“违反有关规定”“根据有关规定”等。四是当事人依法享有的陈述、申辩、要求听证等权利。具体涉及陈述自己行为的理由，对所作行为的事实认定及法律适用予以辩解的权利，对重大、复杂行政案件提出听证的要求，对处罚决定不服申请复议或者提起行政诉讼的权利，以及对因行政机关违法行为造成损失申请行政赔偿的权利。

需要注意的问题是，关于告知的时间，本条并未明确规定。告知必须在合理的时间内作出，但基于行政执法的复杂性及具体案件的差异性，法律规定通常难以对告知的时间作出统一规定，但这并不意味着行政机关在决定何时告知时享有绝对裁量自由。行政机关应考虑案件情况、当事人违法行为性质、情节等因素，确定合理的告知时间。本法第 64 条第 2 项规定，行政机关应当在举行听证的 7 日前，通知当事人及有关人员听证的时间、地点。对此，行政机关在确定告知时间时可借鉴适用。

关于告知的方式，原则上行政机关应当通过书面方式予以告知，并向当事人本人送达。但行政执法样态各有不同，对于适用简易程序的行政处罚案件，行政执法人员可以采取口头方式告知，在无法送达当事人的情况下，也可以采取公告送达的方式。实践中，行政机关还可通过网络等电子信息化手段履行告知义务，但行政机关的告知行为不能为当事人增加不必要的负担，告知的目的是使当事人知悉权利，行政机关应对有效告知的事实承担举证责任，否则可能产生未予告知的法律后果。

三、关于未予告知的法律后果

行政机关应当全面、及时履行告知义务，未履行、未全面履行或者遗漏告知内容的均会产生相应法律后果。本法第62条规定，行政机关及其执法人员在作出行政处罚决定之前，未向当事人告知拟作出行政处罚内容及事实、理由、依据的，不得作出行政处罚决定。例如，在昆明威恒利商贸有限责任公司与昆明市规划局等行政处罚案①中，昆明市规划局在作出处罚决定前，未告知第三人东华街道办事处其作出行政处罚决定的事实、理由、依据以及第三人依法享有的权利，构成行政处罚程序违法。行政机关没有告知当事人拟作出的处罚内容及事实、相关程序性权利，致使当事人未能行使陈述、申辩权的，构成对程序义务的违反，法院可判决撤销该行政处罚决定。在最高人民法院指导案例第6号“黄泽富、何伯琼、何熠诉四川省成都市金堂工商行政管理局行政处罚案”中，金堂工商局在作出行政处罚决定前只按照行政处罚一般程序告知黄泽富等三人有陈述、申辩的权利，而没有告知听证权利，违反了法定程序，依法应予撤销。这也就意味着，即使行政机关对当事人进行了必要告知，但遗漏告知内容的，行政处罚决定依然可能被认定为违反法定程序。

（金保阳　撰写）

---

① 《最高人民法院公报》2009年第10期。

第四十五条 【当事人的陈述、申辩权】 当事人有权进行陈述和申辩。行政机关必须充分听取当事人的意见，对当事人提出的事实、理由和证据，应当进行复核；当事人提出的事实、理由或者证据成立的，行政机关应当采纳。

行政机关不得因当事人陈述、申辩而给予更重的处罚。

【修改提示】

本条规定相较于修订前的《行政处罚法》修改了第 2 款的内容，将“行政机关不得因当事人申辩而加重处罚”修改为“行政机关不得因当事人陈述、申辩而给予更重的处罚”。陈述权和申辩权都是重要的程序性权利，行政机关不能因当事人的申辩给予更重处罚，在当事人陈述意见的情况下，也不能给予更重处罚，如此规定更加规范合理，对权利保护更加周延。在本次修法过程中，有意见建议本条第 2 款明确不得因当事人申辩而“从重”处罚，也有意见建议本款修改为“行政机关不得因当事人申辩而加重或从重处罚”。经研究，在充分吸收以上意见的基础上，修改为不得因当事人陈述、申辩而给予更重的处罚，既不能从重处罚也不能加重处罚，真正将陈述、申辩“不加罚”落到实处，充分保障了当事人陈述、申辩权的行使。

【条文解读与法律适用】

一、关于对陈述、申辩权的理解

行政机关作出一项对当事人不利的决定前，应当听取当事人的意见，这是行政法的一项基本原则。本法第 7 条将公民、法人或者其他组织享有陈述权、申辩权作为一项基本原则予以确立。本条对当事人的陈述、申辩权作出具体规定。陈述权是指当事人在参与行政程序的过程中，享有就行政案件所涉及的事实、适用的法律向行政机关陈述的权利。陈述内容可以是对行政机关指认事实的认可或否认，也包括对未发现事实的补充。申辩权是指当事人针对行政机关提出的不利指控，享有依据其掌握的事实和法律进行辩解和反驳的权利。陈述、申辩可以通过书面及口头等多种方式进行。在行政处罚程序中，当事人可以对行政机关给予行政处罚所认定的事实及适用法律是否准确发表意见，提出自己的主张、要求，也可以对行政机关指控的违法事实、证据进行辩解、驳斥。

行政机关实施行政处罚的过程中，无论是适用简易程序还是普通程序，当事人均享有陈述权、申辩权。在简易程序中，执法人员当场作出处罚决定前，必须听取当事人的陈述、申辩，理由成立的应当予以采纳。在普通程序中，当事人可在行政处罚决定作出前随时进行陈述、申辩，执法人员对当事人的陈述、申辩应当制作笔录，作为行政机关作出行政处罚决定的依据。需要注意的问题是，当事人收到行政机关作出行政处罚决定前的告知后，应当在一定期限内或者指定的合理期限内行使权利，逾期未行使或者明确放弃陈述、申辩权的，行政机关可迳行作出行政处罚决定。

二、关于对行政机关承担义务的理解

本条既明确赋予了当事人陈述、申辩的权利，又给行政机关施加了充分听取意见的义务。当事人的陈述和辩解不仅有助于其自身权益保障，也对行政机关查明案件事实、准确适用法律具有重要意义。在当事人未明确表示放弃陈述、申辩权的情况下，行政机关不能未经听取意见程序，直接作出行政处罚决定。听取当事人意见是案件事实调查的一个环节，行政机关对当事人提出的事实、理由及证据应当进行复核，通过调查核实，全面查清案件事实。经复核，当事人提出的事实、理由和证据成立的，行政机关应当采纳；不能成立的，应当向当事人说明。对于适用简易程序处理的案件，执法人员对当事人的陈述、申辩内容如果不能当场核实，就需要进一步调查了解，而不应不加核实迳行作出处罚决定。处罚决定应当说明行政处罚据以成立的事实、证据效力及证明力大小、适用法律的理由，并着重说明不采纳当事人意见的考虑，不能因处罚前告知时的理由说明而免除行政处罚决定书的说理义务，否则当事人的参与将无实质意义，陈述、申辩制度也将形同虚设、流于形式。

三、关于对不得因陈述申辩给予更重处罚的适用

陈述、申辩权是当事人的法定权利，行政机关也具有依照法律规定作出行政决定的职责，但当事人的陈述、申辩权与行政机关维护社会秩序稳定的职能并不冲突。本条之所以规定行政机关不得因当事人陈述、申辩而给予其更重处罚，就在于当事人陈述、申辩权与行政机关法定职权之间的价值衡量中，不应忽视对当事人陈述、申辩权的保障。否则，当事人就会因担忧可能受到更重处罚，而放弃陈述、申辩权的行使，这将会侵害正当程序原则存在的基础，并最终影响行政处罚制度的合法性。需要注意的是，本条规定不得因当事人陈述、申辩给予更重处罚，是指不得在同一事实情形下因为当事人进行陈述、申辩而加重处罚，不包括在违法事实发生变化的情形下进行的处罚。

（金保阳　撰写）

第四十六条　【证据种类及适用规则】证据包括：

（一）书证；

（二）物证；

（三）视听资料；

（四）电子数据；

（五）证人证言；

（六）当事人的陈述；

（七）鉴定意见；

（八）勘验笔录、现场笔录。

证据必须经查证属实，方可作为认定案件事实的根据。

以非法手段取得的证据，不得作为认定案件事实的根据。

【修改提示】

本条规定是此次修法新增加的条款。之所以增加这一条款，是因为修订前的《行政处罚法》仅规定了行政机关“必须全面、客观、公正地调查、收集有关证据”，行政处罚决定书应当载明“违反法律、法规或者规章的事实和证据”，但对于行政处罚证据的种类及适用规则并未明确规定。实践中，行政机关作出行政处罚依据证据的种类，主要是依照《行政诉讼法》及具体行政执法领域法律法规规章的规定。本条借鉴了《行政诉讼法》第33条以及第43条第3款的规定，明确了行政处罚证据种类及适用规则，尤其是强调了行政处罚的“非法证据排除规则”，既有助于规范行政机关依法实施行政处罚，也有利于行政处罚与行政诉讼相衔接。

【条文解读与法律适用】

一、关于行政处罚各类证据的理解

证据是证明行政处罚针对的违法事实是否客观存在的材料。证据的种类具体包括：

第一，书证。是指以文字、符号所记录或者表达的思想内容，证明案件事实的文书，如罚款单据、财产没收单据、营业执照、商标注册证、档案、报表、图纸、会计账册、专业技术资料等。

第二，物证。是指用外形、特征、质量等说明案件事实的部分或者全部物品。物证具有较强的客观性、特定性和不可替代性。书证和物证的区别在于，书证以其内容来证明案件事实，物证则以其物质属性和外观特征来证明案件事实。有时同一个物体既可以做物证也可以做书证。

第三，视听资料。是指运用录音、录像等科学技术手段记录下来的有关案件事实和材料，如用手机录制的当事人的谈话、拍摄的当事人形象及活动等。结合《行政诉讼证据规定》第 12 条规定，行政机关用以证明案件事实的录音、录像等视听资料，应当符合下列要求：（1）提供有关资料的原始载体，提供原始载体确有困难的，可以提供复制件；（2）注明制作方法、制作时间、制作人和证明对象等；（3）声音资料应当附有该声音内容的文字记录。难以识别是否经过修改的视听资料，不能单独作为定案依据。同时，行政机关利用电子技术监控设备形成的视听资料，还应符合本法第 41 条的相关规定。

第四，电子数据。是指以数字化形式存储、处理、传输的数据。电子数据是信息时代高速发展的产物，其载体包括磁盘、硬盘、光盘等计算机软硬件和网上淘宝、电子邮件、微博、QQ 账号等虚拟网络交易和交流方式的记录等。[①]《民事诉讼证据规定》第 14 条规定，电子数据包括下列信息、电子文件：（1）网页、博客、微博客等网络平台发布的信息；（2）手机短信、电子邮件、即时通信、通讯群组等网络应用服务的通信信息；（3）用户注册信息、身份认证信息、电子交易记录、通信记录、登录日志等信息；（4）文档、图片、音频、视频、数字证书、计算机程序等电子文件；（5）其他以数字化形式存储、处理、传输的能够证明案件事实的信息。电子数据具有一定的脆弱性，在搜集、存储、传输、复制过程中，可能会造成对原始数据的修改或删除，从而损害其可靠性和完整性，但删改电子数据不易留下痕迹或被发现，即使被发现，鉴定也较为困难。

第五，证人证言。是指证人以口头或者书面方式向行政机关所作的对案

---

① 梁凤云：《新行政诉讼法讲义》，人民法院出版社 2015 年版，第 196 页。

件事实的陈述。凡是知道案件情况，可以真实表述的人，都可以成为证人。行政机关认定证人证言，可以通过对证人的智力状况、品德、知识、经验和专业技能等综合分析作出判断。一般来说，未成年人所作的与其年龄和智力状况不相适应的证言，与一方当事人有亲属关系或者其他密切关系的证人所作的对该当事人有利的证言，或者与一方当事人有不利关系的证人所作的对该当事人不利的证言，不能单独作为认定案件事实的依据。

第六，当事人的陈述。是指当事人就自己所经历的案件事实，向行政机关所作的叙述、承认和辩解。当事人主要包括违法行为人及受害人。本法第55条第2款规定，当事人或者有关人员应当如实回答询问。当事人是对案件事实真相最为了解的人，因此，行政机关必须对当事人进行询问。实践中，违法行为人可能基于逃避、减轻处罚的心理，作出避重就轻的陈述，而受害人可能基于对加害行为的愤怒，作出夸大违法情节的陈述。因此，当事人陈述通常具有主观性、片面性和情绪性等特点。行政机关对当事人的陈述不能偏听偏信，必须结合案件其他证据，查证确定能否作为认定事实的根据。

第七，鉴定意见。是指鉴定机构或者行政机关指定具有专门知识或者技能的人，对案件中出现的专门性问题，通过分析、检验、鉴别等方式作出的书面意见。由于行政执法领域涉及社会生产、生活的方方面面，而行政执法人员不一定具有对特定问题进行分析、判断的专业技能，因此，鉴定意见是行政处罚中运用极为广泛的一种证据，如人体损伤程度鉴定、医疗事故鉴定、产品质量鉴定等。需要注意的是，一方面，行政机关启动鉴定程序应慎重，需符合法定条件并履行法定程序，尽量避免重复鉴定；另一方面，这里之所以采用“鉴定意见”而非“鉴定结论”的表述，是因为鉴定结论往往被看作证明某个事实具有权威性的证据，是一个不容置疑的证据，而鉴定意见含义更为丰富。因此，鉴定意见只是诸多证据中的一种，行政机关应当结合案件的全部证据确定案件事实，而不是直接地将鉴定意见作为处罚依据。

第八，勘验笔录、现场笔录。勘验笔录是指行政机关对能够证明案件事实的现场的物证，就地进行分析、检验、勘查后作出的记录。实践中，勘验笔录可以由行政机关委托其他主体作出。如《自然资源行政处罚办法》第22条规定，现场勘测一般由案件调查人实施，也可以委托有资质的单位实施。现场笔录是指行政机关对违法行为当场处理而制作的文字记载材料。现场笔录的制作主体必须是行政执法人员，任何其他单位和个人都不能越俎代庖，制作的地点一般在违法行为发生的现场，制作应当符合法定程序和形式，如应当载明时间、地点和事件等内容，并由执法人员和当事人签名。

二、查证证据的标准与方式

证据需经法定程序加以查证属实，证据的查证一般包括证据的提供、调取、保全、质证、审核认定等程序。证据有三个基本特征：一是客观性。是指证据要能够客观反映违法事实真相，客观性是证据的本质要求，任何推测、假设、想象的情况，都不能作为认定违法事实的依据。二是关联性。是指证据必须与待证事实有内在的联系，能够直接或者间接地证明案件事实形成的条件、发生的相应后果。三是合法性。是指证据主体、形式、方法、运用证据的程序等应符合法律规定。① 有的证据无需经质证程序即可认定，对于本法第63条以及具体行政执法领域法律法规规章规定的应当进行听证的处罚行为，行政机关应当在举行听证时，由当事人对证据进行质证。行政机关可以根据《行政诉讼法》《民事诉讼法》及相关司法解释对证据真实性、合法性、关联性以及证明效力等的规定，对证据进行认定。行政诉讼中行政机关既是被告，也是证据的制作主体，《行政诉讼证据规定》第63条第1项规定，证明同一事实的数个证据，国家机关以及其他职能部门依职权制作的公文文书优于其他书证。实践中，行政执法人员所作陈述的证明效力通常也高于当事人陈述及证人证言。如最高人民法院公报案例“廖宗荣诉重庆市公安局交通管理局第二支队道路交通管理行政处罚决定案”中，法院认为，交通警察履行职务时，对所在辖区内发现的道路安全违法行为，有权及时纠正。交通警察对违法行为所作陈述如果没有相反证据否定其客观真实性，且没有证据证明该交通警察与违法行为人之间存在利害关系，交通警察的陈述应当作为证明违法行为存在的优势证据。②

三、非法证据排除规则的适用

证据的合法性特征要求行政机关应当运用合法手段获取证据，任何非法获取的证据，无论其真实性如何，都应当从证据体系中排除，否则，客观上

---

① 参见袁杰主编：《中华人民共和国行政诉讼法解读》，中国法制出版社2014年版，第89—90页。
② 《最高人民法院公报》2007年第1期。

就可能产生助长行政机关违法取证的恶果。[①] 在行政处罚法中确定非法证据排除规则，一是有利于督促行政机关提高依法行政的意识，不断推进依法行政。二是有利于纠正违法行政行为。如通过非法证据排除规则，否认“钓鱼执法”行为的合法性。三是有利于切实保障当事人的权利。对非法证据予以排除，虽然可能会对违法行为的查处造成一定影响，但更加有利于保护当事人的合法权益，体现对公权力的约束。根据2018年《行诉解释》第43条规定，有下列情形之一的，属于“以非法手段取得的证据”：（1）严重违反法定程序收集的证据材料；（2）以违反法律强制性规定的手段获取且侵害他人合法权益的证据材料；（3）以利诱、欺诈、胁迫、暴力等手段获取的证据材料。实践中，要注意区分“严重违反”和“轻微违反”法定程序。一般认为，严重违反法定程序是指违反了最基本的正当程序。对于如证据复印件遗漏了原件持有人的签章，询问人或记录人未在询问笔录签名等轻微违法，但不影响证据真实性和关联性的证据，一般不宜认定为严重违反法定程序收集的证据材料。非法手段获取证据的判断原则是，对于行政机关以非法手段取得的证据的判断应当从严，以限制公权力，保障私权利；而对于当事人以非法手段取得的证据的判断应当适当从宽，保障其本来较弱的调查取证权利实现。[②]

（张祺炜　撰写）

① 应松年、章剑生编：《行政处罚法教程》（21世纪法学规划教材），法律出版社2012年版，第195页。

② 最高人民法院行政审判庭编著：《最高人民法院行政诉讼司法解释理解与适用（上）》，人民法院出版社2018年版，第241页。

第四十七条 【行政处罚全过程记录】 **行政机关应当依法以文字、音像等形式，对行政处罚的启动、调查取证、审核、决定、送达、执行等进行全过程记录，归档保存。**

【修改提示】

本条规定是此次修法新增加的条款。本条对行政处罚程序中执法信息的记录和保存提出了明确要求，将行政执法“三项制度”之一的执法全过程记录制度确立为一项法律制度。行政处罚全过程记录对案卷评查、执法监督、评议考核、舆情应对、行政决策和健全社会信用体系等工作均具有积极作用。《推行行政执法“三项制度”的意见》明确，行政执法全过程记录是行政执法活动合法有效的重要保证。行政执法机关要通过文字、音像等记录形式，对行政执法的启动、调查取证、审核决定、送达执行等全部过程进行记录，并全面系统归档保存，做到执法全过程留痕和可回溯管理。

【条文解读与法律适用】

一、关于文字、音像等形式记录的理解

行政执法全过程记录制度，是指通过文字或者音像记录方式的运用，实现跟踪记录行政执法整个过程的一系列制度与规定。文字记录是以纸质文件或电子文件形式对行政执法活动进行全过程记录的方式。主要包括对行政处罚程序的立案审批、调查取证、行政处罚事先告知书、听证告知书、听证笔录、鉴定意见、法制审核过程、处罚决定、文书送达过程等的记录。行政机关应制定执法规范用语和执法文书制作指引，采用统一适用的行政执法文书格式文本，规范行政执法的重要事项和关键环节，做到文字记录合法规范、客观全面、及时准确。音像记录是通过照相机、录音机、摄像机、执法记录仪、视频监控等记录设备，实时对行政执法过程进行记录的方式。行政机关应建立健全执法音像记录管理制度，明确执法音像记录的设备配备、使用规范、记录要素、存储应用、监督管理等要求。根据行政处罚程序的不同阶段、

环节，采用相应音像记录形式，充分发挥音像记录直观有力的证据作用、规范执法的监督作用、依法履职的保障作用。本条“文字、音像等形式”中的“等”是等外等，执法全过程记录主要包括文字记录和音像记录这两种形式，但一些特定的行政执法领域及执法手段，行政机关亦可依法采取其他方式记录行政执法过程。

二、行政处罚全过程记录的要求

本条明确了行政处罚记录的环节涵盖行政处罚程序全过程，而不是部分环节或者特定环节。根据行政处罚的具体环节、情形等，文字记录与音像记录既可以同时适用，也可以分别适用。对于法律明确要求应当采用文字记录或者音像记录方式的，应当依照法律规定，否则可能导致证据不足或者程序违法。如《公安机关办理行政案件程序规定》第 52 条第 2 款规定，接报案、受案登记、接受证据、信息采集、调解、送达文书等工作，可以由一名人民警察带领警务辅助人员进行，但应当全程录音录像。对于法律没有规定采用何种记录方式的，行政机关应当按照《推行行政执法“三项制度”的意见》的规定，做好音像记录与文字记录的衔接工作，充分考虑音像记录方式的必要性、适当性和实效性，对文字记录能够全面有效记录执法行为的，可以不进行音像记录；对直接涉及人身自由、生命健康、重大财产权益的现场执法活动和执法办案场所，要推行全程音像记录；对现场执法、调查取证、举行听证、留置送达和公告送达等容易引发争议的行政执法过程，要根据实际情况进行音像记录。

三、行政处罚记录归档保存的具体适用

行政机关应完善行政处罚案卷管理制度，加强对执法台账和法律文书的制作、使用、管理，按照《档案法》《档案法实施办法》等法律法规和档案管理规定归档保存执法全过程记录资料，确保所有行政执法行为有据可查。对涉及国家秘密、商业秘密、个人隐私的记录资料，归档时要严格执行国家有关规定。积极探索成本低、效果好、易保存、防删改的信息化记录储存方式，通过技术手段对同一执法对象的文字记录、音像记录进行集中储存。建立健全基于互联网、电子认证、电子签章的行政执法全过程数据化记录工作机制，形成业务流程清晰、数据链条完整、数据安全有保障的数字化记录信息归档管理制度。对于行政处罚档案管理及案卷制作的具体要求，有的部门

规章作出了明确规定，如《海洋行政执法档案管理规定》明确规定了各级海监执法机构在实施执法活动中形成的执法档案的立卷归档、档案管理及开发利用等。《环境行政处罚办法》第 68 条、第 69 条、第 70 条规定了结案的行政处罚案件的立卷归档方式、卷宗材料内容及装订顺序、案卷保管及查阅等。

（张祺炜 撰写）

第四十八条 【行政处罚决定的公开与撤回】具有一定社会影响的行政处罚决定应当依法公开。

公开的行政处罚决定被依法变更、撤销、确认违法或者确认无效的，行政机关应当在三日内撤回行政处罚决定信息并公开说明理由。

【修改提示】

本条规定是此次修法新增加的条款。本条明确了重大行政处罚公示制度，同时也与《政府信息公开条例》第 20 条第 6 项相衔接。行政处罚决定的公开，是近年来行政处罚制度改革和发展的重要成果，不仅有助于规范执法行为、推进阳光执法，同时也能充分发挥行政处罚预防、减少违法行为的教育和警示作用。《推行行政执法“三项制度”的意见》明确，建立统一的执法信息公示平台，及时通过政府网站及政务新媒体、办事大厅公示栏、服务窗口等平台向社会公开行政执法基本信息、结果信息。发现公开的行政执法信息不准确的，要及时予以更正。

在本次修法过程中，《行政处罚法（二审稿）》曾规定“行政处罚决定应当按照政府信息公开的有关规定予以公开”。有意见提出，行政处罚决定与其他政府信息相比具有特殊性，完全按照政府信息公开的方式予以公开，不太妥当，建议进一步细化行政处罚决定的公开制度。也有建议本条修改为“行政处罚决定应当公开，法律、法规另有规定的除外”。经研究，一方面，考虑到行政处罚决定与其他政府信息相比确有一定特殊性，有时可能需适用具体执法领域的公开要求；另一方面，《政府信息公开条例》规定的行政处罚信息公开的范围为“具有一定社会影响的行政处罚决定”。因此，本法最终将行政处罚决定公开的范围规定为“具有一定社会影响的”，方式规定为“依法公开”。至于何为依法公开，行政机关在公开处罚决定时，可以适用具体行政执法领域的法律法规规章规定，前者没有规定的，可以适用《政府信息公开条例》规定的公开方式和程序。

【条文解读与法律适用】

一、关于行政处罚决定依法公开与撤回的理解

行政机关公开行政处罚决定信息，应当遵循合法、客观、及时、规范的原则。《政府信息公开条例》第 20 条第 6 项规定，行政机关应当依照本条例第 19 条的规定，主动公开本行政机关实施行政处罚、行政强制的依据、条件、程序以及本行政机关认为具有一定社会影响的行政处罚决定。与行政许可决定原则上一律公开不同，只有那些具有一定社会影响的行政处罚决定才需要公开，至于什么情况下才构成具有一定社会影响，条例并未作出进一步规定。这并不是立法上的疏忽，而是因为它不适合在条例中作统一规定，而适宜交由行政机关自行判断，各级政府信息公开工作主管部门可以发布相应的指导意见。① 如《自然资源行政处罚办法》第 40 条规定，自然资源主管部门应当建立重大违法案件公开通报制度，将案情和处理结果向社会公开通报并接受社会监督。

行政处罚决定被行政复议机关或者人民法院依法变更、撤销、确认违法或者确认无效的，或者被行政机关自行变更或者撤销的，其公开的行政处罚信息应当予以撤回。本条规定的“三日”的起算点，对于行政机关自行变更或者撤销处罚决定的，行政机关应当从变更或者撤销行为作出之日起三日内撤回信息；对于原行政处罚决定被行政复议机关或者人民法院依法变更、撤销、确认违法或者确认无效的，行政机关应当从收到生效法律文书起三日内撤回信息。同时，行政机关应当以适当的、能让公众知悉的方式说明撤回的理由，以接受社会公众监督，并消除原处罚决定可能带来的对当事人不利的影响或者对社会公众造成的误导。

二、行政处罚决定信息公开方式的具体适用

行政机关公示的行政处罚信息不得泄露国家秘密，不得危及国家安全、公共安全、经济安全和社会稳定，对涉及个人隐私和商业秘密的，应当作技术处理，如删除自然人的家庭住址、通信方式、身份证号码、银行账号、健康状况等个人信息，未成年人的相关信息，法人以及其他组织的银行账号等

---

① 后向东：《中华人民共和国政府信息公开条例（2019）理解与适用》，中国法制出版社 2019 年版，第 50 页。

信息。对于行政处罚决定信息公开的载体，《政府信息公开条例》第 23 条、第 24 条、第 25 条等作出了相应规定，即通过政府公报、政府网站或者其他互联网政务媒体、新闻发布会以及报刊、广播、电视等途径予以公开，或者设立公共查阅室、资料索取点、信息公告栏、电子信息屏等场所、设施公开政府信息。需要注意的是，行政机关主动公开的是行政处罚决定信息，而行政处罚程序中形成的其他材料，属于《政府信息公开条例》第 16 条规定的"行政执法案卷信息"，其是否公开、如何公开应适用《政府信息公开条例》及其他法律、法规、规章的规定。

三、实践中需要注意的问题

一是行政处罚决定信息公开的期限。《推行行政执法"三项制度"的意见》明确规定，行政许可、行政处罚的执法决定信息要在执法决定作出之日起 7 个工作日内公开，但法律、行政法规另有规定的除外。由于行政处罚决定信息于作出之日已形成，且需要及时公开，故一般应自作出之日起 7 个工作日内公开。

二是行政处罚决定信息公开的持续期间。在本次修法过程中，有意见建议增加规定："行政处罚决定的公开期限由作出行政处罚决定的行政机关确定，最长不得超过一年。公开期限届满的，不再对外公开。"经研究，考虑到行政处罚的种类、对象各不相同，其公开的存续期间亦有差异，因此，公开的持续期限宜由具体行政执法领域的法律法规规章等根据行政处罚的特点、对象等作出相应规定。如《工商行政管理行政处罚信息公示暂行规定》第 14 条规定，行政处罚信息自公示之日起届满 5 年的，记录于企业信用信息公示系统，但不再公示。

三是行政处罚决定信息公开的范围。公开具有一定社会影响的行政处罚决定是对行政机关执法公开的最低要求，即公开范围的"下限"，而非"上限"。《政府信息公开条例》第 22 条规定，行政机关应当依照本条例第 20 条、第 21 条的规定，确定主动公开政府信息的具体内容，并按照上级行政机关的部署，不断增加主动公开的内容。因此，行政机关应当不断完善相关制度机制，实现行政处罚决定能公开尽公开。

（张祺炜　撰写）

第四十九条 【突发事件应对】发生重大传染病疫情等突发事件，为了控制、减轻和消除突发事件引起的社会危害，行政机关对违反突发事件应对措施的行为，依法快速、从重处罚。

【修改提示】

本条规定是此次修法新增加的条款。2020 年，全球暴发新冠肺炎疫情，考验着每个国家的公共治理和危机处置能力。2007 年，我国应急领域基本法《突发事件应对法》正式施行。十余年来，这部法律在我国应对历次突发事件中发挥了重要作用，但也在实践的检验下暴露出不少薄弱环节。新冠肺炎疫情的防控实践表明，及时制定或修改相关法律是疫后重建的重要内容。2020 年 2 月 5 日，习近平总书记在中央全面依法治国委员会第三次会议上明确提出“要完善疫情防控相关立法，加强配套制度建设，完善处罚程序”。[①] 在此背景下，本条可谓由实践呼唤而来，为行政机关依法惩治违反突发事件应对措施的行为提供了规则指引，弥合了现实与规范之间的裂痕，并可以有效助推突发事件应对措施在法治轨道上运行。

【条文解读与法律适用】

一、突发事件的含义

《突发事件应对法》第 3 条规定，突发事件是指突然发生，造成或者可能造成严重社会危害，需要采取应急处置措施予以应对的自然灾害、事故灾难、公共卫生事件和社会安全事件。由此可见，尽管本条在界定“突发事件”时以“重大传染病疫情”作为典型示例，凸显出鲜明的时代烙印，但突发事件的表现形式具有多样性。一般认为，突发事件具有以下特征：一是发生的突然性，即突发事件的发生是不能预料或者难以预料的；二是发展的不确定性，即突发事件发生后，其发展进程和损害结果并不确定，难以被人们所完全预

① 习近平：《全面提高依法防控依法治理能力健全国家公共卫生应急管理体系》，载《求是》2020 年第 5 期。

测和控制；三是危害的严重性和公共性，即突发事件可能给公民的生命、财产和环境造成巨大损害，并产生严重的社会影响；四是时间的紧迫性，即突发事件的发展十分迅速，其事态在短时间内快速发展并酿成严重后果。①

二、关于突发事件应对措施的理解

突发事件应对措施，是指为控制、减轻和消除突发事件所引起的社会危害而采取的各种应急处置措施。此类措施大致包括：一是法定措施。《突发事件应对法》第49条、第50条列举了应对措施内容，如组织营救和救治受害人员，实行交通管制，实施医疗救护和卫生防疫，关闭或者限制使用有关场所，中止人员密集的活动或者可能导致危害扩大的生产经营活动等。同时，还包括针对特定类型突发事件的单项规定，仍以重大传染病疫情为例，《传染病防治法》《突发公共卫生事件应急条例》《国家突发公共卫生事件应急预案》等规范性法律文件亦规定了具体的应对措施。二是普遍性行政措施。针对不同地区、不同阶段的突发事件应对需要，国务院和地方各级人民政府及有关部门还会发布各类决定、命令。如在新冠肺炎疫情防控过程中，国务院和地方各级人民政府及有关部门陆续发布了有关疫情防控的决定、命令、通告等②。三是个性化行政措施。如在新冠肺炎疫情防控中，各地区根据疫情严重程度及防控需要，因地施策，采取了多元化的防控措施，具体表现为政府发布的辖区内企业停产通知，特定区域进出人员测量体温、佩戴口罩、检查健康码的告示等。值得一提的是，尽管《突发事件应对法》等规范性法律文件无法预料和穷尽各类突发事件应对中所应采取的必要措施，但相关条文中诸如“其他措施”等开放式表述，事实上也为政府采取其他普遍性措施及具体措施预留了空间。

需要说明的是，突发事件的特殊性意味着，较之于常规事件，即便没有针对某种特殊情况的具体法律规定，行政机关也应作出紧急处置，而不应以法无授权为由而无所作为。《突发事件应对法》第11条规定，有关人民政府

---

① 莫于川主编：《中华人民共和国突发事件应对法释义》，中国法制出版社2007年版，第33—34页。

② 如《国务院应对新型冠状病毒感染肺炎疫情联防联控机制关于做好新冠肺炎疫情常态化防控工作的指导意见》《国家卫生健康委办公厅关于印发新型冠状病毒肺炎防控方案（第四版）的通知》《武汉市新型冠状病毒感染的肺炎疫情防控指挥部通告》等。

及其部门采取的应对突发事件的措施，应当与突发事件可能造成的社会危害的性质、程度和范围相适应；有多种措施可供选择的，应当选择有利于最大程度地保护公民、法人和其他组织权益的措施。该规定意味着，行政机关在实施应对措施时应遵循比例原则，对权利的限制必须具有目的正当性、手段适宜性和侵害最小性。

三、关于依法快速、从重处罚的理解

因突发事件具有发生的突然性、危害的严重性及处置时间的紧迫性，对于违反应对措施的行为，行政机关应在最短时间内作出快速且有力的回应，方能起到应有的惩戒和警示效果，从而为后续应急处置工作的有序开展扫清障碍，以确保应急管理目标的如期实现。对于违反突发事件应对措施的行为，行政机关应依法快速、从重处罚。

快速处罚的内涵包括以下三个方面：一是缩短办案时间。行政机关应压缩各流程的处理时间，加快办案节奏，提高行政效率，在法定期限内尽快作出行政处罚决定。二是快速处罚是针对行政机关的一项义务性规范，其主要目的在于督促行政机关对违反突发事件应对措施的行为尽快作出处理决定，以满足高效应对突发事件的客观需求。三是快速处罚意味着行政机关可以简化处罚程序。如《市场监管总局关于依法从重从快严厉打击新型冠状病毒疫情防控期间违法行为的意见》规定，在不违反法律、行政法规的情况下，可以根据当地疫情防控需要，简化执法和听证程序，积极运用电子送达、在线听取当事人陈述和申辩等简便迅捷的方式，以缩短办案时间。需要注意的是，行政机关仍需保障当事人依法享有的陈述、申辩、要求听证等基本权利，不得任意取消程序。

所谓从重处罚，是指对违法行为人在法定的处罚限度内决定实施较重的行政处罚，以及在若干种类行政处罚中选择一个较重的行政处罚种类。适用从重处罚的两个要点为：一是从重处罚应限定在法定的处罚幅度以内，而不应在法定行政处罚的限度以外实施行政处罚；二是行政机关在决定从重处罚时仍应结合违法行为的发生原因、事实、情节、性质、社会危害程度等具体情况作出具体判断。

行政机关适用本条对行为人进行处罚时还应注意的问题是，尽管特殊情形下的突发事件应对措施可能缺乏立法明示，但对行为人作出行政处罚时仍应坚持法定原则。根据本法第二章的相关规定，能够设定行政处罚的法律规范具有多层次性，具体包括法律、行政法规、地方性法规、部门规章及地方政府规章等，因此，本条所指称的“法”应包括前述列举的各类规范。行政机关不能以所谓“突发事件应对的需要”为由，违反法律规定的权限、程序、处罚方式及量罚幅度等对行为人作出处罚。

（张娟娟　撰写）

第五十条 【保密条款】 行政机关及其工作人员对实施行政处罚过程中知悉的国家秘密、商业秘密或者个人隐私，应当依法予以保密。

【修改提示】

本条规定是此次修法新增加的内容。国家秘密关乎国家安全，商业秘密关乎企业权益，个人隐私关乎人格尊严，均属于法律所特殊保护的对象，行政机关及其工作人员更应恪守保密义务。信息爆炸时代，将保密条款引入行政处罚法不仅能满足人民群众对个人信息保护的迫切需求，也是顺应未来社会发展趋势的应有之义。行政机关及其工作人员在实施行政处罚过程中，应全面、客观、公正地判断可能涉及国家秘密、商业秘密或者个人隐私的内容，并依法予以保密。

【条文解读与法律适用】

一、国家秘密、商业秘密、个人隐私的界定

关于国家秘密。根据《保守国家秘密法》第 2 条、第 9 条的规定，国家秘密是指关系国家安全和利益，依照法定程序确定，在一定时间内只限一定范围的人员知悉的事项。具体内容包括：(1) 国家事务重大决策中的秘密事项；(2) 国防建设和武装力量活动中的秘密事项；(3) 外交和外事活动中的秘密事项以及对外承担保密义务的秘密事项；(4) 国民经济和社会发展中的秘密事项；(5) 科学技术中的秘密事项；(6) 维护国家安全活动和追查刑事犯罪中的秘密事项；(7) 经国家保密行政管理部门确定的其他秘密事项。政党的秘密事项中符合前款规定的，属于国家秘密。根据《保守国家秘密法》的有关规定，一切国家机关、武装力量、政党、社会团体、企业事业单位和公民都有保守国家秘密的义务，行政机关当然负有保守在实施行政处罚过程中涉及的国家秘密的义务。

关于商业秘密。根据《反不正当竞争法》第 9 条的规定，商业秘密是指

不为公众所知悉、具有商业价值并经权利人采取相应保密措施的技术信息、经营信息等商业信息。根据《最高人民法院关于审理侵犯商业秘密民事案件适用法律若干问题的规定》第 1 条的规定，技术信息是指与技术有关的结构、原料、组分、配方、材料、样品、样式、植物新品种繁殖材料、工艺、方法或其步骤、算法、数据、计算机程序及其有关文档等信息。经营信息是指与经营活动有关的创意、管理、销售、财务、计划、样本、招投标材料、客户信息、数据等信息。商业秘密的构成要件有三：一是该信息不为公众所知悉，即该信息是不能从公开渠道直接获取的；二是该信息能为权利人带来经济利益，具有实用性，其所有人可以凭借技术优势、经营优势等获取更高利润及其他竞争优势；三是权利人对信息采取了保密措施。[①] 根据《最高人民法院关于审理侵犯商业秘密民事案件适用法律若干问题的规定》第 5 条的规定，判断权利人是否采取了相应保密措施，可以根据商业秘密及其载体的性质、商业秘密的商业价值、保密措施的可识别程度、保密措施与商业秘密的对应程度以及权利人的保密意愿等因素综合认定。商业秘密一旦被泄露，会给原拥有商业秘密的单位或个人的生产、经营活动带来难以挽回的经济利益损失，因而需要受到法律的特别保护。

关于个人隐私。《民法典》第 1039 条规定，国家机关、承担行政职能的法定机构及其工作人员对于履行职责过程中知悉的自然人的隐私和个人信息，应当予以保密，不得泄露或者向他人非法提供。根据《民法典》第 1032 条的规定，隐私是指自然人的私人生活安宁和不愿为他人知晓的私密空间、私密活动、私密信息。自然人享有隐私权，任何组织或者个人不得以刺探、侵扰、泄露、公开等方式侵害他人的隐私权。可见，隐私权属于绝对权，具有鲜明的对世性，除权利人以外的一切主体都负有不得侵害权利人隐私权的义务。根据《民法典》第 1034 条的规定，自然人的个人信息受法律保护。个人信息是指以电子或者其他方式记录的能够单独或者与其他信息结合识别特定自然人的各种信息，包括自然人的姓名、出生日期、身份证件号码、生物识别信息、住址、电话号码、电子邮箱、健康信息、行踪信息等。对于上述信息，行政机关及其工作人员均负有保密义务，以维护公民的合法权益。

---

① 江必新、邵长茂：《新行政诉讼法修改条文理解与适用》，中国法制出版社 2015 年版，第 201 页。

二、保密的具体要求

行政机关及其工作人员对实施行政处罚过程中知悉的国家秘密、商业秘密或者个人隐私，主要应从以下五个方面履行保密义务：一是行政机关作出的处罚决定书中不应有涉及国家秘密、商业秘密或者个人隐私的内容。二是行政机关工作人员在主持听证活动中，应履行保密义务，对于涉及国家秘密、商业秘密或者个人隐私等不公开举行听证的案件，说明不公开听证的理由。三是行政机关及其工作人员根据本法第 39 条、第 48 条在公开行政处罚相关信息时不得泄露国家秘密，对涉及商业秘密和个人隐私的，应当作技术处理。四是当事人申请公开涉及行政处罚的政府信息时，行政机关应根据《政府信息公开条例》的规定进行甄别后作出相应决定。如根据《政府信息公开条例》第 14 条、第 15 条的规定，依法确定为国家秘密的政府信息，不予公开。涉及商业秘密、个人隐私等公开会对第三方合法权益造成损害的政府信息，行政机关不得公开。但是，第三方同意公开或者行政机关认为不公开会对公共利益造成重大影响的，予以公开。五是行政机关及其工作人员不得有泄露、传播国家秘密、商业秘密或者个人隐私的其他行为。

三、未履行保密义务的法律后果

需要注意的是，本条仅明确了行为规范，未规定法律后果，需结合其他规定确定违反本条的法律后果。具体而言，行政机关及其工作人员对实施行政处罚过程中知悉的国家秘密、商业秘密或者个人隐私未履行保密义务的，会面临以下责任：一是内部行政责任。如根据《公职人员政务处分法》第 39 条的规定，泄露国家秘密、工作秘密，或者泄露因履行职责掌握的商业秘密、个人隐私，造成不良后果或者影响的，予以警告、记过或者记大过；情节较重的，予以降级或者撤职；情节严重的，予以开除。二是民事或行政责任。行政机关及其工作人员未履行保密义务，给公民人身或者财产造成损害、给法人或者其他组织造成损失的，应依法承担相应法律责任。如根据《民法典》第 179 条的规定，权益受损的被侵权人可以要求侵权人承担停止侵害、赔礼道歉、恢复名誉、赔偿损失等责任。三是刑事责任。如《刑法》第 398 条规定了泄露国家秘密罪，第 219 条规定了侵犯商业秘密罪，第 253 条之一规定了侵犯公民个人信息罪等。

（张娟娟　撰写）

第二节　简易程序

第五十一条　【简易程序的适用条件】违法事实确凿并有法定依据，对公民处以二百元以下、对法人或者其他组织处以三千元以下罚款或者警告的行政处罚的，可以当场作出行政处罚决定。法律另有规定的，从其规定。

【修改提示】

本条此次修订有三处变动：一是提高适用简易程序进行罚款的数额上限，由原来对“公民处以五十元以下、对法人或者其他组织处以一千元以下罚款”调整为对“公民处以二百元以下、对法人或者其他组织处以三千元以下罚款”，扩大了简易程序适用范围，降低了简易程序适用门槛，有效适应了我国经济社会发展和社会管理实践需要。二是增加适用简易程序的例外规定，缓和立法的刚性约束，体现了立法技术的成熟，为后续立法和法律适用预留空间。三是把对行政机关的要求和对当事人的要求分别规定，将原来条文中有关行政处罚决定履行的规定单列为一条，置于本节最后，以使其符合立法体例的基本要求。

【条文解读与法律适用】

行政处罚简易程序，又称当场处罚程序，是指行政机关对事实清楚、情节简单、后果轻微的行政违法行为给予当场处罚所应遵守的步骤、方式、时限和顺序。对部分违反行政管理秩序行为采用简单便捷的程序处理，会迅速、及时地化解纠纷，大大提高行政管理效率，而且有助于减少公共资源投入，有效节约社会管理成本，让行政机关将主要执法力量和资源投放于重大疑难复杂的管理事务上，在行政违法行为处理上实现“繁简分流”“快慢分道”。

一、关于简易程序适用条件的理解

所谓违法事实确凿，反映的是当事人确有违法事实，并且能够证明当事人具有违法行为的证据确实清楚、充分。通常情况下，适用当场处罚的行政违法案件具有案情简单、事实清楚、证据确凿等基本特点，执法人员当场即可查明事实真相，如交通违章、乱摆摊位等。违法事实确凿是适用简易程序的前提和基础，但其本身属于证据审查和事实判断范畴，反映的是执法人员结合证据对违法事实作出的裁量和认定，因此，违法事实确凿的认定也是行使行政职权的过程，也应当接受行政复议、行政诉讼等法律制度的审查和监督。无论行政处罚决定是依照简易程序还是普通程序作出，均应以有效的法律、法规、规章作为依据，法无明文规定的，不得予以处罚。此处的法定依据，应当是有权设定行政处罚的法律、行政法规、地方性法规、国务院部门规章和地方政府规章。在没有上位法依据的情况下，其他规范性文件不得直接作为处罚的依据使用。

行政处罚种类繁多，但不是所有种类的行政处罚均可适用简易程序。依照本条规定，可以适用简易程序的行政处罚种类仅限于罚款和警告，且并非所有罚款都可适用简易程序，只有在规定的罚款幅度范围内才可以，即对公民处以二百元以下、对法人或者其他组织处以三千元以下罚款的，方可适用简易程序作出处罚。

二、当场作出行政处罚决定的具体适用

按照简易程序作出的行政处罚，一般应当场进行。此处所谓“当场”，指的是违法行为发生的当时当地，强调违法行为发生与进行行政处罚在时间和空间上的一致性，直接体现为执法人员当场制作行政处罚决定书并交付当事人。需要指出的是，首先，当场作出行政处罚，同样需要遵循行政处罚的基本原则和基本程序，如出示执法证件，告知违法事实和拟定的处罚结果及其理由和依据，听取当事人陈述、申辩，告知权利救济途径等。简言之，适用简易程序不能以违反行政处罚的基本原则和程序，牺牲当事人的基本权利为代价。其次，当违法行为或违法事实符合本条规定情形时，行政机关即可适用简易程序作出行政处罚。但法律对适用简易程序作出处罚的条件和要求存在不同规定的，按照特殊规定执行，此处“法律”应作狭义理解，即全国人民代表大会及其常务委员会按照法定程序制定发布的具有普遍约束力的规范性文件。对简易程序适用条件作出例外规定，是立法技术的需要，为后续立法和法律适用分歧解决预留空间、创造条件。最后，行政机关违反本条规定而适用简易程序作出行政处罚决定的，属于违反法定程序，行政处罚应予撤销；构成重大且明显违法的，行政处罚无效。

三、简易程序的选择适用

适用简易程序作出行政处罚，除了应当严格遵循本条规定的适用条件，还需要重点把握以下两方面问题：一是简易程序在适用上不具有强制性。本条规定"可以当场作出行政处罚决定"，从法律规范的性质上分析，属于授权性规则，而非义务性规则，行政机关对符合条件的违法行为，可以适用简易程序进行处罚，也可以按照普通程序作出处罚，即是否适用简易程序，法律不作强制性要求，由行政机关自行决定。二是简易程序与普通程序的转换。我国三大诉讼法均设置了简易程序和普通程序，且对简易程序转普通程序都有明确的规定。这是解决公正与效率价值在个案中冲突的有效方式，也为纠正程序选择偏差提供了依据。《行政处罚法》虽然对简易程序和普通程序转换事宜未作规定，但并不代表二者之间不存在转换的可能，当简易程序启动后发现不宜继续适用时，执法人员应当予以终止，及时提请行政机关负责人作出批准，并按照普通程序进行调查处理。法律设置程序转换机制，目的在于通过更加规范细致的调查，公正合理地处理案件，而不再一味追求执法效率。但是，无论是诉讼程序还是行政执法程序，简易程序和普通程序之间的转换都应当是单向的，即只能由简易程序转至普通程序，不存在双向转换情形。

（于元祝　撰写）

第五十二条 【简易程序的适用要求】 执法人员当场作出行政处罚决定的，应当向当事人出示执法证件，填写预定格式、编有号码的行政处罚决定书，并当场交付当事人。当事人拒绝签收的，应当在行政处罚决定书上注明。

前款规定的行政处罚决定书应当载明当事人的违法行为，行政处罚的种类和依据、罚款数额、时间、地点，申请行政复议、提起行政诉讼的途径和期限以及行政机关名称，并由执法人员签名或者盖章。

执法人员当场作出的行政处罚决定，应当报所属行政机关备案。

【修改提示】

本条此次修改完善主要有两处：一是进一步完善预定格式的行政处罚决定书内容，特别是改变在行政处罚决定作出后另行告知申请行政复议或提起行政诉讼途径和期限的做法，将上述权利救济事项直接列入预定格式的行政处罚决定书中，以明确的方式提醒当事人及时行使救济权利。二是完善行政处罚决定书送达规则，对当场作出的行政处罚决定，执法人员填发预定格式的行政处罚决定书后应当当场交付当事人，当事人拒绝签收的，执法人员应当及时在行政处罚决定书上注明，即视为有效送达。

【条文解读与法律适用】

本条是关于简易程序具体适用要求的规定，共三款，涵盖简易程序的具体应用规则、预定格式行政处罚决定书的内容要素和制作要求以及适用简易程序的内部监督等三方面内容，其中，简易程序的具体应用规则是重点。在本条适用过程中，需要了解和把握以下几个问题。

一、表明执法身份

表明执法身份，具有宣示效果，应当作为行使公权力的必然要求。这不仅是保障当事人知情权、申请回避权、监督权有效行使的重要举措，也是行政机关及其执法人员应尽的法定义务。执法人员对当事人当场作出行政处罚决定前，必须向当事人出示其合法有效的执法证件，表明其执法身份。执法证件中，至少应当载明执法人员所属行政机关的名称、执法人员姓名以及该执法人员所任职务等基本信息。执法人员不出具执法证件、不表明执法身份的，当事人有权拒绝接受调查。需要指出的是，不同地区、不同部门行政执法证件样式也不完全相同，为进一步统一和规范行政执法工作，司法部已牵头制定了全国统一行政执法证件标准样式，以体现行政执法的严肃性。

二、填写并当场交付行政处罚决定书

行政处罚决定书是行政机关出具的、载明该行政机关对当事人依法给予行政处罚的有关内容的法律文书。行政处罚决定书是被处罚人依法申请行政复议或者提起行政诉讼的法律上的依据。获得行政处罚决定书，也是当事人应有的权利。对当场处罚使用的行政处罚决定书，应当有预定的格式、编有号码，这样既便于执法人员使用，也可以防止执法人员滥用当场处罚程序。送达行政处罚决定书，是行政处罚决定对外发生法律效力的法定途径。为了凸显简易程序效率价值，本条规定当场作出的行政处罚决定书应当当场交付当事人，否则，制发预定格式法律文书、适用简易程序也就失去了必要性。通常情况下，当事人都会配合执法工作，签收法律文书，但实践中也存在拒不签收行政处罚决定书的情形，此时如果严格按照《民事诉讼法》关于送达的规定，要求再适用其他送达方式，势必会增加执法工作成本，也会掣肘工作效率，为此，本条补充规定了“注明”规则，由执法人员在行政处罚决定书上将当事人拒收情况注明即视为送达。

三、载明相关事项

为了便于执法人员现场操作，法律规定行政机关应当制发预定格式的行政处罚决定书，供执法人员现场使用。预定格式的行政处罚决定书主要包括：当事人的姓名或者名称、住所、法定代表人，违法行为的事实、情节，作出行政处罚所依据的法律规范，罚款数额、时间、地点，申请行政复议、提起行政诉讼的途径和期限以及作出行政处罚的行政机关的名称。执法人员根据违法事实逐项填写有关情况，最后在行政处罚决定书上签名或者盖章，由此制作完成一份行政处罚决定书。

四、履行报备手续

相较于普通程序而言，适用简易程序作出行政处罚不需要事先提请行政机关负责人批准立案，执法人员可以直接作出行政处罚决定，客观上导致行政机关难以全面了解和掌握本机关的执法工作，为权力“寻租”埋下隐患，可能滋生腐败。为了加强对当场作出行政处罚决定的监督和管理，本条规定执法人员必须依法向其所属的行政机关履行报告备案手续。当然，备案的形式可以是一事一报，也可以是定期上报。需要明确的是，适用简易程序后的备案，在性质上系行政机关的内部监督程序。执法人员未履行备案手续，依法可能会受到行政处分，构成犯罪的，还会被追究刑事责任，但不影响适用简易程序作出的行政处罚决定的合法性。

（于元祝　撰写）

第五十三条　【简易程序的履行】 对当场作出的行政处罚决定，当事人应当依照本法第六十七条至第六十九条的规定履行。

【修改提示】

本条系从修订前的《行政处罚法》第33条简易程序适用条件中分离出的内容，按照立法体例单列而成。

【条文解读与法律适用】

本条是关于履行当场作出的行政处罚决定的规定。当事人签收行政处罚决定书后，该行政处罚决定即发生法律效力，当事人应当依法全面履行行政处罚决定确定的义务。当场作出的行政处罚决定的履行中，最重要的是罚款决定的履行问题，其中履行方式又最为关键。为了统一和规范罚款的执行，预防和减少权力寻租现象，本条规定对简易程序作出的行政处罚决定同样应当遵照本法第67条、第68条、第69条的规定，以决定和收缴相分离为原则、以当场收缴为例外。需要指出的是，无论是决定和收缴分离还是当场收缴罚款，行政机关及其执法人员都必须依法出具国务院财政部门或者省、自治区、直辖市人民政府财政部门统一制发的专用票据。不出具财政部门统一制发的专用票据的，当事人有权拒绝缴纳罚款。

（于元祝　撰写）

第三节　普 通 程 序

第五十四条　【取证与立案】除本法第五十一条规定的可以当场作出的行政处罚外，行政机关发现公民、法人或者其他组织有依法应当给予行政处罚的行为的，必须全面、客观、公正地调查，收集有关证据；必要时，依照法律、法规的规定，可以进行检查。

符合立案标准的，行政机关应当及时立案。

【修改提示】

本条第 1 款有关行政机关应当调查和收集证据的规定，与修订前的《行政处罚法》规定一致。第 2 款为新增加的内容，规定了行政机关对符合立案标准的行政违法行为，应当及时立案，旨在督促行政机关积极履职。修订前的《行政处罚法》未规定行政处罚立案程序，有关行政处罚的立案规定散见于各具体行政执法领域的法律、法规、规章之中。本法首次作出及时立案的程序规定，起到了和其他具体行政法律、法规、规章有关立案规定的有效衔接的作用，保持了行政处罚立案程序的统一性。

【条文解读与法律适用】

一、关于调查取证

本法规定，行政机关进行行政处罚时可以适用简易程序和普通程序。对于“违法事实确凿并有法定依据，对于公民处以二百元以下，对法人或者其他组织处以三千元以下罚款或者警告的行政处罚”可以适用简易程序；除此之外，行政机关发现公民、法人或者其他组织有依法应当给予行政处罚的行为，应当适用普通程序。

根据本条规定，除了本法第 51 条规定的违法事实确凿且符合适用简易程序条件的情形外，行政机关应当对涉嫌违法需要给予行政处罚的行为进行全面调查，收集证据。所谓证据，是指认定案件事实的依据。根据本法第 46 条的规定，行政处罚的证据包括：书证、物证、视听资料、电子数据、证人证言、当事人的陈述、鉴定意见、勘验笔录、现场笔录。

行政机关查处违法案件必须做到事实清楚、证据确凿。所谓证据确凿应当包含四个方面的要求：一是证据必须真实；二是证据必须与案件有内在的联系；三是证据必须充分，得出的结论是唯一的；四是证据之间不能有矛盾，如有矛盾，必须得到合理排除。证据确凿的，即使违法者拒不承认，也可以处罚。在行政执法实践中，由于技术条件的限制，有些案件的调查取证很难做到像刑事案件那样，把所有细节都证明得非常清楚，但主要违法事实必须查清，赖以定性处罚的主要证据必须查明。

行政机关在调查收集证据时，应当做到全面、客观、公正。就是要求执法人员从实际情况出发，不能先入为主。既要收集当事人实施违法行为的证据，也要收集对当事人有利的证据。既要注意收集书面证据，也要注意收集物证，特别是在互联网、大数据时代，更要注意收集视听资料、电子数据等证据材料。执法人员在调查、收集证据的过程中，如认为有必要，可以依照法律、法规的规定，对当事人的人身、住所等进行检查。

行政机关实施行政处罚时，应当遵循“先取证后裁决”的原则。在最高人民法院审理的〔2017〕最高法行申 2936 号“曹某某诉长治市政府土地行政登记案”中，法院认为，根据《行政诉讼法》的规定，行政行为合法性举证责任由被告承担。受“先取证后裁决”规则的约束，被告提供的旨在证明行政行为合法性的证据只能限于其在作出行政行为时已经收集的证据。人民法院在审查被诉行政行为合法性时，同样受案卷主义的约束，既不能接受被告在作出行政行为时未收集的证据，也不能为了证明行政行为的合法性调取被告作出行政行为时未收集的证据。

根据《行政诉讼法》第 70 条的规定，被诉行政行为主要证据不足的，人民法院应当判决撤销。行政行为主要证据是否充分，是人民法院判断具体行政行为是否合法的重要方面。主要证据是指对违法事实的认定起主要作用，对案件定性处罚有重要影响的证据。虽然每一个案件主要证据的表现形式不尽相同，但以下三方面的事实都应能合法有效地证明：一是当事人是否构成违法的事实；二是违法情节轻重以及承担怎样法律责任的事实；三是涉及案件利害关系人权利义务的基本事实。如果收集的证据不能证实以上事实，就属于主要证据不足。行政违法案件的认定往往有多个事实，每个事实中有关权利义务的基本事实均要有证据加以证实。如果有的基本事实有证据加以证实，有的没有证据或证据存在瑕疵，也应当认定为主要证据不足。如果行政处罚中有关定性和处罚的基本事实清楚，一些不影响案件定性和处理结果的事实证据有所不足，则不能据此确定被诉具体行政行为主要证据不足。

二、关于立案程序

1996 年《行政处罚法》和修订前的《行政处罚法》并未规定立案程序。本法新增立案程序，即第 54 条第 2 款规定，“符合立案标准的，行政机关应当及时立案”。

行政处罚立案是行政机关对违法行为线索材料进行初步审查，认为存在依法需要予以行政处罚且属本机关管辖范围的违法事实，决定启动行政处罚一般程序开展调查处理的行政执法环节。但立案前，对案件线索进行初步核实调查并固定证据，也是合法必要的。

目前有关市场监管、海关、人民银行等部门行政处罚程序的行政法规或部门规章，早已明确规定适用普通程序（一般程序）实施行政处罚应予立案。如 2019 年 4 月实施的《市场监督管理行政处罚程序暂行规定》第 17 条规定，“市场监督管理部门对依据监督检查职权或者通过投诉、举报、其他部门移送、上级交办等途径发现的违法行为线索，应当自发现线索或者收到材料之日起十五个工作日内予以核查，由市场监督管理部门负责人决定是否立案”。第 20 条第 2 款指出：“立案前核查或者监督检查过程中依法取得的证据材料，可以作为案件的证据使用。”又如，2004 年 11 月实施的《海关行政处罚实施条例》第 33 条规定：“海关发现公民、法人或者其他组织有依法应当由海关给予行政处罚的行为的，应当立案调查。”第 34 条第 1 款规定：“海关立案后，应当全面、客观、公正、及时地进行调查、收集证据。”海关总署 2014 年修改的《海关办理行政处罚案件程序规定》第 28 条第 1 款规定：“海关受理或者发现的违法线索，经核实有下列情形之一的，不予立案：（一）没有违法事实的；（二）违法行为超过法律规定的处罚时效的；（三）其他依法不予立案的情形。"2001 年 2 月实施的《中国人民银行行政处罚程序规定》第 16 条第 1 款规定："中国人民银行执法职能部门在监督管理过程中或收到举报、控告发现金融违法行为，认为可能给予行政处罚的，应当填写立案审批表，予以立案。"2020 年 9 月公开征求意见的《中国人民银行行政处罚程序规定（修订征求意见稿）》第 19 条拟规定："中国人民银行及其分支机构执法职能部门根据以下情况，依法向本行行政处罚委员会办公室申请立案：（一）在现场检查、非现场检查及日常监管中发现当事人存在违法违规行为，或者有违法违规行为确切线索的；（二）对于公安机关、其他监管部门、行业自律组织等移送的违法违规线索，经初步核实认为当事人存在违法违规行为的；（三）中国人民银行及其他分支机构发现违法违规行为，移送本行管辖的；（四）中国人民银行分支机构收到上级行指定管辖的；（五）本行对相关违法违规行为有管辖权的其他情形。"

现行法律规范中对行政处罚立案的条件或者标准规定得并不具体明确。本法也只是规定，"符合立案标准的，行政机关应当及时立案"。对此应当理解为相关法律、法规、规章有明确规定的，从其规定；没有具体规定的，应当符合效率原则。《海关办理行政处罚案件程序规定》第 28 条从不予立案的角度作出细化规定，即没有违法事实的，或者违法行为超过法律规定的处罚时效的，均不予立案。从公开征求意见的《中国人民银行行政处罚程序规定（修订征求意见稿）》第 19 条来看，中国人民银行认为，发现当事人存在违法违规行为，或者有违法违规行为确切线索的，应当予以行政处罚立案。

通说认为，行政处罚立案的标准应当包括五个方面：

一是存在违反行政管理法律法规规章且相关法条设定了行政处罚的行为，或者有存在前述违法行为的确切线索。此因素最为关键。经初步调查证明存在违法嫌疑时，才应当立案；经初步调查有确凿证据证明不存在违法行为的，不能立案。涉嫌违法，只要求有初步证据，不要求证据确凿。

二是办案机关具有管辖权。具有管辖权是实施行政处罚的前提。根据本法第 22 条规定，行政处罚由违法行为发生地的行政机关管辖。法律、行政法规、部门规章另有规定的，从其规定。首先，涉嫌违法行为应当属于本行政系统主管事项。如属于其他行政系统专属管辖事项或者涉嫌犯罪需要移送司法机关的，则该行政机关不应行政处罚立案。其次，涉嫌违法行为应当属于承办案件的行政机关管辖范围。因此，行政机关予以立案的，除涉嫌违法事项属本行政机关主管事项外，还应初步核查确定违法行为发生地属于其管辖区域（法律、行政法规另行规定违法行为人所在地等管辖例外的，从其规定）。

三是违法行为仍在行政处罚追究时效内。修订前的《行政处罚法》第 29 条第 1 款规定："违法行为在二年内未被发现的，不再给予行政处罚。法律另有规定的除外。"本法第 36 条第 1 款规定："违法行为在二年内未被发现的，不再给予行政处罚；涉及公民生命健康安全、金融安全且有危害后果的，上述期限延长至五年。法律另有规定的除外。"因此，除延长至五年的以及法律另有规定外，对自发生之日起超过两年才被发现的违法行为，行政机关不应立案。

四是不违反一事不再罚款原则。修订前的《行政处罚法》第 24 条规定："对当事人的同一个违法行为，不得给予两次以上罚款的行政处罚。"本法第 29 条规定："对当事人的同一个违法行为，不得给予两次以上罚款的行政处罚。同一个违法行为违反多个法律规范应当给予罚款处罚的，按照罚款数额高的规定处罚。"因此，对当事人同一个违法行为已作出罚款处罚或者其他机关已在先立案的，办案机关不应再立案，但办案机关依法需要对当事人作出吊销营业执照等其他行政处罚的除外。

五是初步调查中未发现存在其他依法应当不予处罚的情形。本法第 30 条规定："不满十四周岁的未成年人有违法行为的，不予行政处罚，责令监护人加以管教；已满十四周岁不满十八周岁的未成年人有违法行为的，应当从轻或者减轻行政处罚。"第 31 条规定："精神病人、智力残疾人在不能辨认或者不能控制自己行为时有违法行为的，不予行政处罚，但应当责令其监护人严加看管和治疗。间歇性精神病人在精神正常时有违法行为的，应当给予行政处罚。尚未完全丧失辨认或者控制自己行为能力的精神病人、智力残疾人有违法行为的，可以从轻或者减轻行政处罚。"因此，初查中已经确认存在依法应当不予处罚情形的，无需立案。

（史笔 撰写）

第五十五条 【执法调查检查程序】执法人员在调查或者进行检查时，应当主动向当事人或者有关人员出示执法证件。当事人或者有关人员有权要求执法人员出示执法证件。执法人员不出示执法证件的，当事人或者有关人员有权拒绝接受调查或者检查。

当事人或者有关人员应当如实回答询问，并协助调查或者检查，不得拒绝或者阻挠。询问或者检查应当制作笔录。

【修改提示】

本条是关于行政机关如何调查或检查的规定。同修订前的《行政处罚法》相比，本条第 1 款将修订前的《行政处罚法》第 37 条第 1 款中“行政机关”修改为“执法人员”，删除了“执法人员不得少于两人”，将其调整到本法第 42 条中予以规定；同时将修订前的《行政处罚法》第 37 条第 1 款中出示证件的规定调整到此处，并改为“应当主动”出示执法证件；新增了执法人员不出示执法证件的，当事人或者有关人员有权拒绝接受调查或者检查的规定，该规定可以有效保障当事人的程序性权利，促进执法人员按法定程序调查或检查。本条第 2 款将修订前的《行政处罚法》第 37 条第 1 款中有关当事人或有关人员有配合调查或检查的义务的规定调整到此处；新增了当事人或者有关人员“不得拒绝”的规定，有利于保障调查或检查程序正常进行，提高调查或检查的效率。修订前的《行政处罚法》第 37 条第 3 款关于回避的规定调整到本法第 43 条单独进行规定，并予以细化。

【条文解读与法律适用】

在调查或者检查程序中，行政机关可以进行走访、了解、询问，以掌握有关事实。调查是围绕查明行政案件的事实进行的，具体是指讯问行政处罚相对人、询问证人、勘验、检查、鉴定以及调取其他证据等。此外，为确保调查工作的顺利进行，行政机关亦可以采取相应的行政强制措施，如强制传唤、强行扣押等。检查是指行政机关查明事实和获取有关证据所需要的执法手段。但由于检查属于较为严厉的强制措施，因此必须严格依照法律、法规的规定，由依法享有检查权的行政机关进行，并严格遵循法定程序，出示检查证件。检查人员应就检查情况制作笔录，由检查人、见证人和当事人或者有关人员签名或者盖章。

在调查或者检查过程中，执法人员、当事人或者其他有关人员应当遵守本法的规定。执法人员在行使调查或者检查权时，一是必须有两名以上执法人员在场；二是执法人员应当主动向当事人或者有关人员出示执法证件，否则当事人或者有关人员有权拒绝接受调查或者检查；三是执法人员不得违法采取诱导式执法手段，如钓鱼执法；四是执法人员在进行询问或者检查时，应当依法制作笔录。在执法人员进行调查或检查时，当事人或者有关人员应当予以配合和协助，如实回答询问，不作虚伪陈述，不得拒绝或阻挠执法人员的调查或检查工作。

调查或检查程序是作出行政处罚决定的必经程序，未经调查或者检查程序作出行政处罚决定的，属于重大程序违法，人民法院应当撤销行政处罚决定。在上海市第二中级人民法院审理的〔2005〕沪二中行终字第354号“李某某诉上海市公安局普陀分局长寿路派出所等行政处罚案”中，法院认为，作为主要事实证据的询问笔录存在着虚假情形，使本院对派出所调查取证的合法性与真实性产生怀疑。派出所提供的证据无法形成一个有效的证据链，属于认定事实不清，主要证据不足，行政处罚应予撤销。在广东省佛山市中级人民法院审理的〔2014〕佛中法行终字第99号“佛山市某燃料有限公司诉佛山市高明区工商行政管理局行政处罚案”中，法院认为行政机关到当事人办公现场搜查时未出示搜查证及执法证，属于执法程序违法。

人民法院在行政处罚案件中对行政机关调查或检查程序进行合法性审查时，应当着重把握以下六个方面：一是审查执法人员是否具备相应资格，即审查执法人员是否具备有效的相关执法证件；二是审查执法人员是否向当事人或者有关人员主动出示了执法证件；三是行政机关是否具备相应调查或检查职权；四是执法人员采取的调查或者检查手段是否合法且合理；五是当事人或者有关人员拒绝接受调查或者检查的理由是否正当；六是行政机关是否保障了当事人或有关人员的陈述、申辩权和请求救济权等。

（史笔　撰写）

第五十六条　【证据收集程序】行政机关在收集证据时，可以采取抽样取证的方法；在证据可能灭失或者以后难以取得的情况下，经行政机关负责人批准，可以先行登记保存，并应当在七日内及时作出处理决定，在此期间，当事人或者有关人员不得销毁或者转移证据。

【修改提示】

本条是关于行政机关收集证据的规定，与修订前的《行政处罚法》第 37 条第 2 款的规定一致，但单独调整为一个独立的条文，可见其重要性。

【条文解读与法律适用】

行政机关在调查的过程中，可以采取抽样取证的方式收集证据。特别是对于与产品质量有关的行政处罚案件，抽样取证更是较为常见的调查执法手段。

关于先行登记保存证据，“先行”是指，行政机关在收集证据时，遇到特殊、紧急情况，如证据可能灭失或者以后难以取得，先行对证据予以登记保存，以便过后对登记保存的证据按照法定的方式和程序进行“制作”，使之符合能够证明案件事实的法定证据形式。先行的目的在于登记保存的及时性。先行登记保存中的“登记”，主要是指对证据的现场清点、登记造册，是在证据可能灭失或事后难以取得的紧急情况下，所能采取的最为简便、快捷、有效的应急性证据收集措施。其目的主要是通过法定记录的方式证明现场有若干类证据存在过，防止当事人事后以时过境迁等为由否认。“保存”是“先行登记保存”的内在本质和目的，采取先行登记保存，除需要进行“登记”外，还向当事人施加了不得销毁或者转移的限制义务，通过这种限制义务的施加，实质上实现了“证据”——行政相对人的财产得以保存的目的。因此，“保存”的实质意义不同于调查取证，也不同于证据保全中的“保全”，其仅是对证据在物理上的限制性措施，更侧重于“保持原样”，并不涉及对其实质内容的固定、分析、提取等。

在登记保存期间，任何人不得销毁或者转移证据。先行登记保存证据，必须经行政机关负责人批准，并于作出证据登记保存之日起 7 日内作出相应处理决定。

证据先行登记保存限制了当事人对保存的证据的利用，对当事人的财产具有一定的实际影响，故而，对于这种限制措施，应当赋予一定的救济渠道。关于证据先行登记保存行为的可诉性问题，司法实践中有不同的观点：

第一种观点认为，行政登记属于行政处罚中的过程性行为，不是具有独立法律意义的行政行为，不具有可诉性。在湖南省高级人民法院审理的〔2017〕湘行终 100 号“周某某诉新化县公安局、新化县人民政府治安行政管理及行政复议案”中，法院认为，证据保全是公安机关在收集证据过程中，在证据可能灭失或者以后难以取得的情形下采取的一种临时性行政措施。本案中，公安机关作出证据保全后随即作出了行政处罚决定，故本案中被诉证据保全行为只是作为行政处罚前的程序性行为，该行为被后续的行政处罚决定所吸收，不产生独立的行政法律效力，不具有可诉性。

第二种观点认为，先行登记通常不具有可诉性，但如果没有最终的处理结果，则具有可诉性。在吉林省高级人民法院审理的〔2020〕吉行再 12 号“大连某制盐厂诉榆树市盐务管理局先行登记保存案”中，法院认为，先行登记保存属于证据收集和保全行为，而非行政强制措施，其是一种执法手段，是行政行为中的一个环节，不是最终的处理结果，通常不具有可诉性。但行政机关作出先行登记保存通知后，没有后续的处理行为，其行为明显对当事人的权益产生实际影响，故榆树市盐务管理局作出的先行登记保存行为属于行政诉讼受案范围。

第三种观点认为，以先行登记之名行扣押之实的，具有可诉性。在广西壮族自治区高级人民法院审理的〔2020〕桂行终 365 号“陈某某诉柳州市人民政府行政复议案”中，法院认为，行政机关虽然系根据《行政处罚法》的规定扣押涉案车辆，但是以先行登记保全证据为名，行扣押车辆之实，属于行政强制措施，对当事人的权利义务产生实际影响，依法具有可复议性和可诉性。

第四种观点认为，先行登记明显不当的，具有可诉性。在河南省高级人民法院审理的〔2019〕豫行申1218号“洛阳某汽车有限公司诉汝州市交通运输局执法局确认登记行政行为违法案”中，法院认为，本案中被诉的证据登记保存行为，行政机关并没有证据证明涉案车辆符合“证据可能灭失或者以后难以取得”的情形，故认定行政机关采取证据登记保存措施不当。

综上所述，先行登记保存证据行为本质上属于行政处罚过程中的过程性行为，对当事人的权利义务不产生实际影响，其效力被随后作出的行政处罚决定所吸收，不是具有独立法律意义的行政行为，一般不具有可诉性。但当事人可以区分以下情形寻求司法救济：对先行登记保存证据行为不服的，如果之后有相应的行政处理，则以该处理决定为对象，以作出处理决定的程序违法为由，提起行政复议或行政诉讼；如果之后无相应的处理，则直接以登记保存措施为对象，请求解除登记保存、确认违法或给予赔偿。

在司法实践中，对先行登记保存证据行为进行审查应注意以下几个方面：一是先行登记保存的证据必须是与违法行为有直接必然关联的证据；二是先行登记保存的证据是行政执法人员收集证据时，在证据可能灭失或者以后难以取得的情况下采取的必要措施，必须具有先行登记保存的必要性；三是证据保存手段应当与证据保存目的相适应，采取适当的手段和方法；四是需要利用涉案物品的实质性特征作为证据，而又不能用其他取证手段代替时，才能对证据先行登记保存，如果可采取询问、拍照、录像、勘验等其他形式收集证明和认定行为人违法事实的证据，就不应采取查封、扣押方式进行先行登记保存；五是是否经行政机关负责人批准，是否在7日内作出了相应处理。

此外，在本法修订过程中，有观点认为应当进一步细化证据登记保存相关规定，明确适用情形，并明确检验、鉴定等期间是否包含在“七日”期限之内。

（史笔　撰写）

第五十七条 【处罚决定】调查终结，行政机关负责人应当对调查结果进行审查，根据不同情况，分别作出如下决定：

（一）确有应受行政处罚的违法行为的，根据情节轻重及具体情况，作出行政处罚决定；

（二）违法行为轻微，依法可以不予行政处罚的，不予行政处罚；

（三）违法事实不能成立的，不予行政处罚；

（四）违法行为涉嫌犯罪的，移送司法机关。

对情节复杂或者重大违法行为给予行政处罚，行政机关负责人应当集体讨论决定。

【修改提示】

本条是关于调查终结后行政机关作出处罚决定的规定。本条将修订前的《行政处罚法》第38条第1款第4项“违法行为已构成犯罪的”修改为“违法行为涉嫌犯罪的”，与本法第27条的规定相呼应，畅通了行政与刑事司法的衔接；将修订前的《行政处罚法》第38条第2款中“对情节复杂或者重大违法行为给予较重的行政处罚”中的“较重”删除，明确只要是对情节复杂或者重大违法行为给予行政处罚的，都应当经过行政机关负责人集体讨论决定，促进行政处罚决定的合法性、合理性，体现了行政机关负责人集体讨论程序的独立价值。

【条文解读与法律适用】

根据本条规定，调查结束后，执法人员应当将调查结果和处理意见送交行政机关负责人进行审查。根据《最高人民法院关于行政机关负责人出庭应诉若干问题的规定》第2条第1款的规定，本条有关行政机关负责人的界定，应当包括行政机关的正职、副职负责人、参与分管被诉行政行为实施工作的副职级别的负责人以及其他参与分管的负责人。经行政机关负责人审查后，行政机关应当根据不同情况，分别作出以下决定：

一是对于行为人确有应受行政处罚的违法行为的，根据其违法行为的情节轻重及违法事实的性质、社会危害程度等具体情况，依据有关法律法规的规定，作出相应的行政处罚决定。相应的行政处罚，是指其种类、幅度等与违法行为和违法事实相适应的行政处罚。

二是对于行为人确有违法行为，但是违法行为的情节较轻，没有造成危害后果，社会危害性较小，依法可以不给予行政处罚的，作出不予行政处罚的决定。

三是对于违法事实不能成立的，即没有证据能够证明行为人确有违法事实的，不得给予行政处罚。

四是对于违法行为涉嫌犯罪的，移送有关司法机关依法处理。犯罪属于违法行为，但违法行为不一定构成犯罪，只有违法行为的社会危害性达到了一定的严重程度，才构成犯罪。犯罪是依法应受到刑事处罚的行为。对犯罪的侦查、审查起诉、审判，应当分别由公安机关、检察机关、审判机关来行使，行政机关无权对涉嫌犯罪的行为进行侦查、审查起诉。因此，行政机关负责人经过审查，认为当事人的违法行为的社会危害性比较严重，已经涉嫌犯罪的，应当依法移送有关司法机关进行处理，司法机关查证属实的，犯罪行为人应当依法受到刑事处罚，而不能以行政处罚代替刑事处罚。

关于行政处罚的决定程序，本条对一般行政处罚案件和重大行政处罚案件分别作出了规定。本条规定，调查终结，行政机关负责人应当对调查结果进行审查，根据不同情况，分别作出行政处罚决定。这是一般行政处罚案件的决定程序。一般行政处罚案件的决定程序主要包括以下几个步骤：

一是当行政机关执法人员或者行政处罚案件调查人员对案件的调查已经终结，违法事实基本查清，并且可以根据事实，依据法律、法规或者规章的规定，确定给予行政处罚时，执法人员或者调查人员应当将情况报告行政机关负责人并附有对案件的处理意见。

二是行政机关负责人对案件的调查结果和处理意见进行审查。行政机关负责人进行审查时，应当认真审查执法人员是否依照法定程序进行调查，发现违反法定程序的，必须及时纠正；认真核实执法人员给予违法行为的行政处罚是否有法律、法规或者规章的规定，适用法律、法规、规章的规定是否适当，发现有不适当的，应当依照法律、法规、规章的规定办理；认真审查违法事实是否确凿，证据是否充分，发现有不足的，应当责成执法人员予以补充。

三是行政机关负责人经审查后，对事实清楚、证据确凿、适用法律正确的行政处罚案件，即可作出行政处罚决定。不能即时作出决定的，行政机关负责人可以将报告和意见交有关机构，再提出处理意见，行政机关负责人根据有关机构的意见，作出行政处罚决定。

四是行政机关认为有必要时，可以将即将作出的行政处罚决定的内容告知当事人，再次听取当事人对案件处理的意见与申辩。当事人的意见和申辩与行政机关调查的事实、对案件的认定有出入的，行政机关应当进行复查；当事人无异议的，行政机关可以即时作出行政处罚决定。

五是制作行政处罚决定书，行政机关负责人应当在行政处罚决定书上签名，并加盖行政机关的印章。

对于重大、复杂行政处罚案件的决定程序，本法作出有别于一般行政处罚案件的规定，目的是确保行政处罚决定的合法。本条第 2 款规定，对情节复杂或者重大违法行为给予行政处罚，行政机关负责人应当集体讨论决定。重大、复杂行政处罚案件的决定程序，除按一般案件决定程序办理以外，增加了由行政机关的负责人集体讨论决定的程序。对于重大、复杂行政处罚案件的判断，应当从行政机关进行行政执法工作的实际经验出发，予以确定。例如，违法行为危害后果严重，处罚比较严厉的行政处罚案件。这类重大、复杂的行政处罚案件，有的当事人会要求举行听证。对于符合听证条件的案件，需要按照听证程序，在作出行政处罚决定之前，举行听证。经过听证，需要进一步调查的，行政机关应当继续调查，查清事实后，再作决定；案件事实已经查清、证据确凿的，可以由行政机关的负责人集体讨论作出行政处罚决定。法律这样规定是表明，对重大、复杂行政处罚案件的处理应当持极为慎重的态度，使行政机关处理重大、复杂行政处罚案件，既能保障依法行政，又能维护公民、法人或者其他组织的合法权益。

在辽宁省高级人民法院审理的〔2019〕辽行终 1320 号“大连市金州区某修船厂诉大连市金普新区农业农村局行政处罚案”中，法院认为，被诉行政机关负责人集体讨论，应当有 2 名以上负责人参加，仅有 1 名负责人参加案件讨论，意即该案并未经行政机关负责人集体讨论决定，属于程序严重违法。本案被诉行政处罚决定应予撤销。

人民法院对一般行政处罚案件应当审查是否经过行政机关负责人审查，主要审查是否有行政机关负责人相应的书面审查记录。未经行政机关负责人审查而迳行作出行政处罚决定的，该行政处罚决定违法。对复杂、重大的行政处罚案件，应当审查是否经过行政机关负责人集体讨论程序，这里主要审查是否有集体讨论的书面证据。未经行政机关负责人集体讨论，该行政处罚决定构成重大程序违法，依法应予撤销。

（史笔　撰写）

第五十八条 【法制审核】 有下列情形之一，在行政机关负责人作出行政处罚的决定之前，应当由从事行政处罚决定法制审核的人员进行法制审核；未经法制审核或者审核未通过的，不得作出决定：

（一）涉及重大公共利益的；

（二）直接关系当事人或者第三人重大权益，经过听证程序的；

（三）案件情况疑难复杂、涉及多个法律关系的；

（四）法律、法规规定应当进行法制审核的其他情形。

行政机关中初次从事行政处罚决定法制审核的人员，应当通过国家统一法律职业资格考试取得法律职业资格。

【修改提示】

本条是关于行政处罚决定法制审核的规定，1996 年《行政处罚法》中未规定法制审核的条款，直至修订前的《行政处罚法》才正式规定法制审核制度。法制审核制度的确立是全面贯彻依法治国，全面推行依法行政的必然要求，是复杂、重大行政处罚决定作出前的法定必经程序。与修订前的《行政处罚法》相比，本法将法制审核制度单独作为一条进行规定，并予以细化和完善，吸收党的十八届四中全会的决定关于提出“严格执行重大执法决定法制审核制度”以及《推行行政执法“三项制度”的意见》的精神，是依法行政的重要体现。关于法制审核是否需要出具相应书面文书，修改过程中有观点认为，应当在行政处罚决定作出前，由法制审核人员出具独立的书面法制审核文书，并包含相应内容，体现法制审核程序的重要性和价值。也有观点认为，法制审核意见可以在行政处罚审批表的基础上，增加一栏，加注法制审核机构的意见，提高法制审核程序的效率。

【条文解读与法律适用】

重大行政处罚决定法制审核是确保行政执法机关作出的重大行政处罚决

定合法有效的关键环节。行政执法机关作出重大行政处罚决定前，要严格进行法制审核，未经法制审核或者审核未通过的，不得作出决定。根据《推行行政执法“三项制度”的意见》的规定，行政处罚中落实本条要求，应当着重从以下几个方面进行把握。

一、关于法制审核机构

各级行政执法机关要明确具体负责本单位重大执法决定法制审核的工作机构，确保法制审核工作有机构承担、有专人负责。

二、关于法制审核人员资格

根据本法规定，初次从事行政处罚决定审核的人员，应当具备法律职业资格。关于法律职业资格，根据《国家统一法律职业资格考试实施办法》（司法部令第140号）第2条第2款规定，初任法官、初任检察官，申请律师执业、公证员执业和初次担任法律类仲裁员，以及行政机关中初次从事行政处罚决定审核、行政复议、行政裁决、法律顾问的公务员，应当通过国家统一法律职业资格考试，取得法律职业资格。从2018年开始，取得法律职业资格应当通过国家统一法律职业资格考试，在2002年至2017年取得法律职业资格应当通过国家司法考试。在2018年1月1日之前，已经在行政机关法制机构从事法制审核的人员，法律未规定应当取得法律职业资格，可以继续从事。即“老人老办法”。在2018年1月1日之后，初次从事法制审核的人员，应当具备法律职业资格。即“新人新办法”。在湖南省湘潭市中级人民法院审理的〔2020〕湘03行终125号“毛某诉韶山市自然资源局行政处罚案”中，法院认为，在行政机关负责人作出决定之前，应当由从事行政处罚决定审核的人员进行审核。行政机关中初次从事行政处罚决定审核的人员，应当通过国家统一法律职业资格考试取得法律职业资格。本案中，行政机关从事法制审核的人员系初次从事行政处罚决定法制审核的人员，且未通过国家统一法律职业资格考试取得法律职业资格，不具有对行政处罚决定法制审核的资格，故行政机关作出的涉案行政处罚决定，违反法定程序。

三、关于法制审核范围

凡涉及重大公共利益，可能造成重大社会影响或引发社会风险；直接关系行政相对人或第三人重大权益，经过听证程序作出行政处罚决定；案件情况疑难复杂、涉及多个法律关系的；其他法律、法规规定应当进行法制审核的，都要进行法制审核。在具体的行政处罚决定案件中，法制审核要着重审查以下内容：一是行政执法主体是否合法，行政执法人员是否具备执法资格；二是行政执法程序是否合法；三是案件事实是否清楚，证据是否合法充分；四是适用法律、法规、规章是否准确，裁量基准运用是否适当；五是执法是否超越执法机关法定权限；六是行政执法文书是否完备、规范；七是违法行为是否涉嫌犯罪、需要移送司法机关等。法制审核机构完成审核后，要根据不同情形，提出同意或者存在问题的书面审核意见。行政执法承办机构要对法制审核机构提出的存在问题的审核意见进行研究，作出相应处理后再次报送法制审核。

四、关于法制审核文书

本法并未明确规定法制审核的书面文书格式，通说认为，法制审核应当采用独立的书面格式，包含具体的审核内容和意见。实践中，也有地方政府规章规定了行政处罚决定经过法制审核的需要制定书面的法制审核文书，如《河北省重大行政执法决定法制审核办法》第 15 条。结合本法规定的行政处罚决定书应当包含的内容，法制审核文书主要内容应当为：当事人、案由、申请审核事项（审核事项中应当写明主要违法事实、证据、处罚/不给予行政处罚的理由及依据）、处理意见、承办人、审批意见、法制机构法制审核意见、日期。

五、关于法制审核责任

行政执法机关主要负责人是推动落实本机关重大执法决定法制审核制度的第一责任人，对本机关作出的行政执法决定负责。要结合实际，确定法制审核流程，明确送审材料报送要求和审核的方式、时限、责任，建立健全法制审核机构与行政执法承办机构对审核意见不一致时的协调机制。行政执法承办机构对送审材料的真实性、准确性、完整性，以及执法的事实、证据、法律适用、程序的合法性负责。法制审核机构对重大执法决定的法制审核意见负责。因行政执法承办机构的承办人员、负责法制审核的人员和审批行政执法决定的负责人滥用职权、玩忽职守、徇私枉法等，导致行政执法决定错误的，要依纪依法追究相关人员责任。

关于法制审核意见是否可复议或可诉讼问题，一般认为其是行政机关在作出行政决定过程中的内部过程性行为，并不直接对当事人作出，且不直接对外产生法律效力，当事人不可直接对该审核意见申请行政复议或者提起行政诉讼。

（史笔　撰写）

第五十九条 【处罚决定书的内容】行政机关依照本法第五十七条的规定给予行政处罚，应当制作行政处罚决定书。行政处罚决定书应当载明下列事项：

（一）当事人的姓名或者名称、地址；

（二）违反法律、法规、规章的事实和证据；

（三）行政处罚的种类和依据；

（四）行政处罚的履行方式和期限；

（五）申请行政复议、提起行政诉讼的途径和期限；

（六）作出行政处罚决定的行政机关名称和作出决定的日期。

行政处罚决定书必须盖有作出行政处罚决定的行政机关的印章。

【修改提示】

本条是关于行政处罚决定书内容的规定，与修订前的《行政处罚法》第39条的规定基本一致，仅做了个别文字上的修改。

【条文解读与法律适用】

行政机关依法作出行政处罚决定后，应当制作行政处罚决定书。行政处罚决定书是行政机关作出行政处罚的行政行为具备法律效力的表现形式。通过这一法律形式，确定行政机关实施行政处罚的法律效力，对当事人产生约束力，达到行政行为合法的效果。一般来说，行政处罚决定书应当载明下列事项：

一是当事人的姓名或者名称、地址。当事人包括公民、法人或者其他组织。对公民的行政处罚，应当写明当事人的姓名、地址；对法人或者其他组织的行政处罚，应当写明法人或者其他组织的名称、地址。

二是违反法律、法规或者规章的事实和证据。违法事实与证据是实施行政处罚的根据，行政处罚决定书上应当予以载明。

三是行政处罚的种类和依据。行政机关给予当事人何种行政处罚，以及行政机关作出行政处罚决定所依据的法律、行政法规、地方性法规或者规章的规定，应当在行政处罚决定书上载明。

四是行政处罚的履行方式和期限。行政处罚的履行方式是指当事人以什么行为履行行政处罚，如到指定银行缴纳罚款、拆除违章建筑等。期限是法律规定的或者由行政机关要求、限定当事人履行行政处罚决定的期间，如当事人应当在15日内到指定的银行缴纳罚款，当事人应当在行政机关要求的1个月内拆除违章建筑等。当事人不按照行政处罚决定书载明的履行方式和限定的期限履行行政处罚决定，即属于违法，行政机关可以采取执行措施，强制当事人履行处罚决定。

五是不服行政处罚决定，申请行政复议或者提起行政诉讼的途径和期限。这是要求行政机关在作出行政处罚决定的同时，向当事人说明不服行政处罚决定的法律救济途径。同时，要告知当事人申请行政复议或者提起行政诉讼的期限，即当事人应当在知道行政处罚决定之日起多少天内申请行政复议或者提起行政诉讼。

六是作出行政处罚决定的行政机关名称和作出决定的日期。

另外，行政处罚决定书必须盖有作出行政处罚决定的行政机关的印章。行政处罚决定书应当由行政机关统一印制，有预定的格式、编有号码，依照法律规定填写，向当事人宣告并当场交付当事人，即对当事人产生法律约束力。因此，行政机关及其执法人员在作出行政处罚决定的时候，都必须出具行政处罚决定书。无论是当场处罚还是依照普通程序作出处罚，都应当制作行政处罚决定书，并应当当场交付当事人。当事人不在场的，行政机关应当在7日内依照《民事诉讼法》的有关规定，将行政处罚决定书送达当事人。

（史笔　撰写）

第六十条 【行政处罚决定作出期限】行政机关应当自行政处罚案件立案之日起九十日内作出行政处罚决定。法律、法规、规章另有规定的，从其规定。

【修改提示】

本条是关于行政处罚决定作出期限的规定，属于新增条款。修订前的《行政处罚法》并未规定作出行政处罚决定的期限，本法是首次对行政处罚决定的作出期限进行规定。本条的规定属于行政处罚案件作出期限的一般规定，其他具体行政法律、法规、规章对行政处罚决定作出期限有相应规定的，应从其规定。

在本法修订之前，我国法律层面仅有《治安管理处罚法》规定了治安处罚的作出期限，一些部门规章和省级政府规章也规定了相关的行政处罚决定的作出期限，但具体规定的期限又各不相同。规定处理期限为30日的有5个法律规范；规定处理期限为60日的有8个法律规范；规定处理期限为90日的有10个法律规范；规定处理期限为180日的有1个法律规范。[①] 这就导致了不同行政执法领域，行政处罚决定作出期限各不相同的客观情况。因此，急需在法律层面统一行政处罚作出的一般期限，统一法律适用标准。在本法修改过程中，综合其他法律、法规、规章关于行政处罚决定作出期限的规定，本法规定行政处罚决定应当在立案之日起90日内作出，比较符合行政处罚实际。

【条文解读与法律适用】

行政处罚案件立案之后，行政机关应当及时进行审查，并在法定期限内办结。对于行政处罚决定的作出期限，主要应当理解期限的起算点、期限的时长、期限的延长、期限的终结点以及行政处罚期限的后果，即超期作出行

---

① 沈福俊、崔梦豪：《行政处罚处理期限制度的反思与完善》，载《北京行政学院学报》2019年第2期。

政处罚决定的效力。

一、期限的起算点

本条规定的是行政机关应当自行政处罚案件立案之日起 90 日内作出行政处罚决定，也即从立案之日起开始计算。行政处罚的受理和立案有明显区别，一般认为，行政处罚的受理是指违法行为被行政执法机关发现，行政处罚的立案是处罚程序的开始。从时间上讲，是先有行政处罚的受理，后有行政处罚的立案。但受理后是否立案，还需行政机关对相关证据材料进行审核，符合立案标准的才能依法立案。

二、期限的时长

本条规定的期限时长为 90 日。这样规定主要是基于以下几点考虑：第一，根据行政处罚案件的特点，行政处罚案件相较于刑事案件，案情比较简单，调查起来相对容易，因此办理期限不宜太长；第二，实践中，简易程序办理的行政处罚案件一般当场就能处罚完毕；第三，高效率地处理行政处罚案件，有利于及时化解社会矛盾，避免行政处罚案件久拖不决，保持社会稳定；第四，其他法律、法规、规章对于特定行政处罚案件的办理期限大多采用 3 个月或者 90 日的标准。例如，《环境行政处罚办法》第 55 条规定："环境保护行政处罚案件应当自立案之日起的 3 个月内作出处理决定。案件办理过程中听证、公告、监测、鉴定、送达等时间不计入期限。"《市场监督管理行政处罚程序暂行规定》第 57 条第 1 款规定："适用一般程序办理的案件应当自立案之日起九十日内作出处理决定。因案情复杂或者其他原因，不能在规定期限内作出处理决定的，经市场监督管理部门负责人批准，可以延长三十日。案情特别复杂或者有其他特殊情况，经延期仍不能作出处理决定的，应当由市场监督管理部门负责人集体讨论决定是否继续延期，决定继续延期的，应当同时确定延长的合理期限。"

三、期限的延长和排除

本条并未作出行政处罚决定作出期限延长的规定。因为针对具体的行政处罚案件，根据具体案情不同，处理情况也会有差异，并且其他具体行政法律、法规、规章一般都规定了延长办理期限的条件，在具体案件办理过程中，按照其规定处理即可。关于行政处罚决定作出期限的排除事由，其他行政法律、法规、规章有规定的从其规定，没有规定的，应当进行区分。对于行政机关不能掌握的期限应当加以排除，如需要专门机构进行鉴定、检测的期限，需要以其他行政行为以及司法裁判为前提的期限，需要对相关法律冲突进行裁决的期限。对于行政机关能够掌握的期限应当计入办案期限，如听证、调解等期限。

四、期限的终结点

行政处罚案件立案之日起第90日为行政处罚决定作出期限的终结点。该终结点应当以行政处罚决定书上落款的日期为准。

五、法律后果

超期作出的行政处罚决定属于违反法定程序，对于该行政处罚决定，人民法院应当结合个案具体情况，依法作出裁判，原则上，如对被处罚人未产生实质性的不利影响，可判决确认违法。

六、实践中需要注意的问题

人民法院在审查行政处罚决定作出期限的合法性问题上，应当注意以下问题：第一，该行政处罚决定是否在法定期限内作出。即行政处罚决定是否在本法规定的立案之日起90日内作出，其他法律、法规、规章另有规定的，从其规定。第二，延长行政处罚决定作出期限是否合法。延长行政处罚决定作出期限的，一般应当经过法定的报批程序，具体以其他法律、法规、规章的规定为准。第三，延长行政处罚决定作出期限是否适当。对于延长多少天和延长次数，应当根据其他法律、法规、规章的明确规定执行，没有明确规定的，应当符合程序正当的基本要求，不能无正当理由无限期延长。第四，期限扣除情况是否合法。对于办案期限扣除的情形，以其他法律、法规、规章的规定为准，不得随意扣除。

（史笔　撰写）

第六十一条　【行政处罚决定书的送达】行政处罚决定书应当在宣告后当场交付当事人；当事人不在场的，行政机关应当在七日内依照《中华人民共和国民事诉讼法》的有关规定，将行政处罚决定书送达当事人。

当事人同意并签订确认书的，行政机关可以采用传真、电子邮件等方式，将行政处罚决定书等送达当事人。

【修改提示】

本条是关于行政处罚决定书交付与送达的规定。本条第 1 款与修订前的《行政处罚法》第 40 条一致，未作实质修改。本条第 2 款属于新增内容。修改过程中，有观点认为，对运用信息化等手段实施行政处罚应当加以规范，在提高行政效率的同时，也要体现便民原则，保护当事人的陈述、申辩等权利。有观点建议增加行政处罚决定电子送达方式，以提高送达效率，降低送达成本。

【条文解读与法律适用】

行政机关作出行政处罚决定后，应当向当事人当场宣布。当场可以是行政机关派人到当事人所在单位向当事人宣告行政处罚决定；也可以通知当事人到行政机关，听取行政机关宣告行政处罚决定。行政机关到当事人所在单位宣告行政处罚决定时当事人不在场的，或者经通知当事人拒不到行政机关的，行政机关也可以将行政处罚决定书送达当事人。送达方式依照《民事诉讼法》有关规定执行。行政机关应当在 7 日内将行政处罚决定书送达当事人。

根据《民事诉讼法》的规定，送达处罚决定书包括直接送达、留置送达、电子送达、委托及邮寄送达、转交送达、公告送达等方式，除这些方式以外，行政机关不能采取其他方式进行送达。

直接送达是行政机关派专人将应当送达的处罚决定书直接交付给受送达人签收的送达方式。送达处罚决定书应当以直接送达为原则，在法律规定的各种送达方式中，直接送达是首选方式。选择直接送达方式，要求行政机关能够确定受送达人的准确送达地址。受送达人是公民的，送达地址通常是公民的住所地或经常居住地。受送达人是法人或者其他组织的，送达地址通常是法人或其他组织的主要营业地或者主要机构所在地。采用直接送达方式的，处罚决定书应当直接送交受送达人。受送达人是公民的，应送交其本人签收；本人不在的，则交他的同住成年家属签收。受送达人是法人或其他组织的，应当由法人的法定代表人、其他组织的主要负责人或该法人、组织的办公室、收发室、值班室等负责收件的人签收。受送达人有诉讼代理人的，可以送交其代理人签收。受送达人已向行政机关指定代收人的，送交代收人签收。受送达人的同住成年家属、法人或者其他组织负责收件的人、代收人在送达回证上签收的日期为送达日期。

留置送达是受送达人拒绝接收处罚决定书时，送达人依法将应送达决定书留置于受送达人住所的送达方式。留置送达是在不能直接送达时所采取的补充送达方式，它与直接送达具有同等的效力。适用留置送达的条件是受送达人或其他法定签收人拒绝接收处罚决定书。也就是说，只有受送达人或其他法定签收人拒绝接收处罚决定书，才能适用留置送达。受送达人或者他的同住成年家属拒绝接收处罚决定书的，送达人可以采取两种方式完成送达：一是可以邀请有关基层组织或者所在单位的代表到场，说明情况，在送达回证上记明拒收事由和日期，由送达人、见证人签名或者盖章，把处罚决定书留在受送达人的住所，即视为送达。“有关基层组织或者所在单位的代表”可以是受送达人居住地的居民委员会、村民委员会的工作人员以及受送达人所在单位的工作人员。二是可以把处罚决定书留在受送达人的住所，并采用拍照、录像等方式记录送达过程，即视为送达完成。在送达人难以找到符合法律规定条件的见证人，或符合法律规定的相关人员不愿担当见证人的情形下，行政机关可以采取科技手段来留置送达，比如，以拍照、录像等方式来取得送达的证据，这样做可以达到送达的目的，并提高送达的效率。

实践中，在直接送达比较困难的情况下，可以委托送达或者邮寄送达。委托送达或者邮寄送达与直接送达具有同等法律效力。委托送达是指行政机关在直接送达处罚决定书有困难的情况下，委托受送达人所在地的行政机关代为送达的方式。委托其他机关代为送达的，委托机关必须向受托机关出具委托函，将委托的事项和要求、受送达人的地址明确告知受委托的行政机关，并附需要送达的处罚决定书和送达回证。受送达人在送达回证上签收的日期为送达日期。邮寄送达是行政机关将需要送达的处罚决定书通过邮局邮寄给受送达人的送达方式。邮寄送达具有便捷、成本低等优点。邮寄送达应当附有送达回证。挂号信回执上注明的收件日期与送达回证上注明的收件日期不一致的，或者送达回证没有寄回的，以挂号信回执上注明的收件日期为送达日期。

公告送达是在受送达人下落不明或者以其他方式无法送达的情况下，行政机关将需要送达的处罚决定书的有关内容进行公告，经过一定时间后视为送达的方式。在公告送达中，虽然行政机关发出了公告，但事实上公告送达的信息未必为受送达人所知悉，有可能损害受送达人的权利，因此公告送达的适用应当慎重，只有在受送达人下落不明或用其他送达方式无法送达的情况下才能适用。公告送达可以采取以下四种形式：（1）在行政机关的公告栏张贴公告；（2）在受送达人原住所地张贴公告；（3）在报纸上刊登公告；（4）对公告送达方式有特殊要求的，应按要求的方式进行公告。自公告发出之日起，经过 60 日，即视为送达。也就是说，经过 60 天，公告送达发生效力。

但是，随着电子政务的大力发展，行政机关通过电子送达方式向行政相对人送达相关文书的方式已经成为主要的送达方式之一，这既丰富和创新了文书送达方式，也提高了文书送达效率，降低了送达成本。例如国家税务总局发布的《税务文书电子送达规定（试行）》。电子送达也是人民法院司法文书送达的主要方式，《民事诉讼法》第 87 条第 1 款规定：“经受送达人同意，人民法院可以采用传真、电子邮件等能够确认其收悉的方式送达诉讼文书，但判决书、裁定书、调解书除外。”行政处罚决定采用电子送达方式的前提是行政相对人同意并签订确认书，否则人民法院可以依法确认该送达无效。

（史笔　撰写）

第六十二条 【行政机关不履行告知义务不得作出处罚】 行政机关及其执法人员在作出行政处罚决定之前，未依照本法第四十四条、第四十五条的规定向当事人告知拟作出的行政处罚内容及事实、理由、依据，或者拒绝听取当事人的陈述、申辩，不得作出行政处罚决定；当事人明确放弃陈述或者申辩权利的除外。

【修改提示】

本条是关于行政机关不履行法定的告知义务，不得作出行政处罚决定的规定，同时明确了行政机关应当告知行政处罚的“内容”。当事人“明确”放弃陈述或申辩的权利的，不受上述规定的限制。本条将修订前的《行政处罚法》第41条中行政机关不履行法定告知义务，“行政处罚决定不能成立”的规定修改为“不得作出行政处罚决定”，在行政处罚决定作出之前就通过严格的程序规制，保障当事人的合法权益。在本法修改过程中，有观点认为，不履行告知程序属于重大且明显违法，应导致行政处罚决定无效，建议将修订草案中本条“不得作出行政处罚决定”修改为“其作出的行政处罚决定无效”。

【条文解读与法律适用】

为了保障当事人的合法权利，根据本法第44条、第45条的规定，行政机关在作出行政处罚决定之前，应当告知当事人拟作出的行政处罚内容及事实、理由、依据，并告知当事人依法享有的陈述、申辩、要求听证等权利。当事人有权进行陈述和申辩。行政机关必须充分听取当事人的意见，对当事人提出的事实、理由和证据，应当进行复核；当事人提出的事实、理由或者证据成立的，行政机关应当采纳。如果行政机关及其执法人员在拟作出行政处罚决定之前，没有依法履行相应告知义务，或者拒绝听取当事人的陈述或者申辩，则属于违反了行政处罚的法定程序，不得向当事人作出行政处罚决定。同时，本条也规定了一种例外情况，即在实施行政处罚的过程中会出现这样的情况：行政机关及其执法人员已经依法履行了告知当事人陈述或者申辩权利的义务，而当事人自愿、明确地表示放弃陈述或者申辩的权利。这种情况不属于行政机关及其执法人员违反法定程序的情况，可以依法作出行政处罚决定。当事人“明确”放弃陈述或者申辩权的，应当有证据予以证明。

行政行为一经作出，即具有确定力，不仅约束行政相对人的行为，也产生约束行政主体行为的效力，并且未有法定的事由和经法定的程序不得随意撤销。也即，行政行为在未被有权机关撤销前，该行政行为是合法有效的，行政相对人必须遵守。即便当事人请求人民法院确认行政处罚决定无效或者申请撤销行政处罚决定，也需要经过一定期限和程序，在此期间行政处罚决定不停止执行。在最高人民法院审理的〔2018〕最高法行申 2908 号“刘某诉辽宁省瓦房店市人民政府行政确认案”中，法院认为，行政行为一经作出，若非重大且明显违法的无效行政行为，在未经有权机关依法定程序予以撤销前，都推定其为合法有效，无需经人民法院判决确认其合法性。如果行政机关违法作出行政处罚决定，行政相对人当时不得不遵守并执行该决定，那么行政相对人的合法权益势必会受到影响，甚至是不可逆的影响，即便事后该行政处罚决定被人民法院撤销或者确认无效，也可能于事无补，无法给行政相对人的合法权益带来实质上的保障。所以，修订前的《行政处罚法》第 41 条规定的行政机关不履行告知义务，行政处罚决定不能成立以及有观点认为的行政处罚决定无效，基本都是行政机关已经对行政相对人作出了行政处罚决定，属于事后的亡羊补牢。而本条的立法目的在于未雨绸缪，明确规定行政机关不履行告知义务，不得作出行政处罚决定，是将告知义务作为行政处罚决定作出前的法定必经程序，和修订前的《行政处罚法》第 41 条相比，程序更为严格，更有利于保障行政相对人合法权益，避免其合法权益遭受不可逆的影响。

在“于某某诉北京大学撤销博士学位决定案”中，一、二审法院都将争议焦点放在了程序违法的问题上，即是否是在充分听取了当事人的陈述和申辩的情况下，作出撤销博士学位决定。通说认为，作出任何使他人遭受不利影响的行使权力的决定前，都应当听取当事人的意见。① 在江苏省南通市中级

① 周佑勇：《司法判决对正当程序原则的发展》，载《中国法学》2019 年第 3 期。

人民法院审理的〔2016〕苏06行终602号“某液化气有限责任公司诉启东市住房和城乡建设局城建行政处罚案”中，法院认为，行政机关在作出行政处罚决定前，必须向当事人说明作出决定的事实和法律依据，并且“说明理由应当达到充分、明确、合乎逻辑的要求”，但被告行政机关并未充分说明事实理由和依据，故认定行政处罚决定违法。

因此，人民法院在审查行政处罚决定合法性时，应审查行政机关在作出行政处罚决定前是否依法向当事人履行了法定的告知义务、告知的内容是否完整、是否保障了当事人的陈述或申辩权利，行政机关主张当事人放弃陈述或申辩权的，是否有证据予以证明。对行政机关不履行告知义务就作出行政处罚决定的，本法第38条第2款明确规定，违反法定程序构成重大且明显违法的，行政处罚无效。即若行政机关不履行行政处罚决定作出前的告知义务，明显属于重大程序违法，该行政处罚决定无效。

（史笔　撰写）

第四节 听 证 程 序

第六十三条 【听证的适用范围】行政机关拟作出下列行政处罚决定，应当告知当事人有要求听证的权利，当事人要求听证的，行政机关应当组织听证：

（一）较大数额罚款；

（二）没收较大数额违法所得、没收较大价值非法财物；

（三）降低资质等级、吊销许可证件；

（四）责令停产停业、责令关闭、限制从业；

（五）其他较重的行政处罚；

（六）法律、法规、规章规定的其他情形。

当事人不承担行政机关组织听证的费用。

【修改提示】

听证不仅是行政处罚的重要程序，亦是当事人享有的重要程序性权利。听证的基本内涵是“听取当事人的意见”，是申辩制度的重要内容，对于规范行政机关依法处罚，保护公民合法权益具有重要作用。本条根据实践经验和行政处罚公正公开原则，在修订前的《行政处罚法》第42条规定的基础上对听证适用范围进行了修改完善。相较前者，本条修改主要有以下几个方面：一是结合本法第9条规定的行政处罚种类对听证的适用范围作出详细规定，将行政执法实践中常用的诸如没收较大数额违法所得、没收较大价值非法财物、降低资质等级、责令关闭、限制从业等对当事人权益产生较大不利影响的行政处罚种类纳入听证适用范围；二是增加概括条款和兜底条款，将符合其他较重的行政处罚或法律、法规、规章规定的其他情形的条件的，亦纳入听证适用范围；三是本条第2款明确了当事人不承担听证费用；四是删除了原条文第2款“当事人对限制人身自由的行政处罚有异议的，依照治安管理处罚法有关规定执行”的规定。

【条文解读与法律适用】

本条是关于听证范围的规定。本条规定在本法第五章“行政处罚的决定”第四节“听证程序”之中，重点明确听证的适用范围。

所谓听证，是指在行政机关非本案调查人员的主持下，由调查取证人员、案件当事人、利害关系人以及委托代理人参加，听取各方的陈述意见、质证、提供证据的一种法律制度。[①] 行政机关在作出符合本条规定的行政处罚决定之前，必须告知当事人其违法事实、给予行政处罚的理由和依据，并告知当事人依法享有的权利，当事人有权依法要求听证。行政机关通过听证，听取当事人的陈述和申辩，合理考虑其理由，查明案件事实，以确保作出的行政处罚决定公正合法。听证程序赋予当事人为自己辩解的权利，行政机关将违法事实及理由依据事先告知当事人，当事人有权充分表达自己的意见和主张，提出有利于自己的证据，反驳不利于自己的证据，为自己进行辩解，促使行政机关审慎作出处罚，确保处罚合法合理；听证亦可舒缓行政机关与行政相对人的紧张对立关系，增强行政执法公信力。

本条进一步扩大了听证的适用范围，对行政机关拟作出何种类型行政处罚应当组织听证进行具体规定。修订前的《行政处罚法》将听证的适用范围限定在“责令停产停业、吊销许可证或者执照、较大数额罚款等行政处罚决定”，并明确行政拘留适用《治安管理处罚法》的规定，将其排除在听证范围外。对于原条文中“等”系“等内等”抑或“等外等”，理论界与实务界存在分歧。近年来，适当扩大行政处罚听证适用范围的社会呼声渐高，理论界和实务界多予关注。本条修订用肯定列举式规定和概括式规定列明听证适用的行政处罚具体类型，总结了各地各类行政执法改革创新成果与经验，增强了实践可操作性，回应了社会关切，对于权利的有效保障和法治政府建设均具有重大意义。具体分述如下。

---

① 章剑生：《行政听证制度研究》，浙江大学出版社2010年版，第2—3页。

一、较大数额罚款

本项与修订前的《行政处罚法》第 42 条有关听证范围的规定并无二致。如何确定“较大数额”，本项未作统一规定，主要考虑不同地区、不同执法领域实际情况不同，不宜“一刀切”。实践中，各省、自治区、直辖市根据各地经济发展情况等因素均在各自的行政处罚听证程序具体实施办法中作出了具体规定。国务院部委在一些部门行政处罚程序规定中亦对较大数额作了明确规定。各地行政机关应根据本项内容，结合《立法法》关于法律效力层级的规定，准确、据实适用法律、法规、规章对于较大数额的具体规定，依法告知当事人听证权。

二、没收较大数额违法所得、没收较大价值非法财物

本项将较大数额没收的财产类行政处罚纳入听证范围，系司法实践成果在法律规范上的体现。最高人民法院于 2012 年发布的指导案例 6 号裁判要旨指出：“行政机关作出没收较大数额涉案财产的行政处罚决定时未告知当事人有要求举行听证或者未依法举行听证的，人民法院应当依法认定该行政处罚违反法定程序。”① 司法实践已将此类情形纳入听证适用范围，不同地区及执法领域的规章等亦已将该类处罚归为事先听证事项。较大数额没收类的行政处罚，实质与较大数额罚款类似，均系剥夺当事人对自身财物的控制，并对当事人财产权利造成重大影响。因此，本条将较大数额没收类行政处罚纳入了听证范围。

三、降低资质等级、吊销许可证件

本法第 9 条将执法实践中行政机关作出的降低资质等级明确为行政处罚的种类，固定了实践经验，夯实了规范依据。该类处罚与吊销许可证件在性质及后果上类似，均系对行政相对人从事某项职业或工作资格等的减损或剥夺，对相对人资格权利造成较大不利影响，将其纳入听证范围符合听证制度

---

① 黄泽富、何伯琼、何熠诉成都市金堂工商行政管理局行政处罚案，参见最高人民法院：《最高人民法院发布第二批指导性案例》，http：//www. court. gov. cn/zixun－xiangqing－3890. html，最后访问时间：2021 年 1 月 22 日。更早的司法实践参见《最高人民法院关于没收财产是否应当进行听证及没收经营药品行为等有关法律问题的答复》（〔2004〕行他字第 1 号），其中指出，人民法院经审理认定，行政机关作出的没收较大数额财产的行政处罚决定前，未告知当事人有权要求举行听证或者未按规定举行听证的，应当根据《行政处罚法》的有关规定，确认该行政处罚决定违反法定程序。

的价值追求。行政机关在作出上述处罚前应当告知当事人听证权。

四、责令停产停业、责令关闭、限制从业

与修订前的《行政处罚法》相比，本法第9条将限制开展生产经营活动、责令关闭、限制从业明确为行政处罚种类，本项将责令关闭、限制从业纳入行政处罚听证范围。责令关闭、限制从业与责令停产停业具有类似性。责令停产停业是行政机关以强制手段暂时剥夺行政相对人生产、经营权利的一种行政处罚。而限制从业、责令关闭亦是对相对人生产经营权加以限制甚至剥夺的处罚方式。该类处罚均对行政相对人的生产经营权造成重大影响，理应纳入听证范围。

五、其他较重的行政处罚

本项用概括方式规定了其他较重的行政处罚应当适用听证程序。至于其他较重行政处罚具体指何种处罚，最高人民法院发布的指导案例6号明确，在司法实践中修订前的《行政处罚法》第42条中“等”字适用的是“类似性的标准”,[①] 故听证可以适用于其他类似性质的行政处罚。本项之所以这样规定，主要鉴于不同地区和领域的行政管理与处罚具有多样性，立法难以穷尽纳入听证范围的行政处罚类型，客观上需要在文本与实践的张力中给予一定的缓冲空间，以保持行政处罚听证制度的弹性。原则上，拟作出的行政处罚与本条规定的行政处罚相类似且对行政相对人合法权益产生重大影响的，应当告知当事人听证权。

六、法律、法规、规章规定的其他情形

此为兜底条款，旨在确保法条逻辑结构的完整性，提升法律体系的一致性，亦尊重立法、执法实践的灵活性、特殊性。据统计，现已有诸多规章对不同管理领域形式多样的行政处罚规定了事先听证程序，行政机关应当准确加以适用，并根据本法第64条、第65条的规定完善听证程序，审慎作出处罚。

（于博　撰写）

① 石肖雪：《行政处罚听证程序适用范围的发展—以法规范与案例的互动为中心》，载《华东政法大学学报》2013年第6期。

第六十四条　【听证的基本程序】听证应当依照以下程序组织：

（一）当事人要求听证的，应当在行政机关告知后五日内提出；

（二）行政机关应当在举行听证的七日前，通知当事人及有关人员听证的时间、地点；

（三）除涉及国家秘密、商业秘密或者个人隐私依法予以保密外，听证公开举行；

（四）听证由行政机关指定的非本案调查人员主持；当事人认为主持人与本案有直接利害关系的，有权申请回避；

（五）当事人可以亲自参加听证，也可以委托一至二人代理；

（六）当事人及其代理人无正当理由拒不出席听证或者未经许可中途退出听证的，视为放弃听证权利，行政机关终止听证；

（七）举行听证时，调查人员提出当事人违法的事实、证据和行政处罚建议，当事人进行申辩和质证；

（八）听证应当制作笔录。笔录应当交当事人或者其代理人核对无误后签字或者盖章。当事人或者其代理人拒绝签字或者盖章的，由听证主持人在笔录中注明。

【修改提示】

本条是关于行政机关组织听证的程序规定。修订前的《行政处罚法》中，本条属于第 42 条的一部分内容，此次修改将听证程序作为单独条文，使得条文之间逻辑更加科学、严密，进一步明确行政机关组织听证活动的法定程序，体现了严格规范公正文明的执法要求。

为兼顾保护行政相对人合法权益与提高行政效率，本条对听证程序的细节作了较多调整和完善。一是放宽了行政相对人申请听证的期限。本条将行政相对人可以要求听证的期限由行政机关告知后“三日内”修改为“五日内”，适当延长了申请期限。二是适当扩大听证参与人员的范围。本条要求行政机关通知的人员范围扩大至“有关人员”，如与行政处罚行为有法律上利害关系的第三人亦应当被通知参加听证。三是明确行政相对人参与听证活动的权利义务及缺席的后果。行政相对人及其代理人均有按时到通知地点参加听证的义务，行政相对人及其代理人无正当理由拒不出席听证或者未经许可中途退出听证的，视为放弃听证权利，行政机关终止听证。行政相对人及其代理人在听证结束后有权对听证笔录进行核对并签名或盖章，如行政相对人及其代理人拒绝签名或盖章，由听证主持人在笔录中注明即可。前述修改内容有效解决了行政机关实际工作中的困境和难题，便于行政机关依法应对，有利于提升行政程序法治化水平，兼顾行政效率。

【条文解读与法律适用】

本条是关于听证基本程序的一般规定，具体包括当事人申请听证的期限、行政机关的通知义务、听证程序的公开举行及例外、听证主持人中立、听证委托代理人、缺席听证的法律后果、当事人在听证过程中的权利及听证笔录的要求八个方面。

一、当事人申请听证的期限

本条修订了当事人要求听证的期限，原条文规定应当在行政机关告知后 3 日内提出，本条适当延长当事人申请听证的期限至 5 日内，进一步保障当事人的听证权利。这里的“5 日内”是不变期限，本法没有作出可以延长的规定，如果行政相对人超出规定期限行使该权利，不受法律保护。

二、行政机关的通知义务

行政机关应当在举行听证的 7 日前，通知当事人及有关人员听证的时间、地点。在行政机关组织听证前，应当给予当事人必要的准备时间，本法规定这一期限最少为 7 日，多出不限。本条将通知有关人员的义务一并作出规定，相应扩大了通知范围。这里的“有关人员”，可以理解为行政机关认为与案件有利害关系的、有利于查清事实的证人、鉴定人、勘验人、翻译人员及其他应当参加听证的人员。本项的修改适当拓宽了听证参加人员的范围，更有利于查清事实，作出处理。

三、听证程序的公开举行及例外

原则上，听证程序应当公开举行，允许旁听，但涉及国家秘密、商业秘密或者个人隐私依法予以保密的除外。根据《保守国家秘密法》第 2 条的规定，国家秘密是指关系国家安全和利益，依照法定程序确定，在一定时间内只限一定范围的人员知悉的事项。根据《反不正当竞争法》第 9 条第 4 款的规定，商业秘密是指不为公众所知悉、具有商业价值并经权利人采取相应保密措施的技术信息、经营信息等商业信息。根据《民法典》第 1032 条第 2 款的规定，隐私是自然人的私人生活安宁和不愿为他人知晓的私密空间、私密活动、私密信息。涉及前述国家秘密、商业秘密及个人隐私依法应予以保密的，听证不公开举行。

四、听证主持人中立

听证主持人是指由行政机关指定，在听证程序中处于主导地位，组织与主持听证活动，确保听证活动顺利进行的行政机关工作人员。听证主持人主持听证具有准司法性，要求听证主持人在听证程序中具有相对独立的法律地位，确保当事人与调查人员平等地参与听证活动。为了确保听证主持人的公正中立，本条规定本案调查人员不能担任本案听证程序的主持人。同时，当事人认为主持人与本案有直接利害关系的，有权申请回避，以确保听证程序的公正性。如果行政机关认为当事人的回避申请成立，则应当另行指定听证程序的主持人。

五、听证委托代理人

当事人可以自行参加听证，进行陈述、申辩、反驳、辩论等，行使听证权利，也可以委托他人行使权利，由他人代理自己参加听证。代理人在听证过程中的陈述、申辩、反驳、辩论等视为委托人的意见。如果当事人委托他人参加听证，应向行政机关提供法定的委托手续，代理人代理他人参加听证，需有委托人的明确授权。关于代理人的人数，本条规定限于 1 至 2 人。

六、缺席听证的法律后果

本项系新增内容，对在实践中出现的当事人及其代理人无正当理由拒不出席听证或者未经许可中途退出听证的情形如何处理予以回应。对于当事人申请听证，行政机关已经做好听证的组织工作，通知了时间及地点，当事人及其代理人无正当理由拒不出席听证或者在听证活动进行中未经许可中途退出的，视为当事人放弃听证权利，行政机关终止听证，行政机关可进入下一步处罚程序，体现了行政效率的要求，亦对恶意反复以申请听证为由阻碍行政处罚的行为进行了规制。

七、当事人在听证过程中的权利

听证重在听取当事人的意见。举行听证时，调查人员应当提出当事人违法的事实、证据和行政处罚建议，当事人有权提出对自己有利的证据，对调查人员提供的证据进行质证，反驳调查人员的观点，对调查人员进行质问、与调查人员进行辩论。调查人员应当认真对待当事人提出的证据，充分考虑当事人提出的意见，审慎作出行政处罚。

八、听证笔录的要求

本法第 65 条规定，行政机关应当根据听证笔录依法作出决定，该规定对听证笔录提出了更高要求。行政机关应当对听证程序制作笔录，笔录应当准确无误。行政机关应当将笔录交当事人或其代理人核对，当事人或其代理人认为笔录记载与其陈述的内容不符，应当向行政机关提出，行政机关确认确有不符的，应当予以更改。核对无误后，当事人或其代理人应当签字或者盖章，当事人或其代理人拒绝签字或者盖章的，由听证主持人在笔录中注明。

此外，还需注意的问题是，如果当事人在被告知听证权利时，明确表示不申请听证，行政机关可否迳行作出行政处罚或者待 5 日结束后再作行政处罚？实践中，两种做法均有体现。一种观点主张迳行作出行政处罚，理由是，行政机关已经履行了告知义务，当事人明确表示不申请听证，应视为其自愿放弃听证的权利，行政机关从行政效率出发，可以迳行作出行政处罚。另一种观点主张法定期限届满后再作出处罚，理由为，法律赋予当事人要求听证的权利，并确定了申请期限，为充分保障当事人该项权利，应待申请有效期限届满后再作出处罚决定。我们认为，为提高行政效率，促进行政相对人就听证事项进行理性选择，同时促进当事人遵守诚实信用原则，采用第一种观点为宜。但行政机关自愿等法定期限届满后再作出处罚决定的亦应允许。

（焦琰茹　撰写）

第六十五条 【听证结束后的处理】听证结束后，行政机关应当根据听证笔录，依照本法第五十七条的规定，作出决定。

【修改提示】

本条是关于听证程序结束后，行政机关如何处理的规定，主要有两处修改：一是增加行政机关“应当根据听证笔录”的规定；二是根据其他条文序号的变更作出相应修改，即由“依照本法第三十八条的规定”修改为“依照本法第五十七条的规定”。本条修改的重点是增加行政机关应当根据听证笔录作出决定，明确听证笔录亦是行政机关作出行政处罚决定的根据。关于本条，立法机关公布的修订草案中最初的修改意见是：“听证结束后，行政机关应当结合听证笔录，依照……。”对此，有学者提出了质疑，认为这一规定未从根本上解决问题，如果规定为“结合听证笔录”，那么行政机关虽然要考虑和使用听证中经出示、质证的证据，但不限于考虑和采用这些证据，其还可以任意考虑和采用未在听证中出示、质证过的证据，这样显然会使听证的作用大打折扣，[①] 并提出将“结合”修改为“根据”，以进一步明确听证笔录对于行政机关作出行政处罚决定的效力及约束力。立法机关采纳了该修改建议，形成了本条规定。

根据本条内容，行政机关对听证程序中的证据、质证意见、行政相对人的陈述、申辩意见等是否采纳均应当作出说明，以充分发挥听证程序的实质作用，确保行政处罚合法合理。

【条文解读与法律适用】

本条规定行政机关作出行政处罚决定“应当根据听证笔录”，具体可从以下方面理解。

一是听证程序是行政机关调查案件事实的方式之一。听证程序是行政机

① 姜明安：《精雕细刻，打造良法——修改〈行政处罚法〉的十条建议》，载《中国法律评论》2020 年第 5 期。

关调查案件事实的手段，在听证程序中，调查人员仅提出行政处罚的建议，行政相对人可以发表意见、提出申辩、出示证据。在听证结束后，行政机关根据听证过程中提交的证据及听证调查情况，依照本法第 57 条规定的不同情况，分别作出决定。

二是听证笔录应当作为行政处罚决定作出的根据。听证笔录作为听证活动的完整记录，能够全面、准确呈现行政机关提出的行政相对人违法的事实、证据和行政处罚建议以及行政相对人提出的陈述、申辩意见、质证意见等内容。行政机关作出后续行政决定时，应当对听证程序中是否采纳证据、是否采纳行政相对人的陈述申辩、查明事实等相关情况作出说明，根据听证笔录的内容作出行政决定。行政机关不应采纳未经听证程序而由调查机关任意提交的事实和证据作为行政处罚的根据。

关于本条的适用，对行政机关而言，在行政处罚程序中，应当更加重视通过听证程序查明案件事实、固定相关证据，将听证笔录中载明的事实、证据作为后续行政机关负责人审查、法制审核或集体讨论决定的根据。对司法机关而言，在本条修改前，人民法院在审理涉及听证程序的行政处罚类案件时，对听证程序的司法审查主要还是解决“有无”的问题，即应当进行听证程序的案件是否进行了听证，而对于听证笔录在行政处罚决定中是否被行政机关采纳，是否作为行政处罚的根据，则鲜有涉及。根据本条规定，对于需要事先听证的行政处罚，人民法院应当对行政机关作出处罚决定前听证笔录固定的事实根据、定案证据等进行审查，对于听证笔录固定之外的事实及证据，不应作为行政处罚决定合法的依据。

（张志良　撰写）

第六章　行政处罚的执行

本章概述

第六章共10条，此次修订主要有9处修改完善：一是本章条文由原来的11条修改为目前的10条，减少一条。二是在第66条将当事人缴纳罚款时间准确表述为“行政处罚决定书载明的期限”，同时增加延期或者分期缴纳罚款的内容作为第2款。三是首次在第67条中确立了电子支付系统缴纳罚款的方式。四是在第68条中将当场收缴罚款的数额提高至100元。五是第70条规定了当场收缴罚款时执法人员应出具专用票据的义务。六是第72条第1款中增加了一项作为第3项，增加了一款作为本条第2款。从内容看，增加了加处罚款数额不得超过罚款数额的规定，同时还明确了当事人延期、分期缴纳罚款的，行政机关申请强制执行的时间等内容。七是将修订前的《行政处罚法》第45条的内容调整至第73条作为第1款，并增加当事人申请暂缓执行，以及申请行政复议或提起行政诉讼时加处罚款如何计算的内容。八是在第74条中增加了罚没款项禁止返还，以及禁止与考核挂钩的内容。九是在第75条中增加了对行政机关实施行政处罚进行内部和社会监督的内容。

第六十六条 【处罚决定的自行履行】 行政处罚决定依法作出后，当事人应当在行政处罚决定书载明的期限内，予以履行。

当事人确有经济困难，需要延期或者分期缴纳罚款的，经当事人申请和行政机关批准，可以暂缓或者分期缴纳。

【修改提示】

本条是对当事人自行履行行政处罚决定的规定。在条文第 1 款中将当事人履行“行政处罚决定的期限”修改为“行政处罚决定书载明的期限”，两者相比，后者的表述更加准确，体现了立法者的严谨与缜密。同时，将修订前的《行政处罚法》第 52 条暂缓或者分期缴纳罚款的内容调整至本条作为第 2 款，增强了本部法律的内在逻辑性。

【条文解读与法律适用】

一、行政处罚决定的自行履行

行政处罚决定生效后，当事人应当自觉履行。判断当事人是否自行、主动履行了处罚决定应从以下三个方面展开：一是当事人是否实际履行。行政处罚决定书依法送达后，当事人应当以自己的实际行动履行行政处罚决定所设定的义务，如缴纳罚款、主动停产停业、改正违法行为等，即以实际的作为或者不作为履行行政处罚决定。二是当事人是否按时履行。通常情况下，行政处罚决定书都会载明当事人履行处罚决定的期限，如在行政处罚决定作出后 15 日内到指定的银行缴纳罚款等。如果当事人逾期不缴纳罚款，就意味着其已经放弃自愿履行的机会，行政机关便可以采取强制措施，督促或迫使其履行。三是当事人是否完全履行。当事人接到行政处罚决定书后，应当全面履行行政处罚决定的内容，不能只履行其中的一部分。如果行政处罚决定要求当事人缴纳罚款并责令其停产停业，而当事人只缴纳了罚款却没有停产停业，就属于没有完全履行行政处罚决定。在这种情况下，当事人违反了依法履行行政处罚决定的义务，其不完全履行行为将导致强制履行的后果。

二、行政处罚决定的履行期限

根据本条规定，行政处罚决定依法作出后，当事人应当在行政处罚决定书载明的期限内予以履行。修订前的《行政处罚法》在第44条把履行期限表述为“行政处罚决定的期限”，这很容易造成歧义。因为，行政处罚决定书本身作为正式的法律文书，也应当明确作出时间，并加盖行政机关的公章。这在修订前的《行政处罚法》第39条第1款第6项、第2款以及本法第59条第1款第6项、第2款均有规定。如果不加以明确，行政处罚决定书落款的期限和行政机关要求当事人履行处罚决定的期限就容易混淆，给法律的适用带来不必要的麻烦。此次修法采用更严谨的语言，弥补了漏洞，消除了歧义。

需要指出的是，行政处罚的生效时间和当事人履行处罚决定的时间是两个不同的概念，在执法和司法实践中应当严格加以区分。首先，两者虽有关联，但存在质的不同。行政处罚的生效时间是指行政处罚作出后发生效力的时间。对于行政处罚生效时间有不同的看法。有观点认为，行政处罚不仅要等当事人的行政复议或者起诉期限届满，还要等最终的司法文书生效后才真正生效。另一种观点则认为，行政处罚决定的生效时间是行政处罚决定书送达当事人之日。根据本法第73条第1款的规定：“当事人对行政处罚决定不服，申请行政复议或者提起行政诉讼的，行政处罚不停止执行，法律另有规定的除外。”由此可见，当事人申请行政复议或者提起行政诉讼均不构成阻却其执行行政处罚决定的理由，故行政处罚实现力（或称执行力）生效的时间应当是行政处罚决定书送达之日。而行政处罚决定的履行时间则是指当事人依照生效的行政处罚决定完成该决定所确定义务的期限。该期限由行政机关依据其裁量权，根据具体案件的实际情况确定。所以，行政处罚的生效时间是一个时间点，而当事人履行处罚决定的时间则是一个时间段。其次，行政处罚决定的履行时间要以该决定的生效为前提。行政处罚决定作出后，行政机关应当依照《民事诉讼法》的规定，依法向当事人送达。一般情况下，行政处罚决定书一经送达，当事人即应履行处罚决定所确定的义务。也就是说，行政处罚决定实现力的生效时间就是处罚决定履行时间的起算点。

三、罚款的延期或者分期缴纳

在此次修法过程中，有观点认为，为切实减轻当事人的经济负担，如其确实存在经济困难的，可以减少缴纳罚款。最终，本法未采纳该意见，仍然坚持了以往延期或者分期缴纳罚款的制度设计，从时间和缴纳数额上为当事人提供纾困方案。根据本条规定，当事人申请延期或者分期缴纳罚款需要符合以下几个条件：

1. 行政机关依法作出了对当事人予以罚款的行政处罚决定，且已经生效。本法在第 9 条列举了包括人身罚、财产罚、资格罚、行为罚、名誉罚等 6 类行政处罚。本条第 2 款针对的仅是财产罚，即要求当事人在规定期限内缴纳一定数量的罚款。行政机关对当事人作出处罚决定且已经依法向其送达，是该当事人向行政机关申请延期或者分期缴纳罚款的前提。

2. 当事人缴纳罚款存在困难。客观上，当事人因经济困难无法在行政处罚决定书载明的时间内缴纳罚款的情况可能会出现。主观上，当事人有主动、自觉履行处罚决定的意愿，但限于客观上存在的经济困难导致其没有能力按期缴纳罚款，故并非当事人故意而为之。比如在 2020 年年初，突如其来的新冠肺炎疫情在全球范围内肆虐，对企业和人民的生产、生活造成了极大的影响。疫情冲击下，经济大循环按下“暂停键”，各部门的生产、分配、交换、消费活动被冻结，经济产出严重缩水，包括家庭、企业、政府部门在内的经济主体收入锐减，陷入流动性困难。在此情况下，行政机关依法为当事人提供延期或分期缴纳罚款的方式，既很好地回应了社会现实需求，也体现了本法所确定的处罚与教育相结合的原则。

3. 当事人提出申请。原则上，当事人应当在规定期限内及时缴纳罚款，只有存在经济确实困难的例外情形，其才可以主动提出申请，请求延期或分期缴纳罚款。毫无疑问，当事人在提出申请时，应当提供具有说服力的材料，实事求是地向行政机关呈现缴纳罚款时存在的经济困难。

4. 行政机关批准。本法设置延期或分期缴纳罚款的制度初衷在于为经济困难的当事人提供纾困的途径。通过延期或分期缴纳罚款使得当事人的现金流得到恢复，不至于陷入生活或经营的绝境。但延期或分期缴纳罚款毕竟不是常态，必须经行政机关审查后，确认当事人短时间内无法缴纳的，方能批准。如不严格进行认真审查，就会变相鼓励当事人迟缴罚款，从而减损处罚决定的效力。从另一方面看，行政机关也要认真履职，对符合条件的当事人予以批准。因为，对于那些在规定期限内确实无法缴纳罚款的当事人，要求其依照处罚决定书载明的期限执行处罚决定不仅没有可执行标的，无法实现执行目的，还会损害行政处罚的权威性和有效性。

（张松波　撰写）

第六十七条 【罚款的缴纳】作出罚款决定的行政机关应当与收缴罚款的机构分离。

除依照本法第六十八条、第六十九条的规定当场收缴的罚款外，作出行政处罚决定的行政机关及其执法人员不得自行收缴罚款。

当事人应当自收到行政处罚决定书之日起十五日内，到指定的银行或者通过电子支付系统缴纳罚款。银行应当收受罚款，并将罚款直接上缴国库。

【修改提示】

本条是对罚缴分离原则的规定，其中第1款的内容没有修订，第2款因其他条文的调整，将原来的第47条、第48条变更为第68条和第69条，并在第3款新增了通过电子支付系统缴纳罚款的内容。

【条文解读与法律适用】

一、行政处罚的罚缴分离原则

行政处罚的罚缴分离原则系由1996年《行政处罚法》确立，是指行政机关作出处罚决定后，被处罚人到指定的银行缴纳罚款的制度安排。之所以将作出罚款决定的机关与收取罚款的机关分离开来，主要针对的是一些行政机关存在的将罚款与行政机关经费进行挂钩的情形，有些行政机关甚至将罚款作为创收的手段。此举严重影响了行政机关执法的公平、公正，损害了行政机关的形象和权威。因此，本条规定，原则上凡是缴纳罚款的，均应当遵循罚缴分离的原则。但是，本法还在第68条和第69条规定了执法人员可以当场收缴罚款的情形。除了上述两条法律规定中明确的三种特殊情形外，执法人员必须严格执行罚缴分离的原则，否则就会面临程序违法的风险。例如，在天津市高级人民法院审理的〔2018〕津行再字1号“宋某颖诉万新派出所行政处罚案”中，公安机关认定宋某颖殴打他人，对其处以500元罚款。行政处罚决定向宋某颖送达后，其将500元罚款交给万新派出所民警。对此，天津市高级人民法院认为，罚缴分离是《行政处罚法》的一项基本原则，即作出罚款的机关与收缴罚款的机构应当分离，一般不允许自罚自收的现象存在。万新派出所对宋某颖处以500元罚款，超过法律规定可以当场收缴的数额，且宋某颖不存在不当场收缴事后难以执行的可能，也不存在交通不便，到指定银行缴纳罚款困难的情形，故万新派出所对宋某颖的罚款不符合当场收缴的条件。最终，天津市高级人民法院确认万新派出所当场收缴宋某颖罚款500元的行为违法。

二、电子支付系统缴纳罚款

此次修法首次将电子支付系统写入法律。所谓电子支付是指付款人与收款人之间以非现金的电子形式完成货币交易的行为。当前，我国在5G技术和电子支付方面已经走在世界前列，这种支付手段在提高人们物质文化生活水平方面发挥了重要作用。可以说，电子支付已经影响到人民生活的方方面面，完全改变了以往的交易模式。这其中，电子支付也为缴纳罚款提供了便利条件，当事人可以通过移动终端随时完成罚款缴纳行为。在实际执法过程中，与广大驾驶人员密切相关的交通处罚罚款早已实现了电子支付。鉴于网上交易的迅速发展，在总结大量实践的基础之上，2019年1月1日实施的《电子商务法》从法律层面规范了电子支付行为。2020年11月3日，《中共中央关于制定国民经济和社会发展第十四个五年规划和二〇三五年远景目标的建议》出台。该建议指出，“健全现代流通体系，发展无接触交易服务，降低企业流通成本，促进线上线下消费融合发展，开拓城乡消费市场。发展服务消费，放宽服务消费领域市场准入”。上述建议的提出，充分体现了电子支付在实现国民经济和社会发展第十四个五年规划和二〇三五年远景目标方面的重要作用。本法在保留以往到指定银行缴纳罚款的规定的同时增加了电子支付的方式，这无疑顺应了经济、社会生活的发展方向和时代潮流，既方便了当事人，也节约了行政成本，还大幅提高了办事效率。

（张松波　撰写）

第六十八条 【当场收缴罚款】依照本法第五十一条的规定当场作出行政处罚决定，有下列情形之一，执法人员可以当场收缴罚款：

（一）依法给予一百元以下罚款的；

（二）不当场收缴事后难以执行的。

【修改提示】

本条由修订前的《行政处罚法》第47条沿革而来，并作出部分修改，具体如下：一是将适用依据由修订前的《行政处罚法》第33条修改为本法第51条；二是为适应行政执法实际需要，将当场收缴罚款的数额由二十元提高至一百元。

【条文解读与法律适用】

高效便民是依法行政的基本要义之一，行政机关实施行政管理的过程中，应当遵守法定时限，积极履行法定职责，提高办事效率，提供优质服务，方便公民、法人和其他组织，统筹兼顾行政效率和便利当事人。本条关于当场收缴罚款范围的规定即是高效便民原则的具体体现。本法虽明确了作出罚款决定与收取罚款的机构相分离的罚缴分离制度，但这并不意味着所有的罚款必须由当事人自行到指定银行缴纳或者通过电子支付系统缴纳。为减少当事人的履行成本，切实提升行政效率，本着对客观实际的尊重，当场收缴某些罚款是必要的。是否当场收缴罚款应从以下三个方面来加以判断：一是不当场收缴罚款是否影响到处罚决定的执行。如对流动摊贩的违规经营行为，作出处罚决定后如不当场收缴罚款，事后该处罚决定就难以执行，这种情况应当纳入当场收缴罚款的范围。二是当场收缴罚款是否可以减轻当事人的履行负担。在追求效率的时代背景下，为节省当事人的履行时间成本，对部分违法事实确凿的简单行政处罚，如电动车驾驶人未佩戴头盔等，可以当场收缴罚款。三是当场收缴罚款是否可能对当事人的合法权益造成较大的损害。如对企业所作的较大数额的处罚决定实行当场收缴，一旦处罚决定存有不当，即便事后改正，也可能对该企业造成较大的损害，此种情形就不应当场收缴罚款。依据本条规定，执法人员依照简易程序依法当场作出行政处罚决定，存有下列情形的，可以当场收缴罚款：

1. 依法给予100元以下罚款的，执法人员可以当场收缴。设置当场收缴制度的初衷在于：（1）当事人的违法事实较为简单，能够当场确认，如治安管理违法行为、道路交通违法行为、市场经营违法行为等，罚款数额较小但在行政处罚数量中占比较大，当场收缴能够提升行政效率；（2）如果规定当事人必须到指定银行缴纳罚款或通过电子支付系统缴纳罚款，显然会增加当事人的履行成本，同时也会增加代收罚款银行的工作量，造成社会资源浪费。之所以将当场收缴的罚款数额标准从20元提高到100元，也是顺应了经济发展和公民个人收入增长的实际情况，从提高行政效率和方便当事人的角度出发考虑的。

2. 不当场收缴罚款事后难以执行的，执法人员可以当场收缴。此种情形下，执法人员当场收缴罚款需符合两个条件：一是罚款数额符合一定的限制。出于罚缴分离制度的衡量，本法第51条对可以当场作出处罚决定的数额明确为公民200元以下、法人或者其他组织3000元以下。二是如不当场收缴罚款事后难以执行。行政执法实践中，主要有以下几种常见的情形：（1）对流动人员作出处罚决定。随着经济社会的不断发展，我国流动人口的规模不断扩大。人口的流动在增强社会活力的同时，也对行政机关的执法提出了挑战。如执法人员依照本法第51条作出处罚决定，不当场收缴罚款的，势必造成处罚决定难以执行的隐患。因此，特殊情形下当场收缴罚款就解决了上述现实难题。其实，在一些单行法中，对流动人口当场收缴罚款早已有了规定。例如，《治安管理处罚法》在第104条就规定："受到罚款处罚的人应当自收到处罚决定书之日起十五日内，到指定的银行缴纳罚款。但是，有下列情形之一的，人民警察可以当场收缴罚款：（一）被处五十元以下罚款，被处罚人对罚款无异议的；（二）在边远、水上、交通不便地区，公安机关及其人民警察依照本法的规定作出罚款决定后．被处罚人向指定的银行缴纳罚款确有困难，经被处罚人提出的；（三）被处罚人在当地没有固定住所，不当场收缴事后难以执行的。"（2）对没有固定经营场所的流动摊贩作出处罚决定。我国经济多年的持续高速发展使得市场上商品的供应空前丰富，以前走街串巷、兜售日用品的小货郎日渐稀少。但城市中小餐饮、小摊贩无证经营的问题却是屡见不鲜，成为行政机关执法的难点。这些小摊贩流动经营，与执法人员玩“捉迷藏”，逃避监管。有些经营者甚至未随身携带能够证明身份的相关证件，执法人员如不当场收缴罚款，事后很可能就再也找不到该被处罚人。为保证行政罚款决定能够得以执行，规定执法人员当场收缴罚款是十分必要的。

需要注意的是，在执法实践中，行政机关当场作出处罚决定还有一些特殊情形。相对于《行政处罚法》，《道路交通安全法》《治安管理处罚法》《森林法》等系特别法。根据一般法理，如果特别法的规定与一般法规定不同的，应当适用特别法。因此执法人员在决定是否当场作出处罚决定时，还要注意特别法的相关规定，做好一般法和特殊法的衔接。在原南京铁路运输法院审理的〔2017〕苏 8602 行初 2000 号“朱某胜诉南京交警三大队、南京市交管局处罚决定及行政复议案”中，朱某胜主张，依照修订前的《行政处罚法》的规定，南京交警三大队只有当场作出 20 元以下罚款处罚决定的权力。该大队对其当场作出 50 元的处罚决定违反法律规定。显然，朱某胜关注到了修订前的《行政处罚法》第 47 条的规定，但忽视了《道路交通安全法》第 107 条的规定。该法第 107 条第 1 款就规定，对道路交通违法行为人予以警告、200 元以下罚款，交通警察可以当场作出行政处罚决定，并出具行政处罚决定书。据此，朱某胜认为南京交警三大队对其当场作出 50 元处罚决定违反法律规定的主张缺乏法律依据，不应得到支持。

（房涛　撰写）

第六十九条　【可以当场收缴罚款的特殊规定】 在边远、水上、交通不便地区，行政机关及其执法人员依照本法第五十一条、第五十七条的规定作出罚款决定后，当事人到指定的银行或者通过电子支付系统缴纳罚款确有困难，经当事人提出，行政机关及其执法人员可以当场收缴罚款。

【修改提示】

本条对应修订前的《行政处罚法》第48条，并作出了部分修改：一是将适用依据由修订前的《行政处罚法》第33条、第38条修改为本法第51条、第57条；二是新增了通过电子支付系统缴纳罚款的方式。

【条文解读与法律适用】

本条是关于行政机关及其执法人员可以当场收缴罚款的特殊规定，主要是针对特殊地区收缴罚款所遇到的特殊情况而作出的特别规定。本条既适用于依据简易程序作出的处罚决定，也适用于依据普通程序作出的处罚决定。一般情况下，罚款决定作出后，当事人应该自行到指定银行或通过电子支付系统缴纳罚款。但我国幅员辽阔，因经济发展及地理环境的客观限制，目前仍存在诸多交通不便或者网络信号覆盖不到的地区，如偏远的山区、草原、林区及海洋等。上述地区或是设置的银行网点少、网络信号不畅，或是地理位置偏僻、交通不便，行政机关及其执法人员依法作出罚款决定后，如果要求当事人到指定的银行或通过电子支付系统缴纳罚款，对当事人来说确有困难，不符合客观实际，且会造成当事人的额外负担，反而违背了罚缴分离制度设立的初衷。

依据本条规定，在同时具备以下三个条件的特殊情形下，执法人员才可当场收缴罚款：（1）违法行为地限于边远、水上、交通不便地区。（2）当事人到指定的银行或者通过电子支付系统缴纳罚款确有困难。虽处于边远、水上、交通不便地区，但结合处罚案件及当事人的具体情况，如果当事人到指定的银行或通过电子支付系统缴纳罚款不存有困难的，执法人员不得当场收缴罚款。(3) 当事人自行提出当场缴纳罚款的要求。这是当场收缴罚款的必要条件，如当事人没有提出当场缴纳罚款，其愿意自行到指定的银行或者通过电子支付系统缴纳的，执法人员也不得当场收缴罚款。另，行政机关及其执法人员不得以此为依据，要求或者变相要求当事人“提出”当场缴纳罚款，更不得进行“议价”罚款。

行政执法实践中，涉及边远、水上、交通不便地区缴纳罚款的常见情形有以下几种：(1) 当事人违反《矿产资源法》及《矿产资源开采登记管理办法》的规定实施非法采矿、违规开采，自然资源及相应主管部门在山区作出罚款决定；(2) 当事人违反《草原法》的规定实施非法开垦、破坏草原植被等行为，草原行政主管部门在草原作出罚款决定；(3) 当事人违反《森林法》及《森林法实施条例》的规定实施盗伐林木、毁林采种等行为，林业主管部门在林区作出罚款决定；(4) 当事人违反《海洋环境保护法》的规定实施向海域排放禁止排放的污染物等污染损害海洋环境的行为，行使海洋环境监督管理权的部门在海上作出罚款决定。

（房涛 撰写）

第七十条　【行政机关出具专用票据的义务】行政机关及其执法人员当场收缴罚款的，必须向当事人出具国务院财政部门或者省、自治区、直辖市人民政府财政部门统一制发的专用票据；不出具财政部门统一制发的专用票据的，当事人有权拒绝缴纳罚款。

【修改提示】

本条在修订前的《行政处罚法》中为第 49 条，现修改为第 70 条。本条在表述上作出了部分修改：一是在出具专用票据制发机关前增加了“国务院财政部门”作为统一制发财政专用票据的主体；二是将原条款中的“省、自治区、直辖市财政部门”修改为本条中的“省、自治区、直辖市人民政府财政部门”；三是把原条款中的“罚款收据”修改为本条中的“专用票据”。本条修改的主要意义在于规范了条文表述，使得法条更加严谨，更具指导性和可操作性。

【条文解读与法律适用】

本条是关于行政机关及其执法人员当场收缴罚款应出具专用票据的规定。实践中，可从以下三个层面加以把握：一是行政机关及其执法人员当场收缴罚款的，必须使用国务院财政部门或省、自治区、直辖市人民政府财政部门统一制发的专用票据；二是行政机关及其执法人员必须向当事人出具专用票据；三是行政机关及其执法人员当场收缴罚款的，如果不出具或出具的不是国务院财政部门或省、自治区、直辖市人民政府财政部门统一制发的专用票据，当事人有权拒绝缴纳罚款。

一、罚款专用票据的制发机关

《财政票据管理办法》第 4 条规定：“财政部门是财政票据的主管部门。财政部负责全国财政票据管理工作，承担中央单位财政票据的监（印）制、发放、核销、销毁和监督检查等工作，指导地方财政票据管理工作。省、自治区、直辖市人民政府财政部门，新疆生产建设兵团财政局（以下简称省级财政部门）负责本行政区域财政票据的监（印）制、发放、核销、销毁和监督检查等工作，指导下级财政部门财政票据管理工作。省级以下财政部门负责本行政区域财政票据的申领、发放、核销、销毁和监督检查等工作。”第10条规定：“财政票据由省级以上财政部门按照管理权限分别监（印）制。”依据上述规定，省级以上人民政府财政部门具有监（印）制财政票据的法定职权。国务院财政部门属于省级以上财政部门，当然具有统一制发专用票据的法定职权。本条增加国务院财政部门作为统一制发专用票据的主体，并将原条款中的“省、自治区、直辖市财政部门”修改为“省、自治区、直辖市人民政府财政部门”，表述上与《财政票据管理办法》一致，措辞更为严谨。

二、行政机关出具专用票据的义务

本条所称的专用票据既是行政机关及其执法人员当场收缴罚款的原始凭证，也是财政、审计及上级行政执法机关进行检查监督的主要依据，还是当事人申请行政复议或提起行政诉讼的重要证据。此次修法将修订前的《行政处罚法》第49条中“罚款收据”的表述修改为“专用票据”。现实中，收据的种类较多，部分收据类似于“白条”，是单位内部的自制凭据，游离于财政部门的监管之外。一些行政机关正是利用收据的非制式特性，超越职权，任意增加收费项目，或随意对企事业单位和公民处以罚款，导致乱罚款现象滋生。对此，中共中央、国务院早在1990年9月就曾印发《关于坚决制止乱收费、乱罚款和各种摊派的决定》，要求各种收费和罚款都必须使用财政部门统一制定的票据，否则单位和个人有权拒付。为贯彻《行政处罚法》，加强对当场处罚罚款票据的管理，财政部在2000年7月4日印发《当场处罚罚款票据管理暂行规定》。在该规定中，将罚款票据分为通用票据和专用票据。此后，为进一步规范财政票据行为，财政部于2012年又制定了《财政票据管理办法》。得益于上述规定的出台，以及打击力度持续加大等因素，采用收据对当事人进行乱罚款的现象得到了明显遏制。例如，李某于2008年9月25日上午开车经过某市红旗路与农业路交叉口时，① 因逆向行驶被民警拦下。执勤民警当场作出处罚决定，对李某罚款100元扣2分，并当场收缴罚款。但民警仅

① 参见法律出版社法规中心编：《中华人民共和国行政处罚法配套规定（实用注解版）》，法律出版社2012年版，第67页。

出具了“交通违规罚款收条”，该收条没有省级人民政府财政部门的印章，仅有该市交警队的公章和该交警的签名。在该案中，民警出具的罚款收据并非省级以上财政部门统一制发，故明显不当，李某依法有权拒绝缴纳罚款。此次本法修订把“罚款收据”修改为“专用票据”，就注意到了不同法律规范之间的有效衔接，也吸收了实践中的做法。

三、专用票据的统一制发

行政处罚中常见的财产罚手段有罚款、没收非法财物、没收违法所得等。[①] 罚款作为财产罚的一种，最终也要纳入财政收入。因而，行政机关及其执法人员当场收缴罚款出具的专用票据由财政部门统一制发符合法理。所谓统一制发，是指专用票据的格式是由国务院财政部门或省、自治区、直辖市人民政府财政部门设计，由国务院财政部门或省、自治区、直辖市人民政府财政部门指定的印刷厂印刷，并盖有国务院财政部门或省、自治区、直辖市人民政府财政部门票据专用章。[②] 统一制发有利于集中管理，但必须是省级以上人民政府的财政部门才具有制发专用票据的权力，其他任何单位、部门不得自行制发收缴罚款的专用票据，从层级上对专用票据的制作进行严格控制。统一制发有利于有效监管，收缴罚款不出具票据或出具票据不符合规定，是乱罚款、滥罚款现象的主要原因之一，容易造成罚款收入流失，也给行政执法人员贪污、挪用罚款或者行政机关自建“小金库”提供了可乘之机。统一制发专用票据可以对罚款进行有效控制，减少滥罚款及截留、挪用、贪污罚款等现象。[③]

（李星星　撰写）

---

① 晏山嵘：《行政处罚实务判例释解》，法律出版社2019年版，第90页。

② 参见国务院法制办公室编：《中华人民共和国行政法典（注释法典）》，中国法制出版社2016年版，第154页。

③ 参见黄杰、白钢主编：《行政处罚法及配套规定新释新解》，中国民主法制出版社1999年版，第1212、1213页。

第七十一条 【当场收缴罚款的缴纳期限】执法人员当场收缴的罚款，应当自收缴罚款之日起二日内，交至行政机关；在水上当场收缴的罚款，应当自抵岸之日起二日内交至行政机关；行政机关应当在二日内将罚款缴付指定的银行。

【修改提示】

本条在修订前的《行政处罚法》中为第 50 条，现修改为第 71 条，内容未作修改。

【条文解读与法律适用】

本条是关于行政执法人员当场收缴的罚款及时上缴的规定。之所以这样规定，是为了有效隔断作出罚款决定的行政机关与收缴罚款的利益联系，防止收缴的罚款在行政机关及其执法人员手里流转，进不了国库，导致出现行政机关将罚款直接充用行政经费、建立本单位“小金库”用以解决本单位的福利待遇甚至贪污私分等不正常现象。[①]

执法实践中，可以从以下三个方面理解适用本条：一是行政执法人员应当自当场收缴罚款之日起二日内，将当场收缴的罚款交到其所在的行政机关；二是执法人员将罚款交至行政机关后，行政机关应在二日内缴付指定的银行；三是对于在水上当场收缴的罚款，行政执法人员应当自抵岸之日起二日内，将在水上当场收缴的罚款交到其所在的行政机关，行政机关也应当自收到行政执法人员交来的罚款之日起二日内将罚款缴付指定的银行。关于上缴罚款期限的问题，考虑到行政执法人员和行政机关的工作实际，特别是一些边远山区、草原牧区、农村等交通不便，要求行政执法人员当日就将罚款交到其所在的行政机关存在困难，要求行政机关当日就将罚款缴付指定的银行也存

① 曹康泰主编：《行政处罚法教程》，中国法制出版社 2011 年版，第 184 页。

在困难，故将两期限均适当放宽至二日。[1] 关于水上时间的计算问题，鉴于水上执法的特殊性，应当自抵岸之日起二日内交至行政机关，也就是说，在水上的时间不计算在上交罚款的期限内。[2]

需要注意的是，依照本法第67条第3款的规定，当事人既可以通过电子支付系统，也可以到指定的银行缴纳罚款。但是，执法人员依照本条规定当场收缴罚款，将罚款交至行政机关后，行政机关只能将罚款缴付指定的银行，而不能通过电子支付系统缴纳罚款。另外，本条中“二日”的规定是指工作日，不含法定节假日，与《治安管理处罚法》第105条的规定相一致。

（李星星　撰写）

---

① 参见黄杰、白钢主编：《行政处罚法及配套规定新释新解》，中国民主法制出版社1999年版，第1214页。

② 法律出版社法规中心编：《中华人民共和国行政处罚法配套规定（实用注解版）》，法律出版社2012年版，第69页。

第七十二条　【执行措施】当事人逾期不履行行政处罚决定的，作出行政处罚决定的行政机关可以采取下列措施：

（一）到期不缴纳罚款的，每日按罚款数额的百分之三加处罚款，加处罚款的数额不得超出罚款的数额；

（二）根据法律规定，将查封、扣押的财物拍卖、依法处理或者将冻结的存款、汇款划拨抵缴罚款；

（三）根据法律规定，采取其他行政强制执行方式；

（四）依照《中华人民共和国行政强制法》的规定申请人民法院强制执行。

行政机关批准延期、分期缴纳罚款的，申请人民法院强制执行的期限，自暂缓或者分期缴纳罚款期限结束之日起计算。

【修改提示】

相较于修订前的《行政处罚法》第51条，本条第1款第1项延续了加处罚款的规定，并增设了加处罚款的上限规定；第1款第2项延续了原有规定，增设了查封、扣押财物的处置方式，即依法处理；第1款第3项系新规定，为依据法律规定完善行政处罚强制执行方式留下空间；第1款第4项也是新规定，明确了申请人民法院强制执行的法律依据。本条第2款规定了行政机关批准暂缓或者分期缴纳罚款时申请人民法院强制执行的期限计算方法。在理解适用本条规定时，须明确本条规定与《行政强制法》的关系，既要遵循《行政强制法》的一般法规定，又要遵守有关行政处罚的特别法规定。

【条文解读与法律适用】

行政处罚决定的执行可以分为狭义的执行和广义的执行：前者是指当事人不履行行政处罚决定的，人民法院或有权行政机关对当事人采取强制措施，迫使其履行义务的行为；后者则是指包括人民法院强制当事人履行、行政机关强制当事人履行以及当事人自行履行在内的执行方式。行政处罚是对违反行政管理秩序的当事人，通过减损其权益或增加其义务的方式给予惩戒的行政措施，但行政处罚的威慑力依赖于决定的执行。也就是说，只有处罚决定实实在在触碰到被处罚人的切身利益，让其付出相应的代价，才能体现法的惩戒作用，并为其他公民或法人的行为提供正确的指引。所以，得不到严格执行的行政处罚决定就像是不长牙齿的老虎，空有其形，而无其实。强有力的执行措施是行政处罚决定得以实现的坚强后盾。

一、行政处罚强制执行的方式

行政处罚决定作出后，当事人本应自觉履行，如果当事人未能主动履行，则涉及行政处罚的强制执行问题。关于行政处罚强制的执行方式，按执行主体划分，有行政机关强制执行和申请人民法院强制执行两类；按执行方式划分，有通过加处罚款等方式迫使当事人履行的间接执行方式，也有直接拍卖、处理查封、扣押财产等直接执行方式。行政机关是直接强制执行，还是申请人民法院强制执行，关键在于行政机关对于特定的行政处罚决定有无法定的强制执行权。本条分别规定了加处罚款，拍卖、处理查封、扣留财产或划拨冻结存款、汇款，法律规定的其他方式，申请人民法院强制执行等四种执行方式，前三种方式均属于行政机关强制执行。

二、加处罚款

根据本条第1款第1项之规定，加处罚款具有普遍直接授权性，是执行罚的主要形式之一，此规则源远流长。1925年奥地利《行政强制执行法通则》第5条即规定了“行政执行罚”制度；1953年德国《联邦行政执行法》亦规定了同一性质的“强制金”规则；日本旧《行政执行法》延续奥德法系，确立了作为“执行罚”性质的“过失罚金”。我国1996年《行政处罚法》第51条就规定了加处罚款规则，2011年《行政强制法》将加处罚款设定为一种普遍性的间接强制手段。适用加处罚款规则应注意以下几点：

1. 加处罚款与原罚款的关系。加处罚款是在不免除原罚款义务的基础上所增加的新的金钱给付义务，以迫使当事人履行原罚款义务。原罚款决定属于基础行为，加处罚款属于执行行为，加处罚款以原罚款为前提。

2. 加处罚款的基数和边界。加处罚款不同于作为基础行为的原罚款决定，原罚款决定在数量计算上没有绝对的计算比例，应当根据本法第5条第2款规定的“必须以事实为依据，与违法行为的事实、性质、情节以及社会危害程度相当”的原则来确定。而加处罚款作为执行罚取决于原罚款的履行情况，加处罚款标准具有固定性和统一性：一是基数。加处罚款额是由当事人不履行原罚款决定的数额所决定的。例如，原罚款是 10 万元，如当事人全部不履行，应当以 10 万元为基数；如当事人已经履行了 9 万元，那么应当以未履行的 1 万元为基数加处罚款。不能简单将原罚款决定金额作为基数加处罚款，否则将会出现多履行与少履行一样的不合理情形，违反比例原则，不利于促使当事人主动履行，对于已经履行大部分罚款的当事人也不公平。二是标准。按每日 3% 加处，不履行时间越长，罚款越多，反之亦然，但是最多不能超过未履行的处罚金额。加处罚款的上限即“到期不缴纳”的“罚款”，而非原罚款金额，具体法理仍是比例原则，是为了避免针对部分不履行行为（例如 10%）科以远超过不履行行为损害后果的加处罚款（例如 100%）的不合理情形。在江苏省宿迁市中级人民法院〔2020〕苏 13 行审 30 号行政裁定书中，宿城区人社局作出宿区人社察罚字〔2020〕第 10 号行政处罚决定，对某公司罚款人民币 10000 元。虽经催告，某公司在规定的期限内仍未履行该行政处罚决定确定的义务。宿城区人社局遂向法院申请强制执行罚款 10000 元，并对某公司加处罚款 10000 元，共计 20000 元。本案中，行政机关以行政处罚决定书载明的罚款 10000 元为基数，对某公司加处罚款 10000 元，很好地把握了加处罚款的基数和边界，法院经审理后也支持了宿城区人社局的申请，裁定准予强制执行。

3. 与《行政强制法》加处罚款的关系。《行政强制法》第 12 条第 1 项将加处罚款设定为一种普遍性的行政执行罚措施，第 45 条又向行政机关作了普遍性授权，并且将加处罚款的适用范围从《行政处罚法》规定的只适用于对罚款的强制执行措施扩大至适用于对所有“金钱给付义务的行政决定”的强制执行措施。据此，当事人不履行具有金钱给付义务的行政处罚的，行政机关可以决定加处罚款，而无须局限于罚款情形。

4. 与《环境保护法》按日计罚的区别。《环境保护法》第 59 条规定，企业事业单位和其他生产经营者违法排放污染物，受到罚款处罚，被责令改正，拒不改正的，依法作出处罚决定的行政机关可以自责令改正之日的次日起，按照原处罚数额按日连续处罚。该规定仅针对违法排放污染物，受到罚款处罚，被责令改正，拒不改正的情形，并且是按照原处罚数额按日连续处罚，与《行政处罚法》加处罚款在适用情形、处罚基数、处罚比例、起算时间上完全不同，其本质区别在于按日计罚规则属于对拒不改正行为的基础处罚行为，对于连续违法行为增加罚款数额体现了过罚相当原则的要求，不属于执行罚。

5. 加处罚款的救济。加处罚款系不同于基础行为的执行行为。实践中，行政机关有时将基础行为与执行行为合一，有时则先作出基础行为，后作出执行行为。对于基础行为与执行行为合一的情形，当事人不服的，可以一并申请行政复议或者提起行政诉讼，也可以单独申请行政复议或者提起行政诉讼；对于基础行为与执行行为相分离的情形，则只能单独申请行政复议或者提起行政诉讼。①

三、拍卖、处理查封、扣押的财物或者划拨存款、汇款

行政机关在作出处罚决定之后，如果当事人在规定的期限内拒不缴纳罚款，行政机关可以将查封、扣押的当事人的财物予以拍卖，对于禁止拍卖的物品，行政机关应当按照国家有关规定依法处理；拍卖、处理所得用于抵缴罚款；抵缴罚款之后有剩余的，应当依法退还当事人。如果当事人在银行等金融机构有存款、汇款，当事人逾期不缴纳罚款的，行政机关可以采取划拨、冻结存款、汇款的执行措施。

四、法律规定的其他行政强制执行方式

行政机关在强制执行行政处罚时应当适用《行政强制法》，可以采取《行政强制法》规定的其他强制执行方式，如滞纳金、代履行等，也可以采取法律规定的其他强制执行方式。

五、申请人民法院强制执行

根据《行政强制法》第53条的规定，当事人在法定期限内不申请行政复议或者提起行政诉讼，又不履行行政决定的，没有行政强制执行权的行政机关可以自期限届满之日起三个月内，依法申请人民法院强制执行。当事人向行政机关申请延期、分期缴纳罚款，行政机关批准的，应当明确暂缓缴纳的期限或者分期缴纳的期限和每期缴纳的金额，并送达当事人。行政机关批准

---

① 胡建淼：《论作为行政执行罚的“加处罚款”——基于〈中华人民共和国行政强制法〉》，载《行政法学研究》2016年第6期。

延期、分期缴纳罚款的，申请人民法院强制执行的期限，自暂缓或者分期缴纳罚款期限结束之日起计算。无强制执行权的行政机关逾期不申请人民法院强制执行的，将面临不利的法律后果。①

（肖雄 撰写）

① 参见湖北省十堰市郧阳区人民检察院诉郧阳区林业局行政公益诉讼案，系最高人民检察院第八批指导性案例（检例第30号）。

第七十三条　【申请复议、提起诉讼不停止处罚执行及例外】 当事人对行政处罚决定不服，申请行政复议或者提起行政诉讼的，行政处罚不停止执行，法律另有规定的除外。

当事人对限制人身自由的行政处罚决定不服，申请行政复议或者提起行政诉讼的，可以向作出决定的机关提出暂缓执行申请。符合法律规定情形的，应当暂缓执行。

当事人申请行政复议或者提起行政诉讼的，加处罚款的数额在行政复议或者行政诉讼期间不予计算。

【修改提示】

本条是对修订前的《行政处罚法》第45条的完善。第1款延续了申请行政复议、提起行政诉讼，行政处罚不停止执行的规定；第2款系新增内容，规定对限制人身自由的行政处罚可申请暂缓执行的规则；第3款系新增内容，规定复议、诉讼期间中止加处罚款的计算。后两款体现了本法修订在保护当事人权益方面的温度。

【条文解读与法律适用】

本法继续采用诉讼不停止执行原则，主要原因是依据行政行为公定力理论，生效的行政行为具有确定权利义务关系的确定力、约束各方当事人的拘束力、可以付诸执行的执行力。即使进入诉讼期间，为了维持法律关系的稳定，原则上也不应停止执行，以实现行政效率和维护国家和社会公共利益。[①] 尽管在学术研究上存在有限公定力理论和完全公定力理论的争议，但毋庸置疑的是公定力理论的要义在于维护行政行为的权威性，以实现行政行为的效率，这一理论并不否定行政行为实质上存在无效、可撤销的可能，进而设置

① 应松年主编：《〈中华人民共和国行政诉讼法〉修改条文释义与点评》，人民法院出版社2015年版，第180—182页。

了行政机关自行纠错、行政复议、行政诉讼、国家赔偿等纠错机制。本法关于复议、诉讼期间不停止处罚执行的原则及例外的规定，正是公定力理论在执行环节的生动展开，体现了对效率与公正的兼顾。

一、复议、诉讼期间不停止处罚执行原则

关于诉讼期间是否停止行政行为的执行，国外主要有两种立法例：一是以诉讼期间停止执行为原则，不停止执行为例外，如《德国行政法院法》第80条规定，针对行政行为提出的行政复议申请和撤销之诉原则上具有延缓效果，即请求撤销的行政诉讼以“诉讼停止执行”为原则。二是以诉讼期间不停止执行为原则，停止执行为例外，如《日本行政案件诉讼法》第25条规定，处分撤销之诉的提起不妨碍处分的效力、处分的执行或者程序的续行，即具有处分性的行政行为在请求撤销的行政诉讼中以“诉讼不停止执行”为原则。显然，我国在立法时选择了后者。《行政诉讼法》第56条第1款规定，诉讼期间，不停止行政行为的执行。《行政复议法》第21条也规定，行政复议期间具体行政行为不停止执行。复议、诉讼期间不停止行政处罚执行主要有以下三方面的考量：一是为了保障行政机关合法有效地行使行政权和保障行政管理活动的正常进行。二是行政权本身就具有强制力和执行力。三是为了保障行政管理活动的稳定性和连续性，不能随意间断或停止对具体行政行为的执行。

二、复议、诉讼期间不停止处罚执行原则的例外

复议、诉讼期间不停止处罚执行原则确保了行政行为的效率和公共利益，但是对于确有错误的行政行为而言，强制执行可能损害当事人甚至公共利益，为此，《行政复议法》《行政诉讼法》《行政强制法》《行政处罚法》等法律规定了一些例外情形，以缓和公定力理论可能导致的损害。

具体而言，《行政复议法》第21条规定，行政复议期间具体行政行为不停止执行；但是，有下列情形之一的，可以停止执行：（1）被申请人认为需要停止执行的；（2）行政复议机关认为需要停止执行的；（3）申请人申请停止执行，行政复议机关认为其要求合理，决定停止执行的；（4）法律规定停止执行的。

《行政诉讼法》第56条规定，诉讼期间，不停止行政行为的执行。但有下列情形之一的，裁定停止执行：（1）被告认为需要停止执行的；（2）原告或者利害关系人申请停止执行，人民法院认为该行政行为的执行会造成难以弥补的损失，并且停止执行不损害国家利益、社会公共利益的；（3）人民法院认为该行政行为的执行会给国家利益、社会公共利益造成重大损害的；（4）法律、法规规定停止执行的。当事人对停止执行或者不停止执行的裁定不服的，可以申请复议一次。

《行政强制法》第39条规定，有下列情形之一的，中止执行：（1）当事人履行行政决定确有困难或者暂无履行能力的；（2）第三人对执行标的主张权利，确有理由的；（3）执行可能造成难以弥补的损失，且中止执行不损害公共利益的；（4）行政机关认为需要中止执行的其他情形。中止执行的情形消失后，行政机关应当恢复执行。对没有明显社会危害，当事人确无能力履行，中止执行满三年未恢复执行的，行政机关不再执行。关于中止执行的规定虽然不是复议、诉讼期间不停止执行的规定，但系行政机关暂停执行行政处罚的重要程序。

三、关于限制人身自由行政处罚的特殊规定

本条第2款规定是《治安管理处罚法》有关规定的一般化，有利于保障当事人的合法权益。《治安管理处罚法》第107条规定："被处罚人不服行政拘留处罚决定，申请行政复议、提起行政诉讼的，可以向公安机关提出暂缓执行行政拘留的申请。公安机关认为暂缓执行行政拘留不致发生社会危险的，由被处罚人或者其近亲属提出符合本法第一百零八条规定条件的担保人，或者按每日行政拘留二百元的标准交纳保证金，行政拘留的处罚决定暂缓执行。"行政机关应该按照法律规定进行审查，判断是否准许暂缓执行有关限制人身自由的行政处罚。

四、复议、诉讼期间中止加处罚款的计算

关于复议、诉讼期间是否中止加处罚款计算的问题，最高人民法院在征求全国人大常委会法制工作委员会和国务院法制办公室的意见后，于2007年4月27日作出《最高人民法院行政审判庭关于行政处罚的加处罚款在诉讼期间应否计算问题的答复》（〔2005〕行他字第29号）：根据《行政诉讼法》的有关规定，对于不履行行政处罚决定所加处罚款属于执行罚，在诉讼期间不应计算。该答复精神在此次《行政处罚法》修订中得到采用。

（肖雄　撰写）

第七十四条 【依法没收非法财物的处理】除依法应当予以销毁的物品外，依法没收的非法财物必须按照国家规定公开拍卖或者按照国家有关规定处理。

罚款、没收的违法所得或者没收非法财物拍卖的款项，必须全部上缴国库，任何行政机关或者个人不得以任何形式截留、私分或者变相私分。

罚款、没收的违法所得或者没收非法财物拍卖的款项，不得同作出行政处罚决定的行政机关及其工作人员的考核、考评直接或者变相挂钩。除依法应当退还、退赔的外，财政部门不得以任何形式向作出行政处罚决定的行政机关返还罚款、没收的违法所得或者没收非法财物拍卖的款项。

【修改提示】

本条第 1 款与修订前的《行政处罚法》第 53 条第 1 款一致，未作修改；第 2 款内容系修订前的《行政处罚法》第 53 条第 2 款的前半部分，也未作修改；在第 3 款中增加了“罚款、没收的违法所得或者没收非法财物拍卖的款项，不得同作出行政处罚决定的行政机关及其工作人员的考核、考评直接或者变相挂钩”和“除依法应当退还、退赔的外”的内容，并与修订前的《行政处罚法》第 53 条第 2 款后半部分内容结合，作为本条的第 3 款。

【条文解读与法律适用】

一、没收的非法财物的处理

行政机关没收的非法财物，包括金钱和物品。没收的非法钱款应按照本条第 2 款之规定处理，必须全部上缴国库。没收的非法财物的处理主要针对的是被行政机关没收的非法物品。行政机关作出没收非法财物的行政处罚后，应当及时执行处理，否则非法物品的存续将使被处罚人再次作出违法行为成为可能，不能有效遏制违法行为，惩戒违法行为人。在江苏省泰州市医药高新技术产业开发区人民法院审理的〔2016〕苏1291行初333号“泰兴市检察院诉泰兴市税务局未履行长江采砂监督法定职责行政公益诉讼一案”中，泰兴市水务局对第三人李某作出没收非法采砂机具的行政处罚决定后，却解除了对第三人的船只及所附非法采砂机具的扣押措施，未作后续的执行没收非法采砂机具的处理。法院经审理后认为，“被告作出没收非法采砂机具之处罚决定，但其却解除对第三人的船只及所附非法采砂机具的扣押措施，且在第三人缴纳罚款后即将案件作结案处理，显属未完整、充分地执行处罚决定，显然不能有效遏制、惩治非法采砂行为，非法采砂机具的存续仍将导致第三人继续违法采砂之可能”。遂判决责令泰兴市水务局于判决生效后两个月内就处罚决定中“没有非法采砂机具”处罚事项的执行事务作出处理。

因物品的种类不同，没收的非法物品的处理方式也有所不同，大致可以分为三类。

（一）依法应当予以销毁的物品

依法应当予以销毁的物品指的是不具有使用价值和回收利用价值或依法禁止流通的物品。如可能危及人体健康、人身和财产安全的物品，失效、变质的物品，不能消除伪造产地、冒用厂名、厂址以及伪造、冒用的认证标志等。销毁的方式有压碾粉碎、火烧水浸、切割肢解、有机溶解等，因销毁而产生的费用，行政机关应严格遵守收支两条线的规定，可以与当地财政部门商请解决。销毁应当有2名以上监督销毁罚没物品的行政执法人员参加，并制作销毁笔录，记明销毁的时间、地点、方式，销毁罚没物品的名称、种类、数量以及执行人。值得注意的是，销毁罚没物品可能会对当地卫生、环保、公安消防等产生影响，行政机关在销毁罚没物品前应当与卫生、环保、公安消防等部门进行沟通，同时销毁罚没物品应符合国家有关卫生、环保、公安消防等方面的要求。

（二）按照国家规定公开拍卖的物品

按照国家规定公开拍卖的非法物品指的是那些具有使用价值或回收利用价值，且依法可以流通的物品。这些物品符合安全标准，且物品上的违法状态可以消除，才可以进入拍卖程序。需要注意的是，一些具有特殊属性的物品应当及时拍卖，以防止其价值不当减损，如鲜活物品或者其他不易保管的财物，法律、法规规定可以拍卖的，或者当事人同意拍卖的，经相关法律程序并采取相关措施留存证据后，应及时依法拍卖。拍卖属于一种特殊的商品流通方式，具有公开性、透明性、竞争性等特点，以公开拍卖的方式处理没收的非法财物，向社会公众公开处理的方式和过程，方便公众对行政机关进行监督，防止非法没收的财物以不正当的途径被处理。《拍卖法》第 6 条规定，拍卖标的应当是委托人所有或者依法可以处分的物品或者财产权利。没收的非法财物属于行政机关依法可以处分的物品，行政机关应当委托具有对没收物品拍卖资质的机构进行拍卖，拍卖所得的款项应当上缴国库。

（三）必须按照国家有关规定处理的物品

必须按照国家有关规定处理的物品指的是国家规定需作特殊处理的物品，这些物品不能公开拍卖，也无必要销毁或销毁会对环境造成一定损害，应当按照国家有关规定处理。如《固体废物污染环境防治法》第 90 条规定，医疗废物应当交由医疗废物集中处置单位及时处置。

二、罚没的非法钱款的处理

罚款、没收的违法所得或者没收非法财物拍卖的款项属于政府非税收入，按照国库集中收缴管理有关规定，应全额上缴国库，纳入一般公共预算管理。健康的财政制度以收入权和支出权分离为基础，即“收支两条线”制度，财产罚所产生的款项应当全部上缴国库，行政机关的支出应当通过预算再由财政部门协调分配进行拨款。本条内容在立法之初就有其特殊的时代背景。20 世纪 80 年代由于机关经费缺乏，实行过罚没收入与财政分成制度，导致行政处罚成了创收手段，出现了将罚款、没收的违法所得或者没收非法财物拍卖的款项截留、私分或者变相私分的情形。收支不分离的制度直接导致行政处罚权的滥用和腐败的滋生。本法规定罚款、没收的违法所得或者没收非法财物拍卖的款项必须全部上缴国库，任何行政机关或者个人不得以任何形式截留、私分或者变相私分，以确保罚没收入所得款项全部上缴国库。

三、保障罚没收入的独立性

（一）收支分离制度实施的现实问题

20 世纪 80 年代中期实施“收支两条线”政策后，在现实中又遭遇了一些问题。为刺激行政机关多缴罚没收入，一些地方政府将罚没收入所得的款项作为行政机关及其工作人员的考核、考评依据，或者是财政部门按比例返还、多罚多得，这又使得行政处罚权变相成为行政创收手段。行政处罚的结果与行政机关及其工作人员的利益息息相关，行政处罚权和自由裁量权就存在被滥用的风险，在可罚与可不罚、罚轻和罚重之间，行政机关及其工作人员会作出有利于自己的选择，无法站在公正、中立的立场上作出行政处罚，这不仅违背了行政执法公正原则，与法治政府建设的理念也背道而驰。

（二）对行政机关及财政部门的规范约束

只有将罚没收入与行政机关及其工作人员的利益割裂开来，才能使行政处罚权的行使具备公正性。一方面要使罚没收入所得的款项与行政机关及其工作人员的考核、考评脱钩，另一方面要充分保障行政机关运行及开展行政管理的经费，将其与实施行政处罚获得的款项独立开来。本法规定罚款、没收的违法所得或者没收非法财物拍卖的款项，不得作为作出行政处罚决定的行政机关及其工作人员考核、考评的标准或依据，财政部门不得以任何形式返还罚款、没收的违法所得或者返还没收非法财物的拍卖款项，为禁止性条款，是对行政机关及财政部门的规范约束，违反上述规定的，还应当承担本法第 78 条规定的法律责任。

（三）民事责任优先原则的适用

本条第 3 款规定了财政部门向作出行政处罚决定的行政机关返还罚没收入的例外情形，这项规定新增的内容与《民法典》第 187 条规定的精神相契合。《民法典》第 187 条规定，民事主体因同一行为应当承担民事责任、行政责任和刑事责任的，承担行政责任或者刑事责任不影响承担民事责任；民事主体的财产不足以支付的，优先用于承担民事责任。罚款、没收违法所得、没收非法财物均是针对被处罚主体的财产罚，原则上因财产罚而产生的款项应当全部收缴国库，财政部门不得以任何形式向作出决定的行政机关予以返还。因一些行政处罚案件中存在受害人，当事人需同时承担民事责任和行政责任。民事责任指的是当事人非法占有他人财物的，应当依法退还受害人财物，或因当事人的行为使得他人权益受损的，应当赔偿他人损失。行政责任指的是当事人承担的行政处罚责任。在民事责任和行政责任相冲突的情况下，罚没收入应当首先用于承担民事责任，实现方式可以是财政部门向作出行政处罚决定的行政机关返还罚没收入，以弥补受害人所受损失。

（汤鸿 撰写）

第七十五条　【行政处罚的监督】行政机关应当建立健全对行政处罚的监督制度。县级以上人民政府应当定期组织开展行政执法评议、考核，加强对行政处罚的监督检查，规范和保障行政处罚的实施。

行政机关实施行政处罚应当接受社会监督。公民、法人或者其他组织对行政机关实施行政处罚的行为，有权申诉或者检举；行政机关应当认真审查，发现有错误的，应当主动改正。

【修改提示】

本条是对修订前的《行政处罚法》第 54 条的修改完善。在第 1 款增加了“定期组织开展行政执法评议、考核”以及“规范和保障行政处罚的实施”的内容，在第 2 款中新增了“行政机关实施行政处罚应当接受社会监督”的规定。

【条文解读与法律适用】

一、行政处罚监督制度

行政机关及其工作人员是实施行政处罚的主体，行政处罚是行政执法的重要组成部分，行政处罚的执法水平直接影响行政执法的效果和质量。在行政处罚的实践中，还存在认定违反职权法定原则、认定事实不清、适用法律不当、违反程序正当原则等问题，尚不能满足法治国家、法治政府、法治社会建设的客观要求和文明执法的客观需要。因此，对行政处罚的监督就显得尤为重要。行政处罚监督，是指依法享有监督权的国家机关、社会组织和公民对行使行政处罚设定和实施权的机关及其工作人员的行政处罚设定和实施行为的合法性所实施的监督。通过明确行政处罚的监督主体、监督对象、监督内容、监督权等，建立行政处罚的监督制度。行政处罚的监督包括行政机关内部监督、社会监督、行政复议、行政诉讼等制度，本条所规定的行政处罚监督包含行政机关内部监督及社会监督。

二、行政处罚的内部监督

行政机关对行政处罚的内部监督是行政机关内部实施的自上而下或自下而上对行政机关及其工作人员的行政处罚实施监察和督导的活动，是社会主义法治原则的基本要求。行政机关内部监督应构建一整套完备、具体的监督体系。本条所涉及的行政处罚的内部监督主要指的是县级以上人民政府对行政处罚的监督。本条明确了县级以上人民政府对行政处罚的监督责任及如何实施，成为行政复议制度对行政处罚监督的有效补充，行政机关的内部监督相对于行政复议制度而言，监督的范围更为普遍、广泛。一些地方性法规、地方政府规章也规定了对行政行为的监督检查方式，如《江苏省行政程序规定》第102条第2款之规定，其中第4项行政执法评议考核与本条规定的监督检查方式相一致。县级以上人民政府应制定科学合理的评议、考核标准，评议、考核的对象为行政机关及其工作人员的行政处罚行为，载体为行政处罚的执法卷宗或执法记录仪的录像，评议、考核标准的主要依据是行政处罚相关具体法律规定，以对行政处罚的合法性客观评价为主，也可以辅以合理性、文明性等主观性标准，评议、考核的关键在于行政处罚行为有无充分尊重和保障当事人的合法权益。可以由具备人事管理职能和法制部门的工作人员组成临时机构负责定期开展实施评议、考核，并将结果予以公示，以此作为行政机关法治政府建设或行政机关工作人员工作实绩的参考，以此来达到规范和保障行政处罚的实施的目的。

三、行政处罚的社会监督

本条新增“行政机关实施行政处罚应当接受社会监督”，充分表明了本次修订对行政处罚社会监督的重视。行政处罚权是行政机关依法实施行政管理的重要手段之一，是对违反行政管理秩序的公民、法人或者其他组织进行惩戒的国家公权力。一旦实施，即可能会对公民、法人或者其他组织的权益造成影响。行政机关实施行政处罚应接受社会监督，公民、法人或者其他组织均可作为监督的主体。公民、法人或者其他组织参与对行政处罚的社会监督，是国家治理体系和治理能力现代化的必然要求，也是人民行使当家作主权利的体现。随着法治政府建设的深入，实施行政处罚的要求必将更高，人民群众对行政机关执法文明程度的期待也将随之提高。行政处罚的实施主体除了要依法规范行政处罚行为外，还要文明执法，切实尊重和保障当事人合法权益。公民、法人或者其他组织对行政机关实施行政处罚的行为，有权申诉或者检举。

行政机关收到申诉、控告的，应当认真审查，核实申诉、控告所反映的问题，查明行政处罚是否存在不合法、不合理或其他问题。若申诉和控告的问题属实且行政机关的行政处罚行为确有问题，行政机关应依法自我纠错。行政机关自我纠错相对于行政复议、行政诉讼等被动纠错方式，具有启动快、效率高、纠错更为彻底等优势，可以减少或者避免行政争议的产生，尽早结束行政行为效力的不确定状态，维护行政法律关系的稳定。实施行政处罚行为的行政机关可以自行纠错，如《江苏省行政程序规定》第 103 条第 1 款规定，行政机关行政程序行为违法的，行政机关应当依职权或者依申请自行纠正。上级行政机关也可以按照相应的法律、法规、规章对下级机关作出的行政处罚行为进行纠错，但须按照法定的权限和程序执行，如《浙江省行政程序办法》第 92 条第 2 款规定，有层级监督权的行政机关依照《地方各级人民代表大会和地方各级人民政府组织法》等有关法律、法规和规章，撤销、变更违法或者不当的行政行为的，依照其规定权限和程序执行。行政机关自我纠错后，因原行政处罚行为违法给当事人造成损害的，当事人可以依法向行政机关主张国家赔偿。

（汤鸿　撰写）

第七章　法律责任

本章概述

本章共8条，规定了违反本法规定所应承担的法律责任。

法律责任是法律制度的重要内容，涉及立法、执法和司法等法治诸环节。通说认为，法律责任是法律关系主体由于其违法行为，按照法律、法规应当承担的不利法律后果。法律责任的规定是体现法律规范国家强制力的核心组成部分，是法律有效运行、实施的重要保障。

本法规定的法律责任包括行政责任、民事责任和刑事责任、国家赔偿责任。

1. 行政责任。行政责任是指行政法律关系主体违反行政法律法规所应承担的不利法律后果，主要表现为处分和行政处罚。本法主要规定了处分，即依法履行公职、纳入国家行政编制、由国家财政负担工资福利的工作人员因违法违纪所应承担的行政法律责任。此外，在本次修订时将本章所有“行政处分”修改为“处分”，以与《公务员法》《公职人员政务处分法》《监察法》等法律的表述相一致。

2. 民事责任。民事责任是指法律关系主体违反民事法律规范所应承担的不利法律后果。根据《民法典》的规定，承担民事责任的方式主要有停止侵害、排除妨碍、消除危险、返还财产、恢复原状、继续履行、赔偿损失、消除影响、恢复名誉、赔礼道歉等。本法第8条第1款规定，公民、法人或者其他组织因违法行为受到行政处罚，其违法行为对他人造成损害的，应当依法承担民事责任。

3. 刑事责任。刑事责任是最为严厉的法律责任，只能由司法机关通过刑事法律程序予以追究。本法第 79 条、第 81 条、第 82 条和第 83 条分别规定了相关违法行为情节严重构成犯罪的，对行政机关直接负责的主管人员和其他直接责任人员依法追究刑事责任。本法第 8 条第 2 款还规定了公民、法人或者其他组织的违法行为构成犯罪的，应当依法追究刑事责任，不得以行政处罚代替刑事处罚。

4. 国家赔偿责任。现行法律将法律责任分为民事责任、行政责任和刑事责任。国家赔偿责任脱胎于民事责任中的侵权责任，当然不属于刑事责任，但它究竟属于民事责任，还是行政责任，或是单独的责任类型，一直没有定论。《国家赔偿法》第 2 条第 1 款规定："国家机关和国家机关工作人员行使职权，有本法规定的侵犯公民、法人和其他组织合法权益的情形，造成损害的，受害人有依照本法取得国家赔偿的权利。"依照《国家赔偿法》的规定，行政机关及其工作人员行使行政职权侵犯公民、法人和其他组织的合法权益造成损害的，该行政机关为赔偿义务机关。赔偿义务机关赔偿损失后，应当责令有故意或者重大过失的工作人员或者受委托的组织或者个人承担部分或者全部赔偿费用。例如，本法第 80 条规定，行政机关使用或者损毁查封、扣押的财物，对当事人造成损失的，应当依法予以赔偿。第 81 条规定，行政机关违法实施检查措施或者执行措施，给公民人身或者财产造成损害、给法人或者其他组织造成损失的，应当依法予以赔偿。

本法与修订前相比，法律责任的规定更加全面、具体，可操作性更强，并且加大了法律责任的追究力度，主要体现在：

1. 强化了行政机关以及直接负责的主管人员和其他直接责任人员的法律责任。本法坚持为行政处罚权行使定规矩，除了第 8 条规定了公民、法人或者其他组织的法律责任，整个第七章 8 个条文都对行政机关及其工作人员的法律责任进行了明确，并在第 76 条就行政机关对符合立案标准的案件不及时立案的行为进行了规制，在第 82 条删除了“为牟取本单位私利”“徇私舞弊、包庇纵容违法行为”等限定条件，行政机关对应当依法移交司法机关追究刑事责任的不移交，以行政处罚代替刑事处罚的，都要承担法律责任。

2. 加大了对当事人以及其他公民、法人或者其他组织合法权益、社会公共利益的保护力度。本法第 80 条增加了对当事人被查封财物予以保护的规定，即行政机关使用或者损毁查封、扣押的财物，对当事人造成损失的，都应当承担法律责任。本法第 83 条删除了“执法人员玩忽职守”的限定条件，即只要行政机关对应当予以制止和处罚的违法行为不予制止、处罚，致使公民、法人或者其他组织的合法权益、公共利益和社会秩序遭受损害的，都应当承担法律责任。

3. 行政法律关系主体之间的责任划分更加明确具体。本法不仅规定了行政机关及其工作人员的法律责任，还规定了被处罚人因违法行为对他人造成损害时应当承担的法律责任；不仅规定了行政机关工作人员的刑事法律责任，还规定了行政机关对内的处分责任和对外的行政赔偿责任。

第七十六条　【违法实施行政处罚的法律责任】行政机关实施行政处罚，有下列情形之一，由上级行政机关或者有关机关责令改正，对直接负责的主管人员和其他直接责任人员依法给予处分：

（一）没有法定的行政处罚依据的；

（二）擅自改变行政处罚种类、幅度的；

（三）违反法定的行政处罚程序的；

（四）违反本法第二十条关于委托处罚的规定的；

（五）执法人员未取得执法证件的。

行政机关对符合立案标准的案件不及时立案的，依照前款规定予以处理。

【修改提示】

相比修订前的《行政处罚法》，本条作了六处修改：第一处修改是将“有关部门”改为“有关机关”；第二处修改是将“行政处分”改为“处分”；第三处修改是将“对直接负责的主管人员和其他直接责任人员依法给予处分”前的“可以”去掉，意味着这种处分不再是可以选择的，而是必须的；第四处修改是将“本法第十八条”改为“本法第二十条”，这是因为法律修改导致的条文顺序发生变化，没有实质的修改；第五处修改是增加一种适用情形“执法人员未取得执法证件的”；第六处修改是增加一款作为第 2 款，内容为“行政机关对符合立案标准的案件不及时立案的，依照前款规定予以处理”。

前面两处修改是为了与《公务员法》《公职人员政务处分法》《监察法》相关表述衔接，对相关文字表述进行了修改。因为随着国家监察体制改革和《监察法》取代《行政监察法》，《行政机关公务员处分条例》的规定事实上被《公职人员政务处分法》所取代，需要对相关表述进行调整。此处“处分”的内涵、外延和“行政处分”均不一致。第五处修改是增加一种违法实施行政处罚的法律责任，对应本法第 42 条关于“行政处罚应当由具有行政执法资格的执法人员实施”的规定，也是为了落实党的十八届四中全会通过的《中共中央关于全面推进依法治国若干重大问题的决定》关于“严格实行行政执法人员持证上岗和资格管理制度，未经执法资格考试合格，不得授予执法资格，不得从事执法活动”的规定。如果行政机关做不到就要承担本条的法律责任。第六处修改是对应本法第54条第2款新增内容，该款明确要求“符合立案标准的，行政机关应当及时立案”，因此在法律责任上也应当予以对应。

【条文解读与法律适用】

一、违法实施行政处罚的行为

本条对行政机关实施行政处罚中出现的六种情形规定了法律责任。根据本条规定，违法实施行政处罚的行为包括以下六种：

1. 没有法定的行政处罚依据的。处罚法定是行政处罚所应遵循的一项基本原则。没有法定依据，任何机关和组织都不得限制和剥夺公民、法人或者其他组织的合法权益。本法第4条规定，公民、法人或者其他组织违反行政管理秩序的行为，应当给予行政处罚的，依照本法由法律、法规或者规章规定，并由行政机关依照本法规定的程序实施。因此，行政机关实施行政处罚，必须有法律、法规或者规章作为依据。法律、法规或者规章没有规定行政处罚的，行政机关不得对公民、法人或者其他组织实施行政处罚。根据本法第38条的规定，行政处罚没有依据的，行政处罚无效。行政机关违反该规定，没有法定的行政处罚依据实施处罚的，由上级行政机关或者有关机关责令改正，对直接负责的主管人员和其他直接责任人员依法给予处分。

2. 擅自改变行政处罚种类、幅度的。本法对行政处罚的种类和设定有专门的章节进行明确规定。有关行政处罚的幅度详见于具体行政管理领域的法律、法规中。比如《产品质量法》第50条规定：在产品中掺杂、掺假，以假充真，以次充好，或者以不合格产品冒充合格产品的，责令停止生产、销售，没收违法生产、销售的产品，并处违法生产、销售产品货值金额百分之五十以上三倍以下的罚款；有违法所得的，并处没收违法所得；情节严重的，吊销营业执照；构成犯罪的，依法追究刑事责任。行政机关实施行政处罚时必须严格按照法律、法规规定的种类和幅度对违法者的违法行为进行处罚，不得擅自改变行政处罚的种类和幅度，否则是一种超越职权的行政违法行为。

擅自改变行政处罚种类和幅度，是指有关行政处罚的实施主体随意增设或者取消行政处罚的种类、任意加大或者缩小处罚幅度。行政机关在法律、法规规定的行政处罚种类和幅度的范围内有自由裁量权，行政机关在适用这些法律时应严格遵守法律的规定，对违法行为人实施行政处罚必须在法律规定的种类和幅度内。行政机关在实施行政处罚时超越了法律规定的种类和幅度的，属于违法行为，应由上级机关和有关机关予以纠正，并对责任人员给予处分。

3. 违反法定行政处罚程序的。行政处罚的实施不仅要有实体法上的依据，还必须遵守法定程序。行政处罚程序是行政机关合法、公正地实施行政处罚的有效保障，行政机关在实施行政处罚时，必须严格按照本法规定的行政处罚程序进行。本法规定了简易程序、普通程序和听证程序三种法定程序。除对公民处以 200 元以下、对法人或者其他组织处以 3000 元以下罚款或者警告的行政处罚，可以适用简易程序，当场作出行政处罚决定外，其余的行政处罚，必须适用普通程序。此外，行政机关作出本法第 63 条第 1 款规定的行政处罚，当事人要求听证的，行政机关应当组织听证。无论适用简易程序、普通程序，还是适用听证程序，行政机关及其执法人员在作出行政处罚决定之前，必须向当事人告知行政处罚的事实、理由和依据，听取当事人的陈述和申辩等。违反法定程序，一方面可能会给行政处罚对象带来直接的损害，另一方面也会使得公众对行政机关行政处罚的规范性产生质疑。《行政处罚法》对行政处罚的决定和执行程序都作出了较为详细和明确的规定，执法人员应当严格遵守。违反行政处罚法定程序的，其主管责任人员和直接责任人员要受到处分。

4. 违反关于委托处罚规定的。本法第 20 条中明确规定行政机关依照规定可以委托符合法定条件的组织实施行政处罚。而违反委托处罚规定，一般是指行政机关不按照本法第 20 条的规定，委托不符合法定条件的组织实施行政处罚，或者随意委托其他组织或者个人实施行政处罚。行政机关违反委托处罚规定的情形主要有以下几种：（1）行政机关没有法律、法规或者规章依据自行委托其他组织实施行政处罚的；（2）行政机关委托不符合法定条件的组织或者个人实施行政处罚的；（3）受委托组织再委托其他组织或者个人实施行政处罚的。至于受委托组织必须符合的条件，本法第 21 条进行了专门规定。

5. 执法人员未取得执法证件的。根据本法第42条的规定，行政处罚应当由具有行政执法资格的执法人员实施。代表行政机关实施行政处罚措施的必须是具备行政执法资格的行政执法人员，其他人员不得实施。在具体执法中，部分执法人员是聘用的合同工、临时工、协管等，均不具备执法资格，有的行政机关也以此作为不承担法律责任的借口，这不符合法治政府建设的要求。国务院发布的《全面推进依法行政实施纲要》《关于加强市县政府依法行政的决定》规定，实行行政执法人员资格制度，对拟上岗执法的人员要进行相关法律知识考试，经考试合格的才能授予其行政执法资格，上岗行政执法，没有取得执法资格的不得从事行政执法工作。如果行政机关派出不具备资格的行政执法人员实施行政处罚，该处罚行为违法，需要追究法律责任的，由该行政机关承担。

6. 对符合立案标准的案件不及时立案的。本款是新增的违法情形，即行政处罚应当立案而未立案。受案立案制度改革是中央全面深化改革的重要内容，事关人民群众切身利益，事关社会公平正义，对于破解长期以来人民群众反映强烈的行政处罚受案立案环节突出问题具有重要意义。对符合立案标准的案件不及时立案可能会影响其他利害关系人的合法权益，甚至构成对公共利益的损害。对于此种情形，除了利害关系人可以提起要求履行法定职责之诉外，检察机关对符合条件的可以提起行政公益诉讼，上级机关和有关机关也可以根据相关法律追究相应责任。

二、违法实施行政处罚的法律责任

违法实施行政处罚的，按照法律规定要承担以下法律责任：

1. 责令改正。对于实施以上违法行政处罚行为的，由上级行政机关或者有关机关责令改正。此次修改将有关部门改为有关机关，主要是由于国家监察体制改革之后，监督机构由原来的行政监察机构变成独立于行政机关体系的监察委员会。

2. 处分。对于实施以上违法行政处罚行为的，可以对直接负责的主管人员和其他直接责任人员依法给予处分，此处的处分一般是指政务处分。政务处分包括公职人员任免机关、单位按照管理权限，加强对公职人员的教育、管理、监督，依法给予违法的公职人员处分，还包括监察机关按照管理权限，依法给予违法的公职人员政务处分。政务处分，包括警告、记过、记大过、降级、撤职、开除等。给予何种处分，应根据违法行政处罚行为的情节、违法程度及危害后果等不同情况分别作出决定。

本条是违法处罚所要承担的法律责任，但这种责任是层级监督和监察监督所产生的内部法律责任，本身不受行政诉讼司法审查。当事人不能提起行政诉讼要求上级机关或检察机关对违法实施行政处罚的行政机关进行责令改正或者处分。根据 2018 年《行诉解释》第 1 条第 2 款第 8 项之规定，上级行政机关基于内部层级监督关系对下级行政机关作出的听取报告、执法检查、督促履责等行为，不属于行政诉讼受案范围。

三、典型案例

〔2019〕最高法行申 6908 号裁判要旨认为：2018 年《行诉解释》第 1 条第 2 款规定，“下列行为不属于人民法院行政诉讼的受案范围：……（八）上级行政机关基于内部层级监督关系对下级行政机关作出的听取报告、执法检查、督促履责等行为；……”。王某等 11 人向安徽省自然资源厅提出申请，要求安徽省自然资源厅查处安徽省合肥市包河区人民政府土地违法行为，依法追究安徽省合肥市包河区人民政府及相关责任人的法律责任。该申请实质上是要求安徽省自然资源厅启动对包河区人民政府的内部层级监督程序，履行层级监督职责。安徽省自然资源厅作出《关于〈土地违法案件查处〉的回复》后，王某等 11 人申请行政复议，后自然资源部作出行政复议决定，驳回王某等 11 人的行政复议申请。鉴于王某等 11 人行政复议申请实质是要求安徽省自然资源厅履行层级监督职责，层级监督事项不属于行政复议范围，亦不属于行政诉讼受案范围。因此，被诉行政复议决定对于王某等 11 人的合法权益不会造成实际影响。故裁定驳回王某等 11 人的再审申请。

（秦绪栋　撰写）

第七十七条 【不使用或使用非法罚没财物单据的法律责任】行政机关对当事人进行处罚不使用罚款、没收财物单据或者使用非法定部门制发的罚款、没收财物单据的，当事人有权拒绝，并有权予以检举，由上级行政机关或者有关机关对使用的非法单据予以收缴销毁，对直接负责的主管人员和其他直接责任人员依法给予处分。

【修改提示】

相比修订前的《行政处罚法》，本条作了四处修改：第一处是将“有关部门”改为“有关机关”；第二处是将“行政处分”改为“处分”；第三处是将“检举”后的句号改为逗号；第四处是在上级行政机关之前增加一个“由”字。前面两处是为了与《公务员法》《公职人员政务处分法》《监察法》的相关表述衔接，对相关文字表述进行了修改。因为随着国家监察体制改革和《监察法》取代《行政监察法》，《行政机关公务员处分条例》的规定事实上被《公职人员政务处分法》所取代，需要对相关表述进行统一。后面两处修改是文字和标点符号的调整。

【条文解读与法律适用】

本条是关于不使用或使用非法罚没财务单据的法律责任的规定。

罚款和没收的财物属于国家财产，行政机关应当将罚款和拍卖没收财物所得的款项上缴国库。罚款、没收财物单据，是行政处罚决定的必要证据，是财务收支的法定凭证，是会计核算的原始凭证，必须依法统一印制、管理，并依法使用。如果罚款、没收财物不使用罚款、没收财物单据，财政部门无法收取行政机关应当上缴国库的相关款项，将造成国有资产流失。有些地方的行政机关和司法机关超越职权乱设收费、罚没项目，有的将收费和罚没收入与部门的经费划拨和职工奖金、福利挂钩，有的坐支、留成甚至挥霍滥用收费和罚没收入。这不仅增加了企业和个人负担，而且助长了不正之风，腐蚀了干部，影响了国家机关的形象。2020 年 12 月，财政部发布的《罚没财物管理办法》规定：罚没收入属于政府非税收入，应当按照国库集中收缴管理有关规定，全额上缴国库，纳入一般公共预算管理。为了在具体制度上保证上述规定的落实，中央执法部门和单位使用的罚没票据，由财政部商有关部门共同制定，地方执法部门和单位使用的罚没票据，由各省、自治区、直辖市人民政府财政部门统一制定和印制。行政机关实施罚款、没收财物的行政处罚，必须按照有关罚款、没收财物单据管理法规和本法的规定使用罚款、没收财物单据。禁止在实施罚款、没收财物行政处罚中，不使用罚款、没收财物单据，或者使用非法定部门制发的罚款、没收财物单据，否则，即构成不使用罚款、没收财物单据或者使用非法定部门制发的罚款、没收财物单据的违法行政处罚行为。

根据本条的规定，行政机关在对当事人进行行政处罚时，如果不出具财政部门统一制发的罚没单据或者使用非法定部门制发的罚没单据，甚至不给任何凭证的，当事人有权拒绝接受处罚，并有权向有关机关检举、揭发。上一级行政机关、各级财政部门或者监察机关对使用的非法单据应当予以收缴，并对直接负责的主管人员和其他直接责任人员依法给予处分。所谓直接负责的主管人员，是指对不使用或者使用非法罚没财务单据行为负领导责任的人员，包括实施该行为的行政机关主管领导和实施该行为的部门领导，即行政处罚的领导者、决定者。所谓其他直接责任人员是指在行政处罚中不使用或者使用非法罚没财务单据的执法人员。处分的适用，应当根据责任人在实施违法行政行为过程中的地位和作用，决定给予直接负责的主管人员，或者其他直接责任人员，还是同时给予直接负责的主管人员和其他直接责任人员以处分。

本条规定还设定了当事人的拒绝处罚权。如果行政机关进行处罚时不使用罚款、没收财物单据或者使用非法定部门制发的罚款、没收财物单据的，当事人可以拒绝处罚并予以检举。对于上级行政机关或者有关机关的行为，也应当属于层级监督或者其他法定监督，都属于行政层级监督。根据 2018 年《行诉解释》第 1 条第 2 款第 8 项之规定，上级行政机关基于内部层级监督关系对下级行政机关作出的听取报告、执法检查、督促履责等行为，不属于行政诉讼的受案范围。

（秦绪栋　撰写）

第七十八条　【自行收缴罚款的处理】 行政机关违反本法第六十七条的规定自行收缴罚款的，财政部门违反本法第七十四条的规定向行政机关返还罚款、没收的违法所得或者拍卖款项的，由上级行政机关或者有关机关责令改正，对直接负责的主管人员和其他直接责任人员依法给予处分。

【修改提示】

本法第 28 条规定，当事人有违法所得，除依法应当退赔的外，应当予以没收。即没收的违法所得已经扣除了退赔部分，系与罚款性质相同的、全部应上缴国库的部分。为了体现前后条文的一致性，本条在财政部门违法返还行为中增加了没收的违法所得内容。

本条将修订前的《行政处罚法》第 57 条中责令改正的主体由上级行政机关或者有关部门修改为上级行政机关或者有关机关。将对直接负责的主管人员和其他直接责任人员依法给予行政处分修改为给予处分。修改理由同上。

【条文解读与法律适用】

罚款是行政管理活动中运用最为普遍的一种处罚措施。过去，我国行政管理中处罚决定权和收缴权都归同一行政主体行使，一些行政机关将罚款作为部门创收的一种手段，用于解决本单位经费不足等问题，导致有的行政机关存在滥用罚款行为，如未经确证调查就予以处罚及适用罚款罚则偏高等情形。据此，1993 年 10 月 9 日中办、国办转发的财政部《关于对行政性收费、罚没收入实行预算管理的规定》中，就明确了“收支两条线”原则。1996 年制定《行政处罚法》时，在总结国内经验、借鉴国外做法时就已确立了罚款决定与罚款收缴相分离的制约机制，该制度在本法的数次修改中一直予以延续，本次修改仍适用该制度。本法第 67 条规定了作出罚款决定的行政机关应当与收缴罚款机构分离。除依照本法第 68 条、第 69 条的规定当场收缴的罚款外，作出行政处罚决定的行政机关及其执法人员不得自行收缴罚款。当事人应当自收到行政处罚决定书之日起十五日内，到指定的银行或者通过电子支付系统缴纳罚款。银行应当收受罚款，并将罚款直接上缴国库。除本法第68条、第69条的规定外，如果行政机关及其执法人员自行收缴罚款，其上一级行政机关或者有关机关应当责令其改正，并且可以对对收缴罚款行为的发生负有领导责任的人员、对非法实施收缴罚款行为的人员依法给予处分。这里的上级行政机关是指违法实施自行收缴罚款行为的行政机关的上一级行政主管机关。有关机关应包含该行政机关隶属的本级人民政府、监察机关等。在处理该类违法行为中适用处分，应当根据行为人在实施违法行为过程中的地位和作用，决定给予直接负责的主管人员、其他直接责任人员，或者同时给予直接负责的主管人员和其他直接责任人员处分。

罚款、没收的违法所得和违法财物归国家所有，因此罚款、没收的违法所得以及违法财物拍卖的款项应当全部上缴国库。但实践中，有的地方为了解决行政机关的经费不足问题，将罚款、没收的违法所得和违法财物的拍卖款按一定比例返还给行政机关。为此，本法第74条延续立法原意，规定除依法应当退还、退赔的外，财政部门不得以任何形式向作出行政处罚决定的行政机关返还罚款、没收的违法所得或者没收非法财物拍卖的款项。财政部门违反上述规定向行政机关返还罚款、没收违法所得或者拍卖款项的，由上级机关或者有关机关责令改正，对直接负责的主管人员和其他直接责任人员依法给予处分。这里的上级行政机关是指违法实施向行政机关返还罚款、没收的违法所得或者拍卖款项的财政部门的上一级行政主管部门。有关机关应包含该财政部门隶属的本级人民政府、监察机关等。直接负责的主管人员是指向作出处罚决定的行政机关返还罚款、没收违法所得或者拍卖款项的财政部门中负领导责任的人员，包括主管领导和实施该行为的工作部门的领导。其他直接责任人员是指违法向作出处罚决定的行政机关返还罚款、没收违法所得或者拍卖款项的财政部门的经办人。

（李诗茵　撰写）

第七十九条　【私分罚没财物的处理】行政机关截留、私分或者变相私分罚款、没收的违法所得或者财物的，由财政部门或者有关机关予以追缴，对直接负责的主管人员和其他直接责任人员依法给予处分；情节严重构成犯罪的，依法追究刑事责任。

执法人员利用职务上的便利，索取或者收受他人财物、将收缴罚款据为己有，构成犯罪的，依法追究刑事责任；情节轻微不构成犯罪的，依法给予处分。

【修改提示】

本条是对修订前的《行政处罚法》第58条的修改，追缴主体由财政部门或者有关部门修改为财政部门或者有关机关，同时将“行政处分”修改为“处分”。此两处修改的本意与前述法条修改理由一致，主要是基于法律用语更为准确和相关法律规定的修改。

【条文解读与法律适用】

本法在对处罚决定机关与罚款收缴机构分离作出原则性规定的同时，还规定了可以由处罚决定机关执法人员当场收缴的例外情况。如100元以下罚款、不当场收缴事后难以执行的，以及边远、水上、交通不便地区，符合相关条件的处罚案件，当事人提出到指定的银行或者通过电子支付系统缴纳罚款确有困难的，行政机关及其执法人员可以当场收缴罚款。这样的规定是从便于当事人以及使处罚及时得到履行的实际情况出发所作出的灵活规定。而罚款、没收的违法所得和没收非法财物拍卖的款项属于国有财产，本法第74条明确规定了任何行政机关或者个人不得以任何形式截留、私分或者变相私分。因罚款、没收的违法所得和没收非法财物拍卖的款项具有的国有资产性质，本条明确了追缴主体为国有资产的管理机构财政部门或者有关机关，该有关机关应为实施上述违法行为的个人所在的机关或者其上级机关和具有管理职责的本级人民政府。追缴是对财物的处理，应向被追缴单位和个人作出相关的追缴决定，追缴完成后上缴国库。对于具体实施该违法行为的直接负责的主管人员和其他直接责任人员，情节轻微的给予处分，情节严重构成犯罪的，依法追究刑事责任。区分违法行为情节轻重主要是看截留、私分的数额大小，实施行为的时间长短，事后退赃是否积极主动，悔过态度如何，造成的危害后果大小等情形。

行政执法人员行使职权，应当公正无私，不得以手中的权力谋取私利。如果执法人员利用职务上的便利，索取或者收受他人财物、将收缴罚款据为己有，构成犯罪的，应当依法追究刑事责任；情节轻微不构成犯罪的，依法给予处分。该款规定包含两层意思：一是关于行政执法人员索取或者收受他人财物的行为。根据《刑法》第 385 条规定，受贿罪是指国家工作人员利用职务上的便利，索取他人财物，或者非法收受他人财物，为他人谋取利益的行为。二是关于执法人员将收缴罚款据为己有的行为。根据《刑法》第 382 条规定，贪污罪是指国家工作人员利用职务上的便利，侵吞、窃取、骗取或者以其他手段非法占有公共财物的行为。国家工作人员包括国家机关工作人员，在国有公司、企业、事业单位、人民团体中从事公务的人员以及其他依照法律从事公务的人员和受委派从事公务的人员。行政处罚的实施主体是行政机关或者依法成立并具有管理公共事务职能的受委托组织。该执法人员应属于《刑法》规定的国家工作人员范畴。对构成受贿罪的，根据受贿所得数额及情节，依照《刑法》有关规定处罚，索贿的从重处罚。构成贪污罪的，根据贪污的罚款数额大小及情节轻重，分别判处刑罚。而上述违法行为根据涉及的数额、延续的时间等情节判断显著轻微的，则仍是按照《公务员法》等规定对执法人员予以处分。

本法第 78 条、第 79 条规定的法律责任所约束的主体是行政执法人员，对于目前基层执法中普遍存在的执法辅助人员，如存在本条所规定的违法行为，则应根据各地对辅助人员的身份定性，适用与其身份相适应的法律关系，如签订劳动合同的，则适用劳动法律关系，有特别规定的，如警辅人员则根据各地制定的相关法规等规定予以处理；构成犯罪的，依据《刑法》的有关规定追究刑事责任。而辅助人员如与执法人员共同实施截留、私分、变相私分以及将罚款据为己有的行为，则可以贪污罪的共犯论处。

（李诗茵　撰写）

第八十条　【使用、损毁查封、扣押财物的法律责任】 行政机关使用或者损毁查封、扣押的财物，对当事人造成损失的，应当依法予以赔偿，对直接负责的主管人员和其他直接责任人员依法给予处分。

【修改提示】

本条在此次修订中有两处修改：一是增加了有关行政机关使用或者损毁“查封”财物的规定；二是将原条文中的“行政处分”修改为“处分”。在此次修订过程中之所以进行上述两处修改，主要是基于与其他相关法律保持衔接以及表述一致的考虑。关于前者，2012 年 1 月 1 日起施行的《行政强制法》第 9 条对行政强制措施的种类予以了明确规定，该条第 2 项为“查封场所、设施或者财物”，第 3 项为“扣押财物”。因此，本次修订有必要将之吸收，以保持法律规定之间的相互衔接。关于后者，修改理由同上。随着行政执法体制改革以及事业单位改革的不断深化，实际实施查封、扣押的办案人员在身份上可能是公务员或参照《公务员法》管理的人员，也可能是承担行政职能事业单位中的聘用制人员，还可能是合同制人员。故继续使用“行政处分”这一表述无法涵盖所有应当覆盖的对象。

【条文解读与法律适用】

查封是行政机关限制当事人对其财产的使用和处分的强制措施，主要是对不动产或者其他不便移动的财产，由行政机关以加贴封条的方式限制当事人对财产的移动或者使用。法律、法规中除使用“查封”外，还经常用“封存”一词，如《证券法》第 170 条规定，国务院证券监督管理机构依法履行职责，有权查阅、复制当事人和与被调查事件有关的单位和个人的证券交易记录、登记过户记录、财务会计资料及其他相关文件和资料；对可能被转移、隐匿或者毁损的文件和资料，可以予以封存、扣押。此外，也有使用“封闭”“关闭或者限制使用场所”“禁止或者限制使用设备、设施”等表述的情况。

如《传染病防治法》第42条规定，传染病暴发、流行时，县级以上地方人民政府应当立即组织力量，按照预防、控制预案进行防治，切断传染病的传播途径，必要时，报经上一级人民政府决定，可以封闭或者封存被传染病病原体污染的公共饮用水源、食品以及相关物品，可以封闭可能造成传染病扩散的场所，等等。

扣押是行政机关解除当事人对其财物的占有，并限制其处分的强制措施。此外，法律、法规规定中还经常使用“扣留”等表述。如《知识产权海关保护条例》第15条规定，知识产权权利人申请扣留侵权嫌疑货物，符合本条例第13条的规定，并依照本条例第14条的规定提供担保的，海关应当扣留侵权嫌疑货物，书面通知知识产权权利人，并将海关扣留凭单送达收货人或者发货人。

在行政处罚中，行政机关对当事人财产实施查封、扣押，通常是基于调查案情、固定证据或保障行政处罚决定执行的需要。而两者的区别主要在于：一方面，查封主要针对的是不动产或者其他不便移动的财产，而扣押通常针对的是动产；另一方面，对查封的场所、设施或者财物，行政机关可以自行保管或管理，也可以委托第三人保管或管理，而对扣押的财物通常由行政机关自行保管。如《环境保护主管部门实施查封、扣押办法》第16条规定，对就地查封的设施、设备，排污者应当妥善保管，不得擅自损毁封条、变更查封状态或者启用已查封的设施、设备。对扣押的设施、设备，环境保护主管部门应当妥善保管，也可以委托第三人保管。

对于处于行政机关直接控制下的被查封、扣押财物，行政机关通常不能随意使用，并负有妥善保管的义务。这是因为查封、扣押并非最终行政处理决定，在最终行政处罚决定作出之前，被查封、扣押财物在法律上仍属于当事人的合法财产。基于此，行政机关违反法律规定，擅自使用被查封、扣押的财物，或因故意、保管不善导致损毁，对当事人造成损失的，应当承担相应赔偿责任。

在适用本条时需注意以下三点：

一是本条所指的行政机关因使用或者毁损查封、扣押的财物，对当事人造成损失而应承担的赔偿责任，应为行政赔偿责任。有关行政机关承担赔偿责任的损失范围、赔偿义务机关的确定、赔偿方式、赔偿标准及赔偿程序等，应当适用《国家赔偿法》中有关行政赔偿的规定以及《最高人民法院关于审理行政赔偿案件若干问题的规定》等。

二是依照本条规定，当事人向行政机关主张赔偿责任，至少需具备以下三个要件：其一，行政机关存在违反法律规定，擅自使用查封、扣押财物或损毁查封、扣押财物的行为。前者，是指行政机关在无法律规定或未得到权利人许可的情况下，擅自使用查封、扣押财物，如将查封的房屋擅自对外出租并收取租金、将被扣押的车辆擅自挪作私用等；后者，是指行政机关故意或因保管不善致使查封、扣押财物出现短少、变质、损坏等，导致其价值出现贬损，如对扣押的易燃、易爆、易潮物品，能够采取相应适当的防燃、防爆、防潮等措施但未采取，导致物品因燃烧、爆炸、受潮而灭失或失去使用价值等。反之，若行政机关使用、处置查封、扣押财物的行为是基于法律法规的明确规定，或是行政机关已尽妥善保管义务但仍不可避免自然损耗，行政机关可以免责。前者如海关依照《海关法》第 92 条规定，对于依法扣留危险品或者鲜活、易腐、易失效等不宜长期保存的货物、物品以及所有人申请先行变卖的货物、物品、运输工具，先行依法变卖；后者如粮食、煤炭、水泥等大宗货物在驳载、运输、仓储等过程中因水分自然蒸发、通风、烘晒、除杂、筛选等作业以及抛洒扬尘、跑冒滴漏导致的，在有关国家标准、行业惯例允许范围内的损耗。其二，当事人确有损失。这里的损失，不仅包括财物价值的贬损，依照《民法典》第 1183 条的规定，若因行政机关使用或损毁查封、扣押财物，导致自然人具有人身意义的特定物受损的，还包括由此产生的精神损害。反之，若行政机关虽有使用或损毁查封、扣押财物的行为，但当事人并未遭受损失或虽有损失但显著轻微可忽略不计的，则当事人不可依照本条向行政机关求偿。如海关在对被扣押的大宗货物进行抽样检验时，虽因取样行为导致被扣押货物确有略微缺少，但当事人并不可因此而向海关求偿，等等。其三，当事人遭受损失与行政机关的相关处置行为之间存在法律上的因果关系。若当事人所受损失系自身原因所致，或因不可抗力所致，行政机关亦可免责。前者如依照《环境保护主管部门实施查封、扣押办法》第 16 条、第 17 条的规定，排污者对就地查封的设施、设备擅自损毁封条、变更查封状态或者启用，造成损失的，由排污者承担。而所谓不可抗力，依照《民法典》第 180 条第 2 款的规定，是指不能预见、不能避免且不能克服的客观情况。既有自然原因的不可抗力，比如地震、台风、海啸等，也有社会原因的不可抗力，比如战争、动乱等。“只有在损害完全是由不可抗力引起的情况下，才表明被告的行为与损害结果之间毫无因果关系，同时表明被告没有过错，因此应被免除责任。”① 不可抗力是侵权法上的通常免责事由，同样适用于行政侵权领域。

三是本条所指的“直接负责的主管人员”，是指实施使用、损毁查封、扣押财物行为的直接决策者、领导者，如决定使用、损毁查封、扣押财物的行政机关负责人、行政处罚办案部门负责人、执法现场负责人等。本条所指的“其他直接责任人员”，是指具体、实际实施使用、损毁查封、扣押财物行为的人员。需要注意的是，一方面，本条并未对“其他直接责任人员”是否应具有公务员身份予以明确规定，故应理解为既包括属于公务员序列的行政机关工作人员，也包括参照《公务员法》管理的人员，还包括行政机关聘用的事业编制人员、合同制人员等。在此次修订征求意见中，有代表提出建议将包括本条在内的第七章中的“直接负责的主管人员”及“其他直接责任人员”均修改为“责任人员”，但最终上述两个表述均被保留而未作调整。另一方面，本条并未对直接负责的主管人员和其他直接责任人员使用、损毁查封、扣押财物情节严重的，是否应承担刑事责任予以明确规定，也未规定行政机关在承担赔偿责任后，是否可以向直接负责的主管人员和其他直接责任人员，受托保管查封、扣押财物的第三人等实际责任主体追偿，但依照《国家赔偿法》第16条的规定，赔偿义务机关赔偿损失后，应当责令有故意或者重大过失的工作人员或者受委托的组织或者个人承担部分或者全部赔偿费用。对有故意或者重大过失的责任人员，构成犯罪的，也应当依法追究刑事责任。

（徐沐阳　撰写）

① 杨立新：《侵权法论》，人民法院出版社2013年版，第350页。

第八十一条 【违法实行检查和执行措施的法律责任】 行政机关违法实施检查措施或者执行措施，给公民人身或者财产造成损害、给法人或者其他组织造成损失的，应当依法予以赔偿，对直接负责的主管人员和其他直接责任人员依法给予处分；情节严重构成犯罪的，依法追究刑事责任。

【修改提示】

本条在本次修订中有两处修改：一是将“实行”改为“实施”；二是将“行政处分”改为“处分”。关于前者，“实行”意为实际施行，“实施”意为开展、施行。从词义上理解，“实行”与“实施”均有施行之意，且在立法中均有使用，甚至在同一法律中也兼用之，如《刑法》第 23 条第 1 款规定，已经着手实行犯罪，由于犯罪分子意志以外的原因而未得逞的，是犯罪未遂；《刑法》第 26 条第 2 款规定，三人以上为共同实施犯罪而组成的较为固定的犯罪组织，是犯罪集团。相较而言，“实行”为用实际行动来实现，侧重于实现，强调行为的客观性，如刑法理论中的“直接实行行为”与“间接实行行为”；而“实施”则侧重于执行，强调行为本身。因而，从整体内容来看，本条使用“实施”更为适当。此外，修订前的《行政处罚法》仅在原第 60 条（对应本次修订后的本条）使用“实行”，其余均使用“实施”。故在本次修订中，将“实行”修改为“实施”也有统一立法用语、便于理解适用的考虑。关于后者，前文已作分析，此处不再赘述。

【条文解读与法律适用】

检查措施，是指行政机关在行政执法过程中依法对公民、法人或其他组织遵守法律、法规、规章的情况进行检验和核查的措施。检查的目的，通常包括发现、查证违法线索，收集、调查证据等。依照本法第 54 条第 1 款的规定，除本法第 51 条规定的可以当场作出的行政处罚外，行政机关发现公民、法人或者其他组织有依法应当给予行政处罚的行为的，必须全面、客观、公正地调查，收集有关证据；必要时，依照法律、法规的规定，可以进行检查。如公安机关依照《公安机关办理行政案件程序规定》第 82 条的规定，对与违法行为有关的场所、物品、人身可以进行检查；又如统计执法监督检查机构依照《统计法》第 35 条的规定对统计调查对象的有关原始记录和凭证、统计台账、统计调查表、会计资料及其他相关证明和资料等进行调查、核查；等等。

执行措施，是指行政机关依法对逾期不履行行政处罚决定的公民、法人或者其他组织，所采取的必要的强制执行措施。采取执行措施的目的，在于迫使公民、法人或者其他组织履行行政处罚决定，或达到与履行行政处罚决定相同的状态。依照本法第 72 条第 1 款的规定，当事人逾期不履行行政处罚决定的，作出行政处罚决定的行政机关可以采取下列措施：（1）到期不缴纳罚款的，每日按罚款数额的百分之三加处罚款，加处罚款的数额不得超出罚款的数额；（2）根据法律规定，将查封、扣押的财物拍卖、依法处理或者将冻结的存款、汇款划拨抵缴罚款；（3）根据法律规定，采取其他行政强制执行方式；（4）依照《行政强制法》规定申请人民法院强制执行。

检查措施与执行措施均与行政处罚相对人或其他利害关系人的权益密切相关，故法律、法规及规章对此设定了严格的实体及程序要求。行政机关违法实施检查措施或者执行措施，造成行政处罚相对人或其他利害关系人损失的，应当依照本条规定承担相应赔偿责任。

本条在适用时需注意以下三点：

第一，与本法第 80 条所规定的行政机关因使用、损毁查封、扣押财物造成当事人损失所应承担的赔偿责任性质相同，本条规定的行政机关因违法实施检查措施或者执行措施而应承担的赔偿责任同样为行政赔偿责任。因此，有关行政机关承担赔偿责任的当事人损失范围、赔偿义务机关的确定、赔偿方式、赔偿标准及赔偿程序等，应当适用《国家赔偿法》中有关行政赔偿的规定以及《最高人民法院关于审理行政赔偿案件若干问题的规定》等。

第二，公民、法人或其他组织依照本条规定向行政机关主张赔偿，需同时具备三方面要件：一是行政机关采取的检查措施或执行措施具备行政法上的违法性。例如，实施检查的主体无相应职权；检查方式、手段不合法；未遵循法定检查程序；等等。又如，采取执行措施时不符合有关加处罚款的时机、标准等规定；拍卖、处理查封、扣押的财物时未依法进行，导致出现错卖、错拍等；划拨存款、汇款抵缴罚款时审查不严，导致出现超额扣划、划拨他人款项；等等。二是确实存在公民的人身权或公民、法人、其他组织的财产权受到侵害的事实。人身权受到侵害，既包括因人身自由受到限制所致人身损害，也包括因人格尊严受到贬损所致精神损害。对于财产权受到侵害，《国家赔偿法》在2010年修改前仅限于直接损失，修法后增加了有关银行同期存款利息的赔偿，从而有限扩展至部分间接利益。三是公民的人身权或公民、法人、其他组织的财产权受到侵害需与行政机关违法实施的检查措施或执行措施之间存在法律上的因果关系。加害行为与损害后果之间存在因果关系，是侵权责任的重要构成要件之一。若公民、法人或其他组织虽有权益受损的事实，但与行政机关实施的检查措施或执行措施之间不存在因果关系，则受害人不能适用本条规定向行政机关主张赔偿，如因受害人自身原因导致权益受损、第三人行为导致受害人权益受损、不可抗力等。当然，若受害人权益受损系行政机关违法实施检查措施或执行措施与其他因素共同所致，则属于“多因一果”情形，所影响的是行政机关最终承担赔偿责任的份额，并不会对行政侵权责任的构成发生阻却效果。

第三，依照本条规定，行政机关违法实施检查措施或执行措施，除依法赔偿受害人损失外，还应追究直接负责的主管人员和其他直接责任人员的相应责任。其一，本条所指的“直接负责的主管人员”是指直接决策、决定实施检查措施或执行措施的行政机关负责人、具体办案部门负责人或现场负责人。本条所指的“其他直接责任人员”是指具体实施检查措施或执行措施的行政机关执法人员。因本条并未对“其他直接责任人员”是否应具有公务员身份予以明确规定，故应理解为既包括属于公务员序列的行政机关工作人员，也包括参照《公务员法》管理的人员，还包括行政机关聘用的事业编制人员、合同制人员等。其二，对直接负责的主管人员和其他直接责任人员予以追责的形式，既包括依照《公职人员政务处分法》给予政务处分、依照《公务员法》《事业单位工作人员处分暂行规定》予以处分，也包括刑事处罚，还包括行政机关就其承担的赔偿金额向相关责任人员予以追偿。一方面，本条规定的对直接负责的主管人员和其他直接责任人员依法追究刑事责任主要涉及《刑法》分则第四章侵犯公民人身权利、民主权利罪，第五章侵犯财产罪以及

第九章渎职罪中的有关罪名。因此，对“情节严重”如何理解把握，应结合所涉罪名的构成要件具体分析。另一方面，本条虽未就追偿问题作出直接规定，但依照《国家赔偿法》第16条第1款的规定，赔偿义务机关赔偿损失后，应当责令有故意或者重大过失的工作人员或者受委托的组织或者个人承担部分或者全部赔偿费用。

（徐沐阳　撰写）

第八十二条　【以罚代刑的法律责任】行政机关对应当依法移交司法机关追究刑事责任的案件不移交，以行政处罚代替刑事处罚，由上级行政机关或者有关机关责令改正，对直接负责的主管人员和其他直接责任人员依法给予处分；情节严重构成犯罪的，依法追究刑事责任。

【修改提示】

本条删除了修订前的《行政处罚法》第61条中的“为牟取本单位私利”，不再将行政机关以行政处罚代替刑事处罚仅限定于“为牟取本单位私利”；在“不移交”前面增加“案件”二字；将“刑罚”修改为“刑事处罚”；将“有关部门责令纠正”修改为“有关机关责令改正”，与本条前述“上级行政机关”保持了统一；将“拒不纠正的，对直接负责的主管人员给予行政处分”修改为“对直接负责的主管人员和其他直接责任人员依法给予处分”，将“拒不纠正的”删除，体现了处分的适用前提更加苛严，即只要行政机关存在以行政处罚代替刑事处罚的情形，就要对直接负责的主管人员和其他直接责任人员给予处分，另将处分的对象扩大至“其他直接责任人员”；将“行政处分”改为“处分”，与《公务员法》《公职人员政务处分法》《监察法》保持一致；将“徇私舞弊、包庇纵容违法行为的，依照刑法有关规定追究刑事责任”修改为“情节严重构成犯罪的，依法追究刑事责任”。

【条文解读与法律适用】

本条是关于行政机关以行政处罚代替刑事处罚应当承担法律责任的规定。

“以行政处罚代替刑事处罚”，俗称“以罚代刑”，是指行政机关违背法律的规定，对其在行政执法过程中发现的涉嫌犯罪的案件应当依法移送司法机关追究刑事责任而不移送，以行政处罚代替刑事处罚的行为。从表面上看，以罚代刑加重了对违法犯罪人员经济利益上的惩罚，严重损害了法律的权威性和严肃性，尤其是对于从违法活动中已获巨额非法收益的违法犯罪分子来说，无疑是一种放纵和鼓励。“罚”与“刑”是两种不同性质的法律责任，在具体处罚中，对应当作出行政处罚的违法行为就应依法予以行政处罚，对该追究刑事责任的犯罪行为就应依法追究刑事责任。

行政处罚与刑事处罚是性质不同的两种处罚措施，所适用行为的社会危害性不同，产生的社会效果也不一样，所以应由不同的机关适用。对一般违法行为的查处，属于行政机关职权范围，应由行政机关依法处理；如果违法行为构成犯罪的，则属于司法机关的职权范围，应由司法机关追究违法行为人的刑事责任。《中共中央关于全面推进依法治国若干重大问题的决定》提出，健全行政执法和刑事司法衔接机制，完善案件移送标准和程序，建立行政执法机关、公安机关、检察机关、审判机关信息共享、案情通报、案件移送制度，坚决克服有案不移、有案难移、以罚代刑现象，实现行政处罚和刑事处罚无缝对接。《行政执法机关移送涉嫌犯罪案件的规定》亦对此作出了明确规定。本法第 27 条第 1 款规定：“违法行为涉嫌犯罪的，行政机关应当及时将案件移送司法机关，依法追究刑事责任。……”《刑法》第 402 条规定：“行政执法人员徇私舞弊，对依法应当移交司法机关追究刑事责任的不移交，情节严重的，处三年以下有期徒刑或者拘役；造成严重后果的，处三年以上七年以下有期徒刑。”行政机关代表国家行使行政权，必须严格遵守法律的规定，发现违法行为涉嫌犯罪的，应当及时将案件移送有管辖权的司法机关，不得以行政处罚代替刑事处罚。任何违背法律规定，以行政处罚代替刑事处罚的行为都应当予以惩处。行政执法人员徇私舞弊、包庇纵容违法行为，情节严重构成犯罪的，还应当依照《刑法》第 402 条的规定，以徇私舞弊不移交刑事案件罪追究相关人员的刑事责任。

适用本条需要注意的是，何为“情节严重”，可以参考 2006 年 7 月 26 日《最高人民检察院关于渎职侵权犯罪案件立案标准的规定》（高检发释字〔2006〕2 号）。徇私舞弊不移交刑事案件罪，是指工商行政管理、税务、监察等行政执法人员，徇私舞弊，对依法应当移交司法机关追究刑事责任的案件不移交，情节严重的行为。涉嫌下列情形之一的，应予立案：（1）对依法可能判处 3 年以上有期徒刑、无期徒刑、死刑的犯罪案件不移交的；（2）不移交刑事案件涉及 3 人次以上的；（3）司法机关提出意见后，无正当理由仍然不予移交的；（4）以罚代刑，放纵犯罪嫌疑人，致使犯罪嫌疑人继续进行违法犯罪活动的；(5) 行政执法部门主管领导阻止移交的；(6) 隐瞒、毁灭证据，伪造材料，改变刑事案件性质的；(7) 直接负责的主管人员和其他直接责任人员为牟取本单位私利而不移交刑事案件，情节严重的；(8) 其他情节严重的情形。

（朱远军 撰写）

第八十三条　【行政不作为的法律责任】 **行政机关对应当予以制止和处罚的违法行为不予制止、处罚，致使公民、法人或者其他组织的合法权益、公共利益和社会秩序遭受损害的，对直接负责的主管人员和其他直接责任人员依法给予处分；情节严重构成犯罪的，依法追究刑事责任。**

【修改提示】

本条将修订前的《行政处罚法》第 62 条中的“执法人员玩忽职守，对应当予以制止和处罚的违法行为不予制止、处罚”修改为“行政机关对应当予以制止和处罚的违法行为不予制止、处罚”，即将“执法人员玩忽职守”删除，修改为“行政机关”；另将“行政处分”修改为“处分”。

【条文解读与法律适用】

本条是关于行政机关怠于履行法定职责，对应当予以制止和处罚的违法行为不予制止、处罚所应承担的法律责任的规定。

“法无授权不可为”，要求行政机关必须经过法律授权行使权力，没有经过法律授权不能乱作为。反之，“法定职责必须为”，要求行政机关行使权力时，应当严格按照法律的规定履行法定职责，不可推诿，否则就是失职。本法的立法宗旨在于既要保护公民、法人或者其他组织的合法权益，又要保障行政机关有效地实施行政管理，以维护公共利益和社会秩序。行政机关滥施处罚，侵犯公民、法人或者其他组织的合法权益，与依法行政的要求相悖；反之，行政机关怠于履行法定职责，对应当予以制止和处罚的违法行为不予制止、处罚，也不被法律所允许。申言之，行政机关对于自己职责范围内的工作，应当认真负责，忠于职守，如不履行法律规定的职责，对应当予以制止和处罚的违法行为不予制止、处罚，致使公民、法人或者其他组织的合法权益、公共利益和社会秩序遭受损害的，对直接负责的主管人员和其他直接责任人员依法给予处分。

行政机关不履行、怠于履行法定职责，致使公民、法人或者其他组织的合法权益、公共利益和社会秩序遭受损害，情节严重构成犯罪的，依法追究刑事责任。这里的依“法”是指依照《刑法》第397条第1款的规定，即国家机关工作人员滥用职权或者玩忽职守，致使公共财产、国家和人民利益遭受重大损失的，处三年以下有期徒刑或者拘役；情节特别严重的，处三年以上七年以下有期徒刑。根据该规定，对于情节严重构成犯罪的直接负责的主管人员和其他直接责任人员，应当以玩忽职守罪追究其刑事责任。

适用本条需要注意的是，行政机关对应当予以制止和处罚的违法行为不予制止、处罚，只有致使公民、法人或者其他组织的合法权益、公共利益和社会秩序遭受损害的，才对直接负责的主管人员和其他直接责任人员依法给予处分；只有情节严重构成犯罪的，才依法追究刑事责任。何为“情节严重”，可以参考2006年7月26日《最高人民检察院关于渎职侵权犯罪案件立案标准的规定》（高检发释字〔2006〕2号）。玩忽职守罪，是指国家机关工作人员严重不负责任，不履行或者不认真履行职责，致使公共财产、国家和人民利益遭受重大损失的行为。涉嫌下列情形之一的，应予立案：（1）造成死亡1人以上，或者重伤3人以上，或者重伤2人、轻伤4人以上，或者重伤1人、轻伤7人以上，或者轻伤10人以上的；（2）导致20人以上严重中毒的；（3）造成个人财产直接经济损失15万元以上，或者直接经济损失不满15万元，但间接经济损失75万元以上的；（4）造成公共财产或者法人、其他组织财产直接经济损失30万元以上，或者直接经济损失不满30万元，但间接经济损失150万元以上的；（5）虽未达到3、4两项数额标准，但3、4两项合计直接经济损失30万元以上，或者合计直接经济损失不满30万元，但合计间接经济损失150万元以上的；（6）造成公司、企业等单位停业、停产1年以上，或者破产的；（7）海关、外汇管理部门的工作人员严重不负责任，造成100万美元以上外汇被骗购或者逃汇1000万美元以上的；（8）严重损害国家声誉，或者造成恶劣社会影响的；（9）其他致使公共财产、国家和人民利益遭受重大损失的情形。

另外，国家机关工作人员玩忽职守，符合《刑法》第九章所规定的特殊渎职罪构成要件的，应当按照该特殊规定追究刑事责任；主体不符合《刑法》第九章所规定的特殊渎职罪的主体要件，但玩忽职守涉嫌前述第 1 项至第 9 项规定情形之一的，按照《刑法》第 397 条的规定以玩忽职守罪追究刑事责任。

（朱远军　撰写）

第八章　附　则

本章概述

附则是本法的重要组成部分，与其他部分具有相同的法律效力。修改后的附则除第86条仍是对实施日期的规定外，另外两条都是新增加的条款。第84条是对本法适用范围的补充规定，第85条是对本法相关名词和术语的定义和解释。

第八十四条　【涉外行政处罚】外国人、无国籍人、外国组织在中华人民共和国领域内有违法行为，应当给予行政处罚的，适用本法，法律另有规定的除外。

【修改提示】

1. 本条系新增内容。本次修订后首次对外国人、无国籍人、外国组织在我国领域内有违法行为并给予行政处罚的法律适用问题作出规定。

2. 新增本条的意义。本条的重点是增加了涉外行政处罚法律适用的规定。随着我国对外开放政策的实施，来我国旅游、学习和工作的外国人、无国籍人及外国各类组织逐渐增多，我国行政机关在对这些外国人、外国组织进行各种行政管理的过程中难免发生争议。国家主权原则是国际法最重要、最基本的原则，在一切涉外活动中都必须坚持。从国家主权原则出发，国家对境内的一切人和事均享有属地管辖的权力，对外国人、无国籍人、外国组织也不例外。涉外行政处罚案件，是一项政治性和原则性都很强的工作，事关国家主权、利益和我国的对外关系。为此，本法有必要对外国人、无国籍人、外国组织在我国领域内违反行政管理秩序的行为如何规制加以明确，这既保障了外国人、无国籍人、外国组织的合法权益，又体现了任何人都不能享有法律之外的特权。

【条文解读与法律适用】

1. 法律的对人效力。法律的对人效力，是指法律对什么人有效。所谓“外国人”是指在一国境内，不具有该国国籍而具有其他国国籍的人，如在我国的美国人、日本人、韩国人等其他国家的人都属于外国人。“无国籍人”是指不具有任何国家国籍的人和国籍不明的人，或者是任何国家法律都不认可是其公民的人。“外国组织”是指具有外国国籍的组织，包括外国法人组织和非法人组织。中外合资经营企业、中外合作经营企业以及依照我国法律在我国领域内设立的外资企业均不属于外国组织。同时，对于港澳台居民，虽然行政管理的一些内容与外国人管理的内容具有一致或者相似性，但不能将其当作外国人对待。

2. 法律的空间效力。法律的空间效力也就是法律的适用范围，是指法律在哪些地域范围内发生效力，其也是国家主权原则的体现。本法的空间效力及于我国的领陆、领水（内水和领海）、领空以及按照国际法属于我国领域的范围，如驻外使馆、公海上航行的我国船舶等。本条规定中的“中华人民共和国领域内”当然包括香港、澳门特区和台湾地区，但需要注意的是，根据《香港特别行政区基本法》和《澳门特别行政区基本法》的规定，全国性法律除列于《香港特别行政区基本法》和《澳门特别行政区基本法》附件三者外，不在香港特别行政区和澳门特别行政区实施。故目前在香港、澳门发生的违法行为，分别适用该地区的法律。

3. 法律的适用规则。本法作为行政处罚方面的基本法律，属于一般法，其他法律对于行政处罚问题作出的规定属于行政处罚的特别规定，属于特别法。《立法法》第 92 条规定：“同一机关制定的法律、行政法规、地方性法规、自治条例和单行条例、规章，特别规定与一般规定不一致的，适用特别规定；新的规定与旧的规定不一致的，适用新的规定。”即当一般法与特别法就相同的问题都作出规定，但在规定上内容又不相同时，应当适用特别法的规定。如《出境入境管理法》第 3 条第 2 款明确规定：“在中国境内的外国人的合法权益受法律保护。在中国境内的外国人应当遵守中国法律，不得危害中国国家安全、损害社会公共利益、破坏社会公共秩序。”外国人在我国境内违反法律法规的，我国将依法追究其法律责任。《治安管理处罚法》第 4 条第 1 款规定：“在中华人民共和国领域内发生的违反治安管理行为，除法律有特别规定的外，适用本法。”第 10 条第 2 款规定：“对违反治安管理的外国人，可以附加适用限期出境或者驱逐出境。”因此，在出境入境、治安管理等方面的处罚规定应优先适用《出境入境管理法》《治安管理处罚法》等特别法。

本条规定的“法律另有规定的除外”，还包括《外交特权与豁免条例》《领事特权与豁免条例》的特别规定。外交特权和豁免权，是指他国派驻一国的外交代表和外交人员，按照驻在国法律和国际公约，在驻在国所享有的特殊权利和优待。根据《维也纳外交关系公约》《维也纳领事关系公约》《联合国特权和豁免公约》《专门机构特权和豁免公约》等规定，在我国享有外交特权和豁免权的外国人主要有：来访的外国元首、政府首脑、外交部长以及其他同等身份的人员，派驻我国的大使、领事、公使、代办及其他具有同等身份的人员和具有外交官衔的使馆、领馆工作人员，随员、武官、参赞或专员等外交代表，与外交代表共同生活的配偶及未成年子女。《外交特权与豁免条例》第14条第2款规定："外交代表享有民事管辖豁免和行政管辖豁免，但下列各项除外：（一）外交代表以私人身份进行的遗产继承的诉讼；（二）外交代表违反第二十五条第三项规定在中国境内从事公务范围以外的职业或者商业活动的诉讼。"《领事特权与豁免条例》第14条第1款规定："领事官员和领馆行政技术人员执行职务的行为享有司法和行政管辖豁免。领事官员执行职务以外的行为的管辖豁免，按照中国与外国签订的双边条约、协定或者根据对等原则办理。"可见，享有外交特权和豁免权的外国人，不适用本法的规定，但对享有外交特权和豁免权的人违反行政管理秩序的行为不是不追究法律责任。根据国际公约和国际惯例，为了保证各国的外交人员正常开展工作，本着平等、相互尊重、互惠的原则，相互给予了享有外交特权和豁免权的人一定的特权。对这些人员违反行政管理秩序的，可以按照有关法律、国际公约的规定，通过外交等途径解决。

（陈路　撰写）

第八十五条 【期限的计算】本法中“二日”“三日”“五日”“七日”的规定是指工作日，不含法定节假日。

【修改提示】

1. 本条系新增内容，主要是关于期限含义的规定。本法中“二日”“三日”“五日”“七日”的规定主要涉及本法第48条、第56条、第61条、第64条、第71条规定的内容。

2. 新增本条的意义。法律上的期限是指在法律规定的时间段内，某种法律关系的主体必须作为或者不作为，才会具有法律承认的意义，超过法律规定的时间段，其作为或者不作为即不具有法律承认的效力。期限的计算直接关系到行政相对人及其他利害关系人依法行使权利和履行义务，是一个非常重要的问题。规定不明在实践中容易引发争议。在本法修订前，关于“二日”“三日”“七日”的内容规定在行政执法过程中就产生过较大争议，不同的期限计算方法导致权利保护的失范，客观上加大了人民法院审理此类案件的难度，一定程度上导致“同案不同判”，损害了行政机关、人民法院的公信力以及当事人的合法权益。此次修订对条文中“二日”“三日”“五日”“七日”的适用问题作了规定，明确规定该期限是工作日，不包括法定节假日。本条对期限作出明确规定，既是为了督促行政机关提高工作效率，及时作出有关决定，依法履行法定职责，切实保护公民、法人和其他组织的合法权益，也是为了督促当事人及利害关系人尽快履行法定义务和行使权利。

【条文解读与法律适用】

1. 工作日和法定节假日。工作日，顾名思义就是需要上班工作的日子。根据《我国法定年节假日等休假相关标准》的规定，国家机关、事业单位实行统一的工作时间，星期六和星期日为周休息日，星期一至星期五为正常工作时间。法定节假日是根据国家、民族的风俗习惯或纪念要求，由国家统一规定的用以进行庆祝的休息时间。我国现行的法定节假日标准为11天，根据

2013 年修订的《全国年节及纪念日放假办法》，我国全国年节及纪念日的假期有以下几种情形。一是全体公民放假的节日，包括：（1）新年，放假 1 天（1 月 1 日）；（2）春节，放假 3 天（农历正月初一、初二、初三）；（3）清明节，放假 1 天（农历清明当日）；（4）劳动节，放假 1 天（5 月 1 日）；（5）端午节，放假 1 天（农历端午当日）；（6）中秋节，放假 1 天（农历中秋当日）；（7）国庆节，放假 3 天（10 月 1 日、2 日、3 日）。二是部分公民放假的节日及纪念日，包括：（1）妇女节（3 月 8 日），妇女放假半天；（2）青年节（5 月 4 日），14 周岁以上的青年放假半天；（3）儿童节（6 月 1 日），不满 14 周岁的少年儿童放假 1 天；（4）中国人民解放军建军纪念日（8 月 1 日），现役军人放假半天。三是少数民族习惯的节日，由各少数民族聚居地区的地方人民政府，按照各该民族习惯，规定放假日期。全体公民放假的假日，如果适逢星期六、星期日，应当在工作日补假。部分公民放假的假日，如果适逢星期六、星期日，则不补假。

故本条中的法定节假日，是指全体公民放假的节日以及正常情况下每周的周六、周日，也包括在少数民族地区，地方人民政府确定的少数民族习惯节日。因此，行政机关在实施行政处罚过程中，如遇有法定节假日，其实施行政处罚的实际时间要比工作日略长。

2. 期限的计算。行政处罚中的期限，是指行政执法主体、当事人以及利害关系人实施行为在规定的一定时间内完成的时限。期限的计算事关当事人合法权益的保护。本法中“二日”“三日”“五日”“七日”均为十日以内期限，指工作日，不含法定节假日。本法这样规定主要考虑到，一是本条规定的相关期限本身时间就比较短。如果本法中“二日”“三日”“五日”“七日”包括法定节假日，留给行政机关和当事人启动相关法律程序的时间比较短，可能导致在短时间内无法完成行政执法活动、履行义务和行使权利等。如本法第 71 条规定：“执法人员当场收缴的罚款，应当自收缴罚款之日起二日内，交至行政机关；在水上当场收缴的罚款，应当自抵岸之日起二日内交至行政机关；行政机关应当在二日内将罚款缴付指定的银行。”如果执法人员在 9 月 30 日作出处罚决定，当场收缴罚款，则执法人员要在 10 月 2 日前交至行政机关。此时国庆节假期尚未结束，实际执行起来存在一定困难。二是本条规定的期限之外的期限属较长时间，包括法定节假日在内也不会给行政机关或者当事人带来不便。相反，如果不含法定节假日，期限计算将更加复杂，造成期限的实际天数与法律规定的期限差距很大，不利于提高工作效率。如本法第 60 条规定："行政机关应当自行政处罚案件立案之日起九十日内作出行政处罚决定。法律、法规、规章另有规定的，从其规定。"以行政机关自行政处罚案件 6 月 1 日立案处理为例，行政机关最迟应于 8 月 29 日前作出行政处罚决定。如果包含法定节假日，行政机关办理行政处罚的期限将有可能远远超过九十日，不利于保护当事人的合法权益。

关于期限的计算应该注意以下问题：一是本法中"二日""三日""五日""七日"均是以日为单位计算的，开始的日，不计算在期间内，而应从第二日开始计算。二是期间届满的最后一日为法定节假日的，以法定节假日后的第一日为期间届满之日。如期间本应在 1 月 1 日届满，但按照国家有关规定，1 月 1 日至 3 日为元旦假日，因此 1 月 4 日为期间届满日。三是期限不包括在途时间，执法文书在期满前交邮的，不算过期。判断是否在期满前交邮，应当以邮局的邮戳为准，只要邮戳上的时间在期间届满前，就不算过期。

（陈路 撰写）

第八十六条 【施行日期】本法自2021年7月15日起施行。

【修改提示】

1. 本条修改的内容。本条是对本法施行日期作的规定。条文内容在修订前的《行政处罚法》第64条的基础上修改而成，修改内容主要有：一是将施行日期修改为“2021年7月15日”。二是删除了原第64条第2款，即“本法公布前制定的法规和规章关于行政处罚的规定与本法不符合的，应当自本法公布之日起，依照本法的规定予以修订，在1997年12月31日前修订完毕”。

2. 本条修改的意义。法律的时间效力是指法律具有约束力的时间范围，包括生效时间、失效时间以及是否具有溯及力等。法律的施行日期即法律的生效日期，是指法律从什么时候开始生效，并产生法律效力。法律的施行日期是任何一部法律都要涉及的问题，是法律的必备条款，关系到法律拘束力的问题。对法律施行时间的理解正确与否，直接影响法律在行政执法和审判实践中能否被准确适用。《立法法》第57规定：“法律应当明确规定施行日期。”第58条第1款规定：“签署公布法律的主席令载明该法律的制定机关、通过和施行日期。”本法由第十三届全国人民代表大会常务委员会第二十五次会议于2021年1月22日修订通过，自2021年7月15日起施行。

【条文解读与法律适用】

本条是关于法律生效时间的规定，需要注意以下几点：

1. 法律的施行时间。不同法律施行日期的规定不尽相同，一般来说，法律的施行时间是根据法律的具体性质以及实际需要决定的。在立法实践中，法律施行日期的规定可以分为以下几种情况：第一，在法律条文中直接规定施行日期。这是最为普遍的立法模式。如2021年1月22日通过的《海警法》第84条规定：“本法自2021年2月1日起施行。”第二，法律自公布之日起施行。这种方式主要适用于法律的修改决定。在法律条文中没有直接规定明确的施行日期，而是规定“自公布之日起施行”。如2018年3月20日通过的《监察法》，同日由中华人民共和国主席习近平签署第三号主席令，公布通过，并明确“自公布之日起施行”。采用这种方式，多是由于情势急需，或者公布后不立即施行将有碍施行，在目前的立法实践中这种方式采用得不多。第三，规定一个法律的生效日期取决于另一个法律的制定和实施时间。如《企业破产法（试行）》（已失效）规定“本法自全民所有制工业企业法实施满三个月之日起试行”。在《企业破产法（试行）》公布时，《全民所有制工业企业法》还没有制定出来，故《企业破产法（试行）》开始实施的时间为《全民所有制工业企业法》施行之后的三个月。

本法的施行时间采用的是第一种方式。全国人大常委会于2021年1月22日表决通过修订后的《行政处罚法》，并自2021年7月15日起施行，中间间隔5个多月。之所以采用此种方式，主要考虑的是，本法社会关注度高，修改和增加的条文较多，涉及面广，需要为有关方面准备实施法律预留时间，比如做好原有规定的清理工作，做好配套性规定的制定工作，对本法进行必要的学习宣传等，以确保本法的贯彻实施。

2. 法律的溯及力。法律的溯及力问题，是每一部法律都会碰到的普遍性问题。法律的溯及力，是指法律规范对其生效之前的行为和事件是否适用或者是否具有约束力。简言之就是新的法律施行后，对它生效前发生的事件和行为是否适用的问题。如果能够适用和具有约束力，就是有溯及力或者称为溯及既往；反之，则无溯及力或者不溯及既往。法不溯及既往原则是近代以来的一项重要法治原则，为各国法律普遍采纳。溯及力的原则一般采用“从旧兼从轻”原则，即新的法律施行以前的行为，该行为实施时的法律不认为是违法的，适用当时的法律；当时的法律认为是违法的，依照当时的法律应给予处罚，但是新的法律不认为是违法或者处罚较轻的，则适用新法。《立法法》第93条规定：“法律、行政法规、地方性法规、自治条例和单行条例、规章不溯及既往，但为了更好地保护公民、法人和其他组织的权利和利益而作的特别规定除外。”本法第37条规定：“实施行政处罚，适用违法行为发生的法律、法规、规章的规定。但是，作出行政处罚决定时，法律、法规、规章已被修改或者废止，且新的规定处罚较轻或者不认为是违法的，适用新的规定。”

（陈路　撰写）

附　录

中华人民共和国行政处罚法

（1996年3月17日第八届全国人民代表大会第四次会议通过　根据2009年8月27日第十一届全国人民代表大会常务委员会第十次会议《关于修改部分法律的决定》第一次修正　根据2017年9月1日第十二届全国人民代表大会常务委员会第二十九次会议《关于修改〈中华人民共和国法官法〉等八部法律的决定》第二次修正　2021年1月22日第十三届全国人民代表大会常务委员会第二十五次会议修订）

目　　录

第一章　总　　则

第一条　为了规范行政处罚的设定和实施，保障和监督行政机关有效实施行政管理，维护公共利益和社会秩序，保护公民、法人或者其他组织的合法权益，根据宪法，制定本法。

第二条　行政处罚是指行政机关依法对违反行政管理秩序的公民、法人或者其他组织，以减损权益或者增加义务的方式予以惩戒的行为。

第三条　行政处罚的设定和实施，适用本法。

第四条　公民、法人或者其他组织违反行政管理秩序的行为，应当给予行政处罚的，依照本法由法律、法规、规章规定，并由行政机关依照本法规定的程序实施。

第五条　行政处罚遵循公正、公开的原则。

设定和实施行政处罚必须以事实为依据，与违法行为的事实、性质、情节以及社会危害程度相当。

对违法行为给予行政处罚的规定必须公布；未经公布的，不得作为行政处罚的依据。

第六条　实施行政处罚，纠正违法行为，应当坚持处罚与教育相结合，教育公民、法人或者其他组织自觉守法。

第七条　公民、法人或者其他组织对行政机关所给予的行政处罚，享有陈述权、申辩权；对行政处罚不服的，有权依法申请行政复议或者提起行政诉讼。

公民、法人或者其他组织因行政机关违法给予行政处罚受到损害的，有权依法提出赔偿要求。

第八条　公民、法人或者其他组织因违法行为受到行政处罚，其违法行为对他人造成损害的，应当依法承担民事责任。

违法行为构成犯罪，应当依法追究刑事责任的，不得以行政处罚代替刑事处罚。

第二章 行政处罚的种类和设定

第九条 行政处罚的种类：

（一）警告、通报批评；

（二）罚款、没收违法所得、没收非法财物；

（三）暂扣许可证件、降低资质等级、吊销许可证件；

（四）限制开展生产经营活动、责令停产停业、责令关闭、限制从业；

（五）行政拘留；

（六）法律、行政法规规定的其他行政处罚。

第十条 法律可以设定各种行政处罚。

限制人身自由的行政处罚，只能由法律设定。

第十一条 行政法规可以设定除限制人身自由以外的行政处罚。

法律对违法行为已经作出行政处罚规定，行政法规需要作出具体规定的，必须在法律规定的给予行政处罚的行为、种类和幅度的范围内规定。

法律对违法行为未作出行政处罚规定，行政法规为实施法律，可以补充设定行政处罚。拟补充设定行政处罚的，应当通过听证会、论证会等形式广泛听取意见，并向制定机关作出书面说明。行政法规报送备案时，应当说明补充设定行政处罚的情况。

第十二条 地方性法规可以设定除限制人身自由、吊销营业执照以外的行政处罚。

法律、行政法规对违法行为已经作出行政处罚规定，地方性法规需要作出具体规定的，必须在法律、行政法规规定的给予行政处罚的行为、种类和幅度的范围内规定。

法律、行政法规对违法行为未作出行政处罚规定，地方性法规为实施法律、行政法规，可以补充设定行政处罚。拟补充设定行政处罚的，应当通过听证会、论证会等形式广泛听取意见，并向制定机关作出书面说明。地方性法规报送备案时，应当说明补充设定行政处罚的情况。

第十三条 国务院部门规章可以在法律、行政法规规定的给予行政处罚的行为、种类和幅度的范围内作出具体规定。

尚未制定法律、行政法规的，国务院部门规章对违反行政管理秩序的行为，可以设定警告、通报批评或者一定数额罚款的行政处罚。罚款的限额由国务院规定。

第十四条 地方政府规章可以在法律、法规规定的给予行政处罚的行为、种类和幅度的范围内作出具体规定。

尚未制定法律、法规的，地方政府规章对违反行政管理秩序的行为，可以设定警告、通报批评或者一定数额罚款的行政处罚。罚款的限额由省、自治区、直辖市人民代表大会常务委员会规定。

第十五条 国务院部门和省、自治区、直辖市人民政府及其有关部门应当定期组织评估行政处罚的实施情况和必要性，对不适当的行政处罚事项及种类、罚款数额等，应当提出修改或者废止的建议。

第十六条 除法律、法规、规章外，其他规范性文件不得设定行政处罚。

第三章 行政处罚的实施机关

第十七条 行政处罚由具有行政处罚权的行政机关在法定职权范围内实施。

第十八条 国家在城市管理、市场监管、生态环境、文化市场、交通运输、应急管理、农业等领域推行建立综合行政执法制度，相对集中行政处罚权。

国务院或者省、自治区、直辖市人民政府可以决定一个行政机关行使有关行政机关的行政处罚权。

限制人身自由的行政处罚权只能由公安机关和法律规定的其他机关行使。

第十九条 法律、法规授权的具有管理公共事务职能的组织可以在法定授权范围内实施行政处罚。

第二十条 行政机关依照法律、法规、规章的规定，可以在其法定权限内书面委托符合本法第二十一条规定条件的组织实施行政处罚。行政机关不得委托其他组织或者个人实施行政处罚。

委托书应当载明委托的具体事项、权限、期限等内容。委托行政机关和受委托组织应当将委托书向社会公布。

委托行政机关对受委托组织实施行政处罚的行为应当负责监督，并对该行为的后果承担法律责任。

受委托组织在委托范围内，以委托行政机关名义实施行政处罚；不得再委托其他组织或者个人实施行政处罚。

第二十一条 受委托组织必须符合以下条件：

（一）依法成立并具有管理公共事务职能；

（二）有熟悉有关法律、法规、规章和业务并取得行政执法资格的工作人员；

（三）需要进行技术检查或者技术鉴定的，应当有条件组织进行相应的技术检查或者技术鉴定。

第四章 行政处罚的管辖和适用

第二十二条 行政处罚由违法行为发生地的行政机关管辖。法律、行政法规、部门规章另有规定的，从其规定。

第二十三条 行政处罚由县级以上地方人民政府具有行政处罚权的行政机关管辖。法律、行政法规另有规定的，从其规定。

第二十四条 省、自治区、直辖市根据当地实际情况，可以决定将基层管理迫切需要的县级人民政府部门的行政处罚权交由能够有效承接的乡镇人民政府、街道办事处行使，并定期组织评估。决定应当公布。

承接行政处罚权的乡镇人民政府、街道办事处应当加强执法能力建设，按照规定范围、依照法定程序实施行政处罚。

有关地方人民政府及其部门应当加强组织协调、业务指导、执法监督，建立健全行政处罚协调配合机制，完善评议、考核制度。

第二十五条 两个以上行政机关都有管辖权的，由最先立案的行政机关管辖。

对管辖发生争议的，应当协商解决，协商不成的，报请共同的上一级行政机关指定管辖；也可以直接由共同的上一级行政机关指定管辖。

第二十六条 行政机关因实施行政处罚的需要，可以向有关机关提出协助请求。协助事项属于被请求机关职权范围内的，应当依法予以协助。

第二十七条 违法行为涉嫌犯罪的，行政机关应当及时将案件移送司法机关，依法追究刑事责任。对依法不需要追究刑事责任或者免予刑事处罚，但应当给予行政处罚的，司法机关应当及时将案件移送有关行政机关。

行政处罚实施机关与司法机关之间应当加强协调配合，建立健全案件移送制度，加强证据材料移交、接收衔接，完善案件处理信息通报机制。

第二十八条 行政机关实施行政处罚时，应当责令当事人改正或者限期改正违法行为。

当事人有违法所得，除依法应当退赔的外，应当予以没收。违法所得是指实施违法行为所取得的款项。法律、行政法规、部门规章对违法所得的计算另有规定的，从其规定。

第二十九条 对当事人的同一个违法行为，不得给予两次以上罚款的行政处罚。同一个违法行为违反多个法律规范应当给予罚款处罚的，按照罚款数额高的规定处罚。

第三十条 不满十四周岁的未成年人有违法行为的，不予行政处罚，责令监护人加以管教；已满十四周岁不满十八周岁的未成年人有违法行为的，应当从轻或者减轻行政处罚。

第三十一条 精神病人、智力残疾人在不能辨认或者不能控制自己行为时有违法行为的，不予行政处罚，但应当责令其监护人严加看管和治疗。间歇性精神病人在精神正常时有违法行为的，应当给予行政处罚。尚未完全丧失辨认或者控制自己行为能力的精神病人、智力残疾人有违法行为的，可以从轻或者减轻行政处罚。

第三十二条 当事人有下列情形之一，应当从轻或者减轻行政处罚：

（一）主动消除或者减轻违法行为危害后果的；

（二）受他人胁迫或者诱骗实施违法行为的；

（三）主动供述行政机关尚未掌握的违法行为的；

（四）配合行政机关查处违法行为有立功表现的；

（五）法律、法规、规章规定其他应当从轻或者减轻行政处罚的。

第三十三条 违法行为轻微并及时改正，没有造成危害后果的，不予行政处罚。初次违法且危害后果轻微并及时改正的，可以不予行政处罚。

当事人有证据足以证明没有主观过错的，不予行政处罚。法律、行政法规另有规定的，从其规定。

对当事人的违法行为依法不予行政处罚的，行政机关应当对当事人进行教育。

第三十四条 行政机关可以依法制定行政处罚裁量基准，规范行使行政处罚裁量权。行政处罚裁量基准应当向社会公布。

第三十五条 违法行为构成犯罪，人民法院判处拘役或者有期徒刑时，行政机关已经给予当事人行政拘留的，应当依法折抵相应刑期。

违法行为构成犯罪，人民法院判处罚金时，行政机关已经给予当事人罚款的，应当折抵相应罚金；行政机关尚未给予当事人罚款的，不再给予罚款。

第三十六条 违法行为在二年内未被发现的，不再给予行政处罚；涉及公民生命健康安全、金融安全且有危害后果的，上述期限延长至五年。法律另有规定的除外。

前款规定的期限，从违法行为发生之日起计算；违法行为有连续或者继续状态的，从行为终了之日起计算。

第三十七条 实施行政处罚，适用违法行为发生时的法律、法规、规章的规定。但是，作出行政处罚决定时，法律、法规、规章已被修改或者废止，且新的规定处罚较轻或者不认为是违法的，适用新的规定。

第三十八条 行政处罚没有依据或者实施主体不具有行政主体资格的，行政处罚无效。

违反法定程序构成重大且明显违法的，行政处罚无效。

第五章 行政处罚的决定

第一节 一般规定

第三十九条 行政处罚的实施机关、立案依据、实施程序和救济渠道等信息应当公示。

第四十条 公民、法人或者其他组织违反行政管理秩序的行为，依法应当给予行政处罚的，行政机关必须查明事实；违法事实不清、证据不足的，不得给予行政处罚。

第四十一条 行政机关依照法律、行政法规规定利用电子技术监控设备收集、固定违法事实的，应当经过法制和技术审核，确保电子技术监控设备符合标准、设置合理、标志明显，设置地点应当向社会公布。

电子技术监控设备记录违法事实应当真实、清晰、完整、准确。行政机关应当审核记录内容是否符合要求；未经审核或者经审核不符合要求的，不得作为行政处罚的证据。

行政机关应当及时告知当事人违法事实，并采取信息化手段或者其他措施，为当事人查询、陈述和申辩提供便利。不得限制或者变相限制当事人享有的陈述权、申辩权。

第四十二条　行政处罚应当由具有行政执法资格的执法人员实施。执法人员不得少于两人，法律另有规定的除外。

执法人员应当文明执法，尊重和保护当事人合法权益。

第四十三条　执法人员与案件有直接利害关系或者有其他关系可能影响公正执法的，应当回避。

当事人认为执法人员与案件有直接利害关系或者有其他关系可能影响公正执法的，有权申请回避。

当事人提出回避申请的，行政机关应当依法审查，由行政机关负责人决定。决定作出之前，不停止调查。

第四十四条　行政机关在作出行政处罚决定之前，应当告知当事人拟作出的行政处罚内容及事实、理由、依据，并告知当事人依法享有的陈述、申辩、要求听证等权利。

第四十五条　当事人有权进行陈述和申辩。行政机关必须充分听取当事人的意见，对当事人提出的事实、理由和证据，应当进行复核；当事人提出的事实、理由或者证据成立的，行政机关应当采纳。

行政机关不得因当事人陈述、申辩而给予更重的处罚。

第四十六条　证据包括：

（一）书证；

（二）物证；

（三）视听资料；

（四）电子数据；

（五）证人证言；

（六）当事人的陈述；

（七）鉴定意见；

（八）勘验笔录、现场笔录。

证据必须经查证属实，方可作为认定案件事实的根据。

以非法手段取得的证据，不得作为认定案件事实的根据。

第四十七条 行政机关应当依法以文字、音像等形式，对行政处罚的启动、调查取证、审核、决定、送达、执行等进行全过程记录，归档保存。

第四十八条 具有一定社会影响的行政处罚决定应当依法公开。

公开的行政处罚决定被依法变更、撤销、确认违法或者确认无效的，行政机关应当在三日内撤回行政处罚决定信息并公开说明理由。

第四十九条 发生重大传染病疫情等突发事件，为了控制、减轻和消除突发事件引起的社会危害，行政机关对违反突发事件应对措施的行为，依法快速、从重处罚。

第五十条 行政机关及其工作人员对实施行政处罚过程中知悉的国家秘密、商业秘密或者个人隐私，应当依法予以保密。

第二节 简易程序

第五十一条 违法事实确凿并有法定依据，对公民处以二百元以下、对法人或者其他组织处以三千元以下罚款或者警告的行政处罚的，可以当场作出行政处罚决定。法律另有规定的，从其规定。

第五十二条 执法人员当场作出行政处罚决定的，应当向当事人出示执法证件，填写预定格式、编有号码的行政处罚决定书，并当场交付当事人。当事人拒绝签收的，应当在行政处罚决定书上注明。

前款规定的行政处罚决定书应当载明当事人的违法行为，行政处罚的种类和依据、罚款数额、时间、地点，申请行政复议、提起行政诉讼的途径和期限以及行政机关名称，并由执法人员签名或者盖章。

执法人员当场作出的行政处罚决定，应当报所属行政机关备案。

第五十三条 对当场作出的行政处罚决定，当事人应当依照本法第六十七条至第六十九条的规定履行。

第三节 普通程序

第五十四条 除本法第五十一条规定的可以当场作出的行政处罚外，行政机关发现公民、法人或者其他组织有依法应当给予行政处罚的行为的，必须全面、客观、公正地调查，收集有关证据；必要时，依照法律、法规的规定，可以进行检查。

符合立案标准的，行政机关应当及时立案。

第五十五条 执法人员在调查或者进行检查时，应当主动向当事人或者有关人员出示执法证件。当事人或者有关人员有权要求执法人员出示执法证件。执法人员不出示执法证件的，当事人或者有关人员有权拒绝接受调查或者检查。

当事人或者有关人员应当如实回答询问，并协助调查或者检查，不得拒绝或者阻挠。询问或者检查应当制作笔录。

第五十六条 行政机关在收集证据时，可以采取抽样取证的方法；在证据可能灭失或者以后难以取得的情况下，经行政机关负责人批准，可以先行登记保存，并应当在七日内及时作出处理决定，在此期间，当事人或者有关人员不得销毁或者转移证据。

第五十七条 调查终结，行政机关负责人应当对调查结果进行审查，根据不同情况，分别作出如下决定：

（一）确有应受行政处罚的违法行为的，根据情节轻重及具体情况，作出行政处罚决定；

（二）违法行为轻微，依法可以不予行政处罚的，不予行政处罚；

（三）违法事实不能成立的，不予行政处罚；

（四）违法行为涉嫌犯罪的，移送司法机关。

对情节复杂或者重大违法行为给予行政处罚，行政机关负责人应当集体讨论决定。

第五十八条 有下列情形之一，在行政机关负责人作出行政处罚的决定之前，应当由从事行政处罚决定法制审核的人员进行法制审核；未经法制审核或者审核未通过的，不得作出决定：

（一）涉及重大公共利益的；

（二）直接关系当事人或者第三人重大权益，经过听证程序的；

（三）案件情况疑难复杂、涉及多个法律关系的；

（四）法律、法规规定应当进行法制审核的其他情形。

行政机关中初次从事行政处罚决定法制审核的人员，应当通过国家统一法律职业资格考试取得法律职业资格。

第五十九条 行政机关依照本法第五十七条的规定给予行政处罚，应当制作行政处罚决定书。行政处罚决定书应当载明下列事项：

（一）当事人的姓名或者名称、地址；

（二）违反法律、法规、规章的事实和证据；

（三）行政处罚的种类和依据；

（四）行政处罚的履行方式和期限；

（五）申请行政复议、提起行政诉讼的途径和期限；

（六）作出行政处罚决定的行政机关名称和作出决定的日期。

行政处罚决定书必须盖有作出行政处罚决定的行政机关的印章。

第六十条 行政机关应当自行政处罚案件立案之日起九十日内作出行政处罚决定。法律、法规、规章另有规定的，从其规定。

第六十一条 行政处罚决定书应当在宣告后当场交付当事人；当事人不在场的，行政机关应当在七日内依照《中华人民共和国民事诉讼法》的有关规定，将行政处罚决定书送达当事人。

当事人同意并签订确认书的，行政机关可以采用传真、电子邮件等方式，将行政处罚决定书等送达当事人。

第六十二条 行政机关及其执法人员在作出行政处罚决定之前，未依照本法第四十四条、第四十五条的规定向当事人告知拟作出的行政处罚内容及事实、理由、依据，或者拒绝听取当事人的陈述、申辩，不得作出行政处罚决定；当事人明确放弃陈述或者申辩权利的除外。

第四节 听证程序

第六十三条 行政机关拟作出下列行政处罚决定，应当告知当事人有要求听证的权利，当事人要求听证的，行政机关应当组织听证：

（一）较大数额罚款；

（二）没收较大数额违法所得、没收较大价值非法财物；

（三）降低资质等级、吊销许可证件；

（四）责令停产停业、责令关闭、限制从业；

（五）其他较重的行政处罚；

（六）法律、法规、规章规定的其他情形。

当事人不承担行政机关组织听证的费用。

第六十四条 听证应当依照以下程序组织：

（一）当事人要求听证的，应当在行政机关告知后五日内提出；

（二）行政机关应当在举行听证的七日前，通知当事人及有关人员听证的时间、地点；

（三）除涉及国家秘密、商业秘密或者个人隐私依法予以保密外，听证公开举行；

（四）听证由行政机关指定的非本案调查人员主持；当事人认为主持人与本案有直接利害关系的，有权申请回避；

（五）当事人可以亲自参加听证，也可以委托一至二人代理；

（六）当事人及其代理人无正当理由拒不出席听证或者未经许可中途退出听证的，视为放弃听证权利，行政机关终止听证；

（七）举行听证时，调查人员提出当事人违法的事实、证据和行政处罚建议，当事人进行申辩和质证；

（八）听证应当制作笔录。笔录应当交当事人或者其代理人核对无误后签字或者盖章。当事人或者其代理人拒绝签字或者盖章的，由听证主持人在笔录中注明。

第六十五条 听证结束后，行政机关应当根据听证笔录，依照本法第五十七条的规定，作出决定。

第六章　行政处罚的执行

第六十六条 行政处罚决定依法作出后，当事人应当在行政处罚决定书载明的期限内，予以履行。

当事人确有经济困难，需要延期或者分期缴纳罚款的，经当事人申请和行政机关批准，可以暂缓或者分期缴纳。

第六十七条 作出罚款决定的行政机关应当与收缴罚款的机构分离。

除依照本法第六十八条、第六十九条的规定当场收缴的罚款外，作出行政处罚决定的行政机关及其执法人员不得自行收缴罚款。

当事人应当自收到行政处罚决定书之日起十五日内，到指定的银行或者通过电子支付系统缴纳罚款。银行应当收受罚款，并将罚款直接上缴国库。

第六十八条 依照本法第五十一条的规定当场作出行政处罚决定，有下列情形之一，执法人员可以当场收缴罚款：

（一）依法给予一百元以下罚款的；

（二）不当场收缴事后难以执行的。

第六十九条 在边远、水上、交通不便地区，行政机关及其执法人员依照本法第五十一条、第五十七条的规定作出罚款决定后，当事人到指定的银行或者通过电子支付系统缴纳罚款确有困难，经当事人提出，行政机关及其执法人员可以当场收缴罚款。

第七十条 行政机关及其执法人员当场收缴罚款的，必须向当事人出具国务院财政部门或者省、自治区、直辖市人民政府财政部门统一制发的专用票据；不出具财政部门统一制发的专用票据的，当事人有权拒绝缴纳罚款。

第七十一条 执法人员当场收缴的罚款，应当自收缴罚款之日起二日内，交至行政机关；在水上当场收缴的罚款，应当自抵岸之日起二日内交至行政机关；行政机关应当在二日内将罚款缴付指定的银行。

第七十二条 当事人逾期不履行行政处罚决定的，作出行政处罚决定的行政机关可以采取下列措施：

（一）到期不缴纳罚款的，每日按罚款数额的百分之三加处罚款，加处罚款的数额不得超出罚款的数额；

（二）根据法律规定，将查封、扣押的财物拍卖、依法处理或者将冻结的存款、汇款划拨抵缴罚款；

（三）根据法律规定，采取其他行政强制执行方式；

（四）依照《中华人民共和国行政强制法》的规定申请人民法院强制

执行。

行政机关批准延期、分期缴纳罚款的，申请人民法院强制执行的期限，自暂缓或者分期缴纳罚款期限结束之日起计算。

第七十三条 当事人对行政处罚决定不服，申请行政复议或者提起行政诉讼的，行政处罚不停止执行，法律另有规定的除外。

当事人对限制人身自由的行政处罚决定不服，申请行政复议或者提起行政诉讼的，可以向作出决定的机关提出暂缓执行申请。符合法律规定情形的，应当暂缓执行。

当事人申请行政复议或者提起行政诉讼的，加处罚款的数额在行政复议或者行政诉讼期间不予计算。

第七十四条 除依法应当予以销毁的物品外，依法没收的非法财物必须按照国家规定公开拍卖或者按照国家有关规定处理。

罚款、没收的违法所得或者没收非法财物拍卖的款项，必须全部上缴国库，任何行政机关或者个人不得以任何形式截留、私分或者变相私分。

罚款、没收的违法所得或者没收非法财物拍卖的款项，不得同作出行政处罚决定的行政机关及其工作人员的考核、考评直接或者变相挂钩。除依法应当退还、退赔的外，财政部门不得以任何形式向作出行政处罚决定的行政机关返还罚款、没收的违法所得或者没收非法财物拍卖的款项。

第七十五条 行政机关应当建立健全对行政处罚的监督制度。县级以上人民政府应当定期组织开展行政执法评议、考核，加强对行政处罚的监督检查，规范和保障行政处罚的实施。

行政机关实施行政处罚应当接受社会监督。公民、法人或者其他组织对行政机关实施行政处罚的行为，有权申诉或者检举；行政机关应当认真审查，发现有错误的，应当主动改正。

第七章 法律责任

第七十六条 行政机关实施行政处罚，有下列情形之一，由上级行政机关或者有关机关责令改正，对直接负责的主管人员和其他直接责任人员依法给予处分：

（一）没有法定的行政处罚依据的；

（二）擅自改变行政处罚种类、幅度的；

（三）违反法定的行政处罚程序的；

（四）违反本法第二十条关于委托处罚的规定的；

（五）执法人员未取得执法证件的。

行政机关对符合立案标准的案件不及时立案的，依照前款规定予以处理。

第七十七条 行政机关对当事人进行处罚不使用罚款、没收财物单据或者使用非法定部门制发的罚款、没收财物单据的，当事人有权拒绝，并有权予以检举，由上级行政机关或者有关机关对使用的非法单据予以收缴销毁，对直接负责的主管人员和其他直接责任人员依法给予处分。

第七十八条 行政机关违反本法第六十七条的规定自行收缴罚款的，财政部门违反本法第七十四条的规定向行政机关返还罚款、没收的违法所得或者拍卖款项的，由上级行政机关或者有关机关责令改正，对直接负责的主管人员和其他直接责任人员依法给予处分。

第七十九条 行政机关截留、私分或者变相私分罚款、没收的违法所得或者财物的，由财政部门或者有关机关予以追缴，对直接负责的主管人员和其他直接责任人员依法给予处分；情节严重构成犯罪的，依法追究刑事责任。

执法人员利用职务上的便利，索取或者收受他人财物、将收缴罚款据为己有，构成犯罪的，依法追究刑事责任；情节轻微不构成犯罪的，依法给予处分。

第八十条 行政机关使用或者损毁查封、扣押的财物，对当事人造成损失的，应当依法予以赔偿，对直接负责的主管人员和其他直接责任人员依法给予处分。

第八十一条 行政机关违法实施检查措施或者执行措施，给公民人身或者财产造成损害、给法人或者其他组织造成损失的，应当依法予以赔偿，对直接负责的主管人员和其他直接责任人员依法给予处分；情节严重构成犯罪的，依法追究刑事责任。

第八十二条 行政机关对应当依法移交司法机关追究刑事责任的案件不移交，以行政处罚代替刑事处罚，由上级行政机关或者有关机关责令改正，对直接负责的主管人员和其他直接责任人员依法给予处分；情节严重构成犯罪的，依法追究刑事责任。

第八十三条 行政机关对应当予以制止和处罚的违法行为不予制止、处罚，致使公民、法人或者其他组织的合法权益、公共利益和社会秩序遭受损害的，对直接负责的主管人员和其他直接责任人员依法给予处分；情节严重构成犯罪的，依法追究刑事责任。

第八章 附 则

第八十四条 外国人、无国籍人、外国组织在中华人民共和国领域内有违法行为，应当给予行政处罚的，适用本法，法律另有规定的除外。

第八十五条 本法中“二日”“三日”“五日”“七日”的规定是指工作日，不含法定节假日。

第八十六条 本法自2021年7月15日起施行。

关于《中华人民共和国行政处罚法（修订草案）》的说明

——2020年6月28日在第十三届全国人民代表大会常务委员会第二十次会议上

全国人大常委会法制工作委员会副主任 许安标

全国人民代表大会常务委员会：

我受委员长会议的委托，作关于《中华人民共和国行政处罚法（修订草案）》的说明。

一、修改的必要性和起草过程

行政处罚是行政机关有效实施行政管理，保障法律、法规贯彻施行的重要手段。现行行政处罚法于1996年由第八届全国人大第四次会议通过，2009年和2017年先后两次作了个别条文修改，对行政处罚的种类、设定和实施作了基本规定。该法颁布施行以来，对增强行政机关及其工作人员依法行政理念，依法惩处各类行政违法行为，推动解决乱处罚问题，保护公民、法人和其他组织合法权益发挥了重要作用，积累了宝贵经验，同时，执法实践中也提出了一些新问题。党的十八大以来，以习近平同志为核心的党中央推进全面依法治国，深化行政执法体制改革，建立权责统一、权威高效的行政执法体制；完善行政执法程序，坚持严格规范公正文明执法。为贯彻落实党中央重大改革决策部署，推进国家治理体系和治理能力现代化，加强法治政府建设，完善行政处罚制度，解决执法实践中遇到的突出问题，有必要修改行政处罚法。

党的十八大以来，先后有近两百名全国人大代表、政协委员提出修改行政处罚法的议案、建议和提案，有关方面也陆续提出修改行政处罚法的意见和建议。行政处罚法修改列入十三届全国人大常委会立法规划。法制工作委员会于2018年启动行政处罚法的修改工作，先后到北京、江西、广东、内蒙古、天津、河南等地进行调研，多次召开国务院部门、地方人大、政府法制机构、专家学者、律师和企业座谈会，听取各方面的意见和建议。通过上海虹桥街道基层立法联系点走访基层执法部门了解实际情况，委托部分国务院部门、地方人大、基层立法联系点收集法律实施过程中存在的突出问题。通过课题委托、专题研究等方式，认真研究相关问题。在广泛征求意见和深入研究的基础上，2019年10月形成修改草案征求意见稿，书面征求国务院部门、31个省（区、市）和部分设区的市人大常委会法制工作机构，以及基层立法联系点、部分高等院校、科研单位的意见。召开座谈会，专门听取部分省、直辖市人大常委会法制工作机构主要负责同志意见。2020年1月，分别召开中央政法委、中央改革办、中央依法治国办、中央编办以及部分国务院部门、法院系统同志参加的座谈会，再次征求意见。根据各方面意见，对征求意见稿进一步修改完善，形成了行政处罚法修订草案。

二、修改的指导思想和主要考虑

修改工作坚持以习近平新时代中国特色社会主义思想为指导，深入贯彻党的十九大和十九届二中、三中、四中全会精神，全面贯彻习近平总书记全面依法治国新理念新思想新战略，适应推进全面依法治国的需要，落实完善行政执法体制、严格规范公正文明执法的改革要求，推进国家治理体系和治理能力现代化。

根据各方面意见，修改工作把握以下几点：一是贯彻落实党中央重大决策部署，立法主动适应改革需要，体现和巩固行政执法领域中取得的重大改革成果。二是坚持问题导向，适应实践需要，扩大地方的行政处罚设定权限，加大重点领域行政处罚力度。三是坚持权由法定的法治原则，增加综合行政执法，赋予乡镇街道行政处罚权，完善行政处罚程序，严格行政执法责任，更好地保障严格规范公正文明执法。四是把握通用性，从行政处罚法是行政处罚领域的通用规范出发，认真总结实践经验，发展和完善行政处罚的实体和程序规则，为单行法律、法规设定行政处罚和行政机关实施行政处罚提供基本遵循。

三、修改的主要内容

（一）关于行政处罚的定义和种类

现行行政处罚法第八条列举了七项行政处罚种类。一些意见反映，行政处罚法未对行政处罚进行界定，所列举的处罚种类较少，不利于行政执法实践和法律的实施。据此，作以下修改：一是增加行政处罚的定义，明确行政处罚是指行政机关在行政管理过程中，对违反行政管理秩序的公民、法人或者其他组织，以依法减损权利或者增加义务的方式予以惩戒的行为。二是将现行单行法律、法规中已经明确规定，行政执法实践中常用的行政处罚种类纳入本法，增加规定通报批评、降低资质等级、不得申请行政许可、限制开展生产经营活动、限制从业、责令停止行为、责令作出行为等行政处罚种类。

（二）关于地方性法规设定行政处罚的权限

现行行政处罚法第十一条规定："地方性法规可以设定除限制人身自由、吊销企业营业执照以外的行政处罚。""法律、行政法规对违法行为已经作出行政处罚规定，地方性法规需要作出具体规定的，必须在法律、行政法规规定的给予行政处罚的行为、种类和幅度的范围内规定。"多年来，一些地方人大同志反映，现行行政处罚法中有关地方性法规设定行政处罚的规定限制过严，地方保障法律法规实施的手段受限，建议扩大地方性法规的行政处罚设定权限。为充分发挥地方性法规在地方治理中的作用，增加规定：地方性法规为实施法律、行政法规，对法律、行政法规未规定的违法行为可以补充设定行政处罚。地方性法规拟补充设定行政处罚的，应当通过听证会、论证会等形式听取意见，并向制定机关作出说明。

（三）关于行政处罚实施主体

根据党和国家机构改革和行政执法体制改革要求，明确综合行政执法的法律地位，增加规定：国家在城市管理、市场监管、生态环境、文化市场、交通运输、农业等领域实行综合行政执法，相对集中行政处罚权，由一个行政机关统一实施相关领域的行政处罚。同时，根据基层整合审批服务执法力量改革要求，推进行政执法权限和力量向基层延伸和下沉，增加规定：省、自治区、直辖市根据当地实际情况，可以决定符合条件的乡镇人民政府、街道办事处对其管辖区域内的违法行为行使有关县级人民政府部门的部分行政处罚权。

（四）关于行政处罚的适用

经过多年的执法实践，行政处罚的适用规则不断发展完善，在总结实践经验基础上，作以下补充完善：一是明确行政机关实施行政处罚时，有违法所得的，应当予以没收。二是规范行政处罚自由裁量权行使，完善从轻、减轻的法定情形，增加规定当事人有证据证明没有主观过错的，不予行政处罚，法律、行政法规有特别规定的，依照其规定；行政机关可以依法制定行政处罚裁量基准。三是加大重点领域执法力度，涉及公民生命健康安全的违法行为的追责期限由两年延长至五年。四是增加“从旧兼从轻”适用规则，行政处罚的依据适用违法行为发生时的法律、法规和规章的规定，但是新的法律、法规和规章的规定更有利于当事人的，适用新的法律、法规和规章的规定。五是完善行政处罚决定无效制度，行政处罚没有法定依据或者实施主体不具有行政主体资格的，行政处罚无效；不遵守法定程序构成重大且明显违法的，行政处罚无效。六是明确行政处罚证据种类和适用规则，规定证据必须经查证属实，方可作为认定案件事实的根据；以非法手段取得的证据，不得作为认定案件事实的根据。七是进一步明确适用范围，外国人、无国籍人、外国组织在中华人民共和国领域内有违法行为，应当给予行政处罚的，适用本法，法律另有规定的除外。

（五）关于行政处罚的程序

为推进严格规范公正文明执法，巩固行政执法公示制度、行政执法全过程记录制度、重大执法决定法制审核制度“三项制度”改革成果，进一步完善行政处罚程序，作以下修改：一是明确公示要求，增加规定行政处罚的实施机关、立案依据、实施程序和救济渠道等信息应当公示；行政处罚决定应当依法公开。二是体现全程记录，增加规定行政机关应当依法以文字、音像等形式，对行政处罚的启动、调查取证、审核、决定、送达、执行等进行全过程记录，归档保存。三是细化法制审核程序，列明适用情形，明确未经法制审核或者审核未通过的不得作出行政处罚决定。四是规范非现场执法，增加规定行政机关依照法律、行政法规规定利用电子技术监控设备收集、固定违法事实的，应当经过法制和技术审核，确保设置合理、标准合格、标志明显，设置地点应当向社会公布，并对记录内容和方便当事人查询作出相应规定。五是进一步完善回避制度，细化回避情形，明确对回避申请应当依法审查，但不停止调查或者实施行政处罚。六是增加规定发生重大传染病疫情等突发事件，为了控制、减轻和消除突发事件引起的社会危害，行政机关对违反突发事件应对措施的行为，依法从重处罚，并可以简化程序。七是适应行政执法实际需要，将适用简易程序的罚款数额由五十元以下和一千元以下，分别提高至二百元以下和三千元以下。八是增加立案程序，除当场作出的行政处罚外，行政机关认为符合立案标准的，应当立案。九是完善听证程序，扩大适用范围，适当延长申请期限，明确行政机关应当结合听证笔录作出决定。

（六）关于行政处罚的执行

为保障行政处罚决定的依法履行，补充完善执行制度，作以下修改：一是适应行政执法实际需要，将行政机关当场收缴的罚款数额由二十元以下提高至一百元以下。二是与行政强制法相衔接，完善行政处罚的强制执行程序，规定当事人逾期不履行行政处罚决定的，行政机关可以根据法律规定实施行政强制执行。三是明确行政机关批准延期、分期缴纳罚款的，申请人民法院强制执行的期限，自暂缓或者分期缴纳罚款期限结束之日起计算。四是明确当事人申请行政复议或者提起行政诉讼的，加处罚款的数额在行政复议或者行政诉讼期间不予计算。

（七）关于执法监督

为贯彻落实行政执法责任制和责任追究制度，强化对行政处罚行为的监督，作以下修改：一是增加规定罚款、没收违法所得或者没收非法财物拍卖的款项，不得同作出行政处罚决定的行政机关及其工作人员的考核、考评直接或者变相挂钩。二是增加规定县级以上人民政府应当定期组织开展行政执法评议、考核，加强对行政处罚的监督检查，规范和保障行政处罚的实施。

此外，修订草案对管辖、行政执法协助、行政执法资格等规定也作了补充完善。

行政处罚法修订草案和以上说明是否妥当，请审议。

全国人民代表大会宪法和法律委员会关于《中华人民共和国行政处罚法(修订草案)》修改情况的汇报

全国人民代表大会常务委员会：

常委会第二十次会议对行政处罚法修订草案进行了初次审议。会后，法制工作委员会将修订草案印发各省（区、市）、立法联系点和中央有关部门等征求意见，在中国人大网公布修订草案全文，征求社会公众意见。宪法和法律委员会、法制工作委员会联合召开座谈会，听取部分全国人大代表和有关部门、专家、企业、行业协会等的意见；到辽宁、四川和广东等地调研，召开专题座谈会，听取地方人大、行政机关和企业的意见，实地了解综合行政执法实施情况；并就修订草案中的主要问题与有关部门交换意见，共同研究。宪法和法律委员会于9月15日召开会议，根据常委会组成人员的审议意见和各方面意见，对修订草案进行了逐条审议。司法部、最高人民法院的有关负责同志列席了会议。9月29日，宪法和法律委员会召开会议，再次进行了审议。现将行政处罚法修订草案主要问题修改情况汇报如下：

一、修订草案第九条列举了六项行政处罚种类。有些常委委员、部门、地方和专家提出，有的常用的行政处罚种类尚未纳入，有些行政处罚种类与其他行政管理措施的边界不够清晰，建议进一步完善行政处罚种类的规定。宪法和法律委员会经研究，建议适当调整行政处罚种类：一是增加“责令关闭”的行政处罚种类；二是删去“不得申请行政许可”“责令停止行为”“责令作出行为”的行政处罚种类。

二、修订草案第十二条第三款对地方性法规补充设定行政处罚作了规定。有些常委委员、地方和社会公众提出，适当扩大地方性法规设定行政处罚的权限是必要的，建议进一步明确范围、完善程序，增加约束性要求。同时，司法部建议对行政法规补充设定行政处罚也作出相应规定。宪法和法律委员会经研究，建议增加规定：“法律对违法行为未作出行政处罚规定，行政法规为实施法律，可以补充设定行政处罚。拟补充设定行政处罚的，应当通过听证会、论证会等形式广泛听取意见，并向制定机关作出书面说明。行政法规报送备案时，应当说明补充设定行政处罚的情况。”并对地方性法规补充设定行政处罚的规定作相应完善。

三、中央编办提出，为了简政放权、优化营商环境，应当定期对已经设定的行政处罚进行评估，减少不必要的行政处罚事项。宪法和法律委员会经研究，建议增加规定：“国务院部门和省、自治区、直辖市人民政府及其有关部门应当定期组织评估行政处罚的实施情况和必要性，对不适当的行政处罚事项，应当提出修改或者废止的建议。”

四、修订草案第十七条第一款对综合行政执法作了规定。有些常委委员、部门、地方和社会公众提出，综合行政执法改革正在推进过程中，需要根据实践总结完善，立法应当为改革探索留有空间。宪法和法律委员会经研究，建议修改为：“国家在城市管理、市场监管、生态环境、文化市场、交通运输、农业等领域推行建立综合行政执法制度，相对集中行政处罚权。”

五、修订草案第二十二条第二款对行政处罚权下放乡镇、街道作了规定。有些常委会组成人员、部门、地方和社会公众提出，为满足基层执法需求，保障行政处罚权“放得下、接得住、管得好”，应当进一步明确下放行政处罚权的条件和情形。宪法和法律委员会经研究，建议修改为：“省、自治区、直辖市根据当地实际情况，可以决定将基层管理迫切需要的县级人民政府部门的行政处罚权交由能够有效承接且符合条件的乡镇人民政府、街道办事处行使。”

六、有些常委会组成人员、部门、地方和专家学者提出，行政处罚法的重要内容是规范行政处罚程序，建议进一步完善相关程序。宪法和法律委员会经研究，建议作以下修改：一是完善立案程序，规定符合立案标准的，行政机关应当及时立案。同时，对应当立案不及时立案的，设定相应法律责任。二是明确行政处罚期限，增加规定行政机关应当自行政处罚案件立案之日起九十日内作出行政处罚决定，法律、法规、规章另有规定的除外。三是完善听证程序，在听证范围中增加“降低资质等级”的行政处罚种类；明确听证结束后，行政机关应当根据听证笔录作出行政处罚决定。四是增加文明执法内容，执法人员应当文明执法，尊重和保护当事人合法权益。五是完善回避程序，增加规定执法人员的回避由行政机关负责人决定。六是细化行政处罚决定公开要求，明确行政处罚决定应当按照政府信息公开的有关规定予以公开。

此外，还对修订草案作了一些文字修改。

修订草案二次审议稿已按上述意见作了修改，宪法和法律委员会建议提请本次常委会会议继续审议。

修订草案二次审议稿和以上汇报是否妥当，请审议。

全国人民代表大会宪法和法律委员会

2020 年 10 月 13 日

全国人民代表大会宪法和法律委员会关于《中华人民共和国行政处罚法（修订草案）》审议结果的报告

全国人民代表大会常务委员会：

常委会第二十二次会议对行政处罚法修订草案进行了二次审议。会后，法制工作委员会在中国人大网全文公布修订草案二次审议稿，再次征求社会公众的意见；到北京、河北、上海调研，召开专题座谈会，听取部分全国人大代表和行政执法机关、乡镇街道、基层立法联系点、专家学者、企业等的意见，实地了解综合行政执法、乡镇街道行使行政处罚权、行政处罚信息化建设等情况；就修订草案中的主要问题与有关部门交换意见，共同研究。宪法和法律委员会于2020年12月30日召开会议，根据常委会组成人员的审议意见和各方面的意见，对修订草案进行了审议。司法部、最高人民法院的有关负责同志列席了会议。2021年1月13日，宪法和法律委员会召开会议，再次进行了审议。宪法和法律委员会认为，为了深入贯彻习近平法治思想，贯彻落实党中央关于全面依法治国重大决策部署，完善行政处罚制度，推进国家治理体系和治理能力现代化，对行政处罚法进行修订是必要的，修订草案经过两次审议修改，已经比较成熟。同时，提出以下主要修改意见：

一、修订草案二次审议稿第十八条第三款规定，限制人身自由的行政处罚权只能由公安机关行使。有的部门、地方提出，根据反间谍法和国家情报法的规定，国家安全机关也可以行使限制人身自由的行政处罚权，需要做好衔接。宪法和法律委员会经研究，建议修改为："限制人身自由的行政处罚权只能由公安机关和法律规定的其他机关行使。"

二、修订草案二次审议稿第二十三条第二款对行政处罚权下放乡镇街道作了规定。有的常委委员、地方和社会公众提出，行政处罚权下放乡镇街道是必要的，但需要进一步规范，防止出现问题。宪法和法律委员会经研究，建议增加以下规定：一是省、自治区、直辖市将行政处罚权下放乡镇街道的决定应当公布。二是承接行政处罚权的乡镇人民政府、街道办事处应当加强执法能力建设，按照规定范围、依照法定程序实施行政处罚。三是有关地方人民政府及其部门应当加强组织协调、监督指导，建立健全行政处罚协调配合机制，完善评议、考核制度。

三、有的常委委员、地方、专家学者和社会公众建议完善行政处罚和刑事司法衔接机制，推动解决案件移送中的问题。宪法和法律委员会经研究，建议增加以下规定：一是对依法不需要追究刑事责任或者免予刑事处罚，但应当给予行政处罚的，司法机关应当及时将案件移送有关行政机关。二是行政处罚实施机关与司法机关之间应当加强协调配合，建立健全案件移送制度，加强证据材料移交、接收衔接，完善案件处理信息通报机制。三是违法行为构成犯罪判处罚金的，行政机关尚未给予当事人罚款的，不再给予罚款。

四、有的常委委员、地方和社会公众建议进一步细化过罚相当原则，强化行政处罚的教育功能。宪法和法律委员会经研究，建议增加以下规定：一是尚未完全丧失辨认或者控制自己行为能力的精神病人有违法行为的，可以从轻或者减轻行政处罚。二是初次违法且危害后果轻微并及时改正的，可以不予行政处罚。三是对当事人的违法行为不予行政处罚的，行政机关应当对当事人进行教育。

五、有的常委委员、部门、专家学者和社会公众提出，对运用信息化等手段实施行政处罚应当加强规范，在提高行政效率的同时，也要体现便民原则，保护当事人的陈述、申辩等权利。宪法和法律委员会经研究，建议作以下修改：一是进一步要求行政机关及时告知当事人电子技术监控设备记录的违法事实，并采取信息化手段或者其他措施，为当事人查询、陈述和申辩提供便利。不得限制或者变相限制当事人享有的陈述权、申辩权。二是增加规定当事人同意并签订确认书的，行政机关可以采用传真、电子邮件等方式，将行政处罚决定书等送达当事人。三是明确当事人可以通过电子支付系统缴纳罚款。

六、有的常委委员、代表、地方、专家学者和社会公众建议进一步完善行政处罚程序，健全行政处罚执行制度。宪法和法律委员会经研究，建议作以下修改：一是明确行政处罚决定公开的适当范围，要求具有一定社会影响的行政处罚决定依法公开。二是扩大听证范围，明确将其他较重的行政处罚纳入听证范围。三是增加规定当事人对限制人身自由的行政处罚决定不服，申请行政复议或者提起行政诉讼的，可以向作出决定的机关提出暂缓执行申请。符合法律规定情形的，应当暂缓执行。

七、有的常委委员、部门、地方、专家学者和社会公众建议完善行政处罚的适用规则，加强对行政处罚的社会监督。宪法和法律委员会经研究，建议作以下修改：一是增加规定违法所得是指实施违法行为所取得的款项，法律、行政法规、部门规章另有规定的除外。二是明确违法行为涉及公民生命健康安全、金融安全且有危害后果的，追责期限延长至五年。三是明确行政机关实施行政处罚应当接受社会监督。

此外，还对修订草案二次审议稿作了一些文字修改。

2021 年 1 月 12 日，法制工作委员会召开会议，邀请部分全国人大代表和行政执法机关、乡镇街道、专家学者、企业等就修订草案中主要制度规范的可行性、出台时机、实施的社会效果和可能出现的问题等进行评估。与会人员普遍认为，完善行政处罚制度，是法治政府建设的重要内容，修改行政处罚法是必要和及时的。修订草案坚持以习近平法治思想为指导，巩固行政执法领域重大改革成果，回应人民群众期待和实践需求，健全行政处罚实体和程序规则，制度规范可行。修订草案充分吸收了各方面意见，已经比较成熟，建议尽快通过实施。与会人员还对修订草案提出了一些具体修改意见，宪法和法律委员会进行了认真研究，对有的意见予以采纳。

修订草案三次审议稿已按上述意见作了修改，宪法和法律委员会建议提请本次常委会会议审议通过。

修订草案三次审议稿和以上报告是否妥当，请审议。

全国人民代表大会宪法和法律委员会

2021 年 1 月 20 日

全国人民代表大会宪法和法律委员会关于《中华人民共和国行政处罚法（修订草案三次审议稿）》修改意见的报告

全国人民代表大会常务委员会：

本次常委会会议于1月20日下午对行政处罚法修订草案三次审议稿进行了分组审议。普遍认为，修订草案已经比较成熟，建议进一步修改后，提请本次常委会会议表决通过。同时，有些常委会组成人员和列席人员还提出了一些修改意见和建议。宪法和法律委员会于1月21日上午召开会议，逐条研究了常委会组成人员的审议意见，对修订草案进行了审议。司法部有关负责同志列席了会议。宪法和法律委员会认为，修订草案是可行的，同时，提出以下修改意见：

一、有的常委会组成人员提出，行政处罚应当以行政机关实施为主，委托其他组织实施应当从严，坚持依法委托。宪法和法律委员会经研究，建议增加规定：委托应当采用书面形式；委托书应当载明委托的具体事项、权限、期限等内容；委托书应当公布。

二、有的常委委员建议进一步规范乡镇街道行使行政处罚权，实行定期评估，强化执法监督。宪法和法律委员会经研究，建议采纳这一意见。

三、修订草案三次审议稿第四十五条第二款规定，行政机关不得因当事人申辩而加重处罚。有的常委委员提出，陈述权与申辩权都是重要的程序性权利，都不得因当事人陈述、申辩而给予更重的处罚。宪法和法律委员会经研究，建议修改为："行政机关不得因当事人陈述、申辩而给予更重的处罚。"

四、有的常委委员、列席人员建议完善集体讨论制度，明确逾期不缴纳罚款而加处罚款数额的上限。宪法和法律委员会经研究，建议作以下修改：

一是要求对情节复杂或者重大违法行为给予行政处罚，行政机关负责人应当集体讨论决定。二是增加规定加处罚款的数额不得超出罚款的数额。

五、有的常委委员提出，实践中有案不移、有案不立等不作为问题较为突出，应当结合相关法律、行政法规规定，完善法律责任。宪法和法律委员会经研究，建议对依法应当移交追究刑事责任而不移交的，或者依法应当予以制止和处罚的违法行为不予制止、处罚的，加大追责力度，作相应规定。

在常委会审议中，有些常委会组成人员还就完善行政处罚种类、明确限制人身自由的行政处罚权行使主体、进一步细化行政处罚相关程序等提出了一些具体意见。有些常委会组成人员建议有关方面抓紧制定配套规定，及时开展法规、规章和其他规范性文件清理工作，加强法律宣传和指导，强化行政执法人财物保障。宪法和法律委员会经研究认为，上述意见涉及的问题，有的已在相关法律中作出规定，有的可在制定相关法律时作出规定，有的需要在配套规定中进一步细化，建议有关方面认真研究落实，抓紧完善配套规定，及时开展清理工作，做好法律宣传，加强行政执法保障，切实做好法律的贯彻实施。

经与有关部门研究，建议将修订后的行政处罚法的施行时间确定为2021年7月15日。

此外，根据常委会组成人员的审议意见，还对修订草案三次审议稿作了一些文字修改。

修订草案建议表决稿已按上述意见作了修改，宪法和法律委员会建议本次常委会会议审议通过。

修订草案建议表决稿和以上报告是否妥当，请审议。

全国人民代表大会宪法和法律委员会

2021年1月22日

图书在版编目（CIP）数据

中华人民共和国行政处罚法条文解读与法律适用／江必新，夏道虎主编．—北京：中国法制出版社，2021.2（2021.5 重印）

ISBN 978－7－5216－1687－3

Ⅰ.①中… Ⅱ.①江… ②夏… Ⅲ.①行政处罚法－法律解释－中国②行政处罚法－法律适用－中国 Ⅳ.①D922.115②D922.112.5

中国版本图书馆 CIP 数据核字（2021）第 035091 号

策划编辑 马 颖

责任编辑 侯 鹏 王雯汀 靳晓婷 宋 平　　封面设计 李 宁

中华人民共和国行政处罚法条文解读与法律适用

ZHONGHUA RENMIN GONGHEGUO XINGZHENG CHUFA FA TIAOWEN JIEDU YU FALÜ SHIYONG

主编/江必新，夏道虎

经销/新华书店

印刷/三河市紫恒印装有限公司

开本/710 毫米×1000 毫米 16 开　　印张／21 字数／252 千

版次/2021 年 2 月第 1 版　　2021 年 5 月第 5 次印刷

中国法制出版社出版

书号 ISBN 978－7－5216－1687－3　　定价：88.00 元

北京西单横二条 2 号

邮政编码 100031　　传真：010－66031119

网址：http：//www.zgfzs.com　　**编辑部电话：010－66034242**

市场营销部电话：010－66033393　　**邮购部电话：010－66033288**

（如有印装质量问题，请与本社印务部联系调换。电话：010－66032926）